一本书看透
市值管理

沈春晖　许琳睿　曲太郎
——
著

机械工业出版社
CHINA MACHINE PRESS

本书作者沈春晖兼具学院派和实战派双重身份，沈春晖、许琳睿、曲太郎在投资银行和一、二级市场从事投资实战工作多年，经验丰富。本书紧扣当前中国资本市场实际，遵循国家对市值管理的最新要求，系统阐述市值管理理念的来龙去脉，按照价值创造、价值传播和价值经营三个方面具体描述市值管理的全流程实务操作，并配以最新案例，手把手讲解如何看待市值管理和如何做好市值管理。

本书对于价值创造、价值传播和价值经营进行了精准而系统化的阐述：（1）以公司的资本配置能力为牵引，以价值提升为核心来介绍价值创造工具，而非简单堆砌资本运作方式；（2）提供极其全面的市值传播方案，系统阐述如何做好信息披露和 4R 关系管理；（3）具体介绍如何以逆周期调节方式来进行价值经营。

图书在版编目（CIP）数据

一本书看透市值管理 / 沈春晖，许琳睿，曲太郎著 .

北京：机械工业出版社，2025. 5. -- ISBN 978-7-111
-78082-3

Ⅰ. F279.246

中国国家版本馆 CIP 数据核字第 20253AY448 号

机械工业出版社（北京市百万庄大街 22 号 邮政编码 100037）

策划编辑：石美华 责任编辑：石美华 高珊珊

责任校对：孙明慧 马荣华 景 飞 责任印制：单爱军

保定市中画美凯印刷有限公司印刷

2025 年 6 月第 1 版第 1 次印刷

170mm×230mm·16.75 印张·1 插页·236 千字

标准书号：ISBN 978-7-111-78082-3

定价：89.00 元

电话服务 网络服务

客服电话：010-88361066 机 工 官 网：www.cmpbook.com

010-88379833 机 工 官 博：weibo.com/cmp1952

010-68326294 金 书 网：www.golden-book.com

封底无防伪标均为盗版 机工教育服务网：www.cmpedu.com

地产时代向股权时代转变，催生"上市公司市值管理"大课题

2024 年 4 月 12 日，国务院出台《关于加强监管防范风险推动资本市场高质量发展的若干意见》（即新"国九条"），提出进一步推动资本市场高质量发展的若干意见。2024 年 9 月 24 日，国务院新闻办公室举行金融支持高质量发展新闻发布会，中国人民银行行长潘功胜、国家金融监督管理总局局长李云泽、中国证券监督管理委员会（简称"中国证监会"）主席吴清等出席会议，发布了多项与资本市场相关的重要政策和举措。2024 年 11 月 6 日，中国证监会正式颁布《上市公司监管指引第 10 号——市值管理》（简称《市值管理指引》），引导上市公司关注自身投资价值，切实提升投资者回报。

或许，20 年后回望，这就是一个新时代的开启。或者说，中国经济从地产时代向股权时代的转变，就始于当下。

在高增长、工业化、城市化的地产时代，对应的金融市场"主力军"是商业银行。这个时候的资本市场，更倾向于服务上市公司，对投资者重视不

够，融资是其最主要的目的。这样显然可以集中力量做大、做强中国的生产端。

在后工业化、后城市化、高质量发展时代，股权力量崛起，资本市场将日益担负更为重要的责任。中国企业的生产能力已经非常强，资本市场不能再无限满足企业的资本扩张要求，需要现有上市公司提升资本配置能力，善待投资者，增加投资者回报，实现 A 股从"融资市"向强调回报的"投资市"转变。这样一方面可以增加人民群众的非工资性收入，增强消费信心，夯实社保实力，促进共同富裕；另一方面资本市场也可以更好地为新动能、新产业、新制造、新技术提供融资支持，发展新质生产力，促进技术创新和新旧动能转换。而且，这两方面可以相互促进，推动中国资本市场从过去的"熊长牛短"向"持续慢牛"转变。

这就是当下中国经济必须进入股权时代、国家如此重视资本市场的原因。

这也是决策层推动资本市场高质量发展、直接要求上市公司重视市值管理工作的原因。

这也是这本《一本书看透市值管理》诞生的背景和缘起。

以系统化、实战化、案例化方式，全面解读《市值管理指引》

本书紧扣当前中国资本市场实际，按照国家对上市公司进行市值管理的最新要求，系统阐述市值管理的来龙去脉，并从价值创造、价值传播和价值经营三个方面具体描述市值管理的全流程实务操作，并配以最新案例讲解如何看待市值管理和如何做好市值管理，是对《市值管理指引》的系统化、实战化解读。

具体来说，本书共分为四章，第一章"市值管理就是管理价值"是全书的总论，第二章"价值创造"、第三章"价值传播"和第四章"价值经营"是分论，分别围绕《市值管理指引》的具体要求，从三个方面详细阐述市值管理的操作途径。四章前后衔接，逻辑严谨，共同构成了中国上市公司开展市值管理工作的完整框架。

第一章"市值管理就是管理价值",从"资本市场如何产生市值"这个课题出发,着重讨论了自由现金流与投入资本回报率这两个直接影响市值的定量因素,以及投资者预期这个定性因素。然后围绕如何看待市值与市值管理,讲解了市值的计算公式、市值的重要性、市值管理的主要内容等事项,强调必须围绕价值提升建立市值管理战略模式。最后描述了"市值管理"在中国的实践过程,特别是详细解读了《市值管理指引》的具体内容与要求。

第二章"价值创造"阐述上市公司如何创造内在经营价值。本章具体介绍了上市公司创造和提升企业价值的九个工具,包括科学的公司战略、优秀的公司治理、提升经营效率、资本配置能力、现金分红、股份回购、合理开展上市公司再融资、并购、股权激励。价值创造是价值传播和价值经营的基础。上市公司只有着眼于内在价值的重构和创造,使公司的内在价值最大化,才能为其价值在资本市场的合理反映打下基础。

第三章"价值传播"阐述上市公司如何实现和提升外在市场价值。价值传播是上市公司向资本市场进行整合营销的过程,是公司在具备资本市场交易价值时主动引导资金的流动性和市场的交易情绪,以获取市值的关键步骤。本章首先阐述了通过价值传播实现和提升公司市场价值的意义,着重阐述了价值描述是价值传播的前提和基础、价值传播包括信息披露和资本市场沟通两个主要内容。然后具体介绍上市公司如何做好信息披露。之后具体介绍上市公司如何做好投资者关系管理,以及如何进一步扩展到 4R 关系管理,即投资者沟通 / 投资者关系管理(IR)、监管沟通 / 监管机构关系管理(RR)、研究机构沟通(AR)、媒体关系沟通(MR)。最后还阐述了市场所关心的如何做好舆情风险管理和舆情应对工作的内容。

第四章"价值经营"阐述上市公司如何通过逆周期操作来避免股价 / 市值偏离价值。当市场价值被低估(公司市值没有充分体现内在价值),或被高估(公司市值大于内在价值)时,上市公司应该顺应资本市场的周期性波动规律，根据投资学的基本原理和投资者的投资偏好，运用各项资本运作工具，向资本市场传递价值和价格信号，引导投资者的投资行为，让公司市值与价值相匹配。价值经营的核心要素就在于通过逆周期操作来避免价格偏离价值。本章对逆周期操作时机和工具选择进行了具体介绍。

一本书看透市值管理，上市公司和资本市场必备的工具书

兼具学院派和实战派双重身份、兼具投资银行和一级与二级市场投资实战经验的资本市场专家沈春晖领导精英团队，为上市公司和所有关心资本市场的人士量身定制了一站式市值管理工具箱，用一本书讲透价值创造、价值传播和价值经营全过程，覆盖上市公司进行市值管理的全流程。从思维到实践，从原理到案例，从基础到进阶，本书可以帮助读者建立起新股权时代的市值管理思维和资本市场价值理念。

我们希望本书成为市场上最好的以市值管理为主题的工具书之一，成为新股权时代资本市场高质量发展需要的实务书。为了实现这一价值，本书呈现出以下鲜明的特色。

其一，系统。本书提出的价值创造、价值传播、价值经营三段论以及对其具体内容和逻辑关系的阐述，与现有的观点"形似而神不似"。虽然篇幅不长，但我们认为，本书构建的市值管理逻辑体系是科学合理、易于理解和易于现实操作的。

其二，独特。现在既有的与市值管理相关的图书大多只是对资本运作方式的简单堆砌，与其说是市值管理书，不如说是资本运作介绍书。与之不同，本书不但全面阐述了企业创造价值的九种"武器"，而且以公司的资本配置能力为牵引，以价值提升为核心来进行分析，而不是仅仅简单介绍资本运作方式本身。此外，本书还提供了市场上最全面的市值传播方案，第一次系统介绍了如何做好信息披露和 4R 关系管理。本书关于市值经营就是逆周期管理的观点让人耳目一新。

其三，干货多。这个时代不缺知识，不缺信息，缺的是准确、实用的一线"干货"。作为长期战斗在资本市场一线的业务团队的用心之作，本书追求的就是让书中的内容完全切合资本市场实际，易于上手操作。

其四，富有时效。本书反映的是新"国九条"颁布和国家出台众多支持资本市场的措施后中国经济进入股权时代的最新情况。特别是直接对 2024 年 11 月颁布的《市值管理指引》进行了详细阐述和说明。本书关于价值创造、价值传播、价值经营三方面市值管理的具体操作内容，也紧扣《市值管理指引》的要求。

其五，受众广泛。本书的受众非常广泛，包括：①上市公司股东、实际控制人、董事、监事、高级管理人员及从事董事会工作、投资者关系管理工作、战略和并购工作、财务工作的相关人员。②对进入资本市场和成为上市公司感兴趣的企业家和企业高级管理人员。③为上市公司提供资本市场服务的证券公司、会计师事务所、律师事务所、投资者关系管理公司等证券服务机构的相关业务人员。④一、二级市场投资者，包括私募证券投资基金、公募证券投资基金等机构投资者及其他二级市场专业及业余投资者。⑤对上市公司和资本市场感兴趣的研究者和学生，以及对资本市场感兴趣的广大读者。

本书融入了我超过 25 年的投行、投资与上市公司管理实战经验，同时也得益于我们团队为某知名上市公司提供市值管理服务的工作实践。该工作团队的两名成员许琳睿、曲太郎也是本书的作者，同时也感谢工作团队另外两名成员徐菁、高菲菲的重要贡献。

面对资本市场进入股权时代，市值管理成为推动市场从"融资市"到"投资市"、从"熊长牛短"到"持续慢牛"转变的重要抓手。作为一本缘起于市场实际需要的用心之作，我们希望它能受到广大读者的喜爱，并且能够持续更新，成为伴随中国资本市场成长的"长销书"。

沈春晖

目　录　CONTENTS

第二章　价值创造　/ 48

第一章 市值管理就是管理价值

第一节　资本市场如何产生市值

账面价值、内在价值和市场价值

从投资学的角度看，公司价值可分为账面价值、内在价值和市场价值。巴菲特的投资哲学中有三条基本原则：第一，时刻牢记一个公司的账面价值、内在价值和市场价值是有差别的；第二，投资的基础是内在价值；第三，把自己当作公司的一个所有者去投资。

账面价值通常指的是公司的净资产，根据公司的财务报表计算得出，是股东权益的财务反映，或者说是股票所对应的公司当年的净资产值。账面价值代表的是股东过去的累计投入和公司的经营积累，但许多账面价值很好的公司在资本市场上融资困难，或者估值比较低，其原因在于，区别于金融市场的债权融资方式关注的是偿付风险和极端情况下可采取的处置措施与可变现资产，资本市场的权益融资更看重公司未来的成长性和投资回报预期，因此轻资产、高回报的科技创新型公司更具优势。

内在价值是公司的理论价值，指的是一个公司在其余下的存续时间内可以产生的现金流量的折现值。内在价值对于资本市场而言是一个非常重要的概念，取决于公司经营的实质成果。公司未来获取现金的能力是公司估值的基础，是评估投资和判断公司吸引力的唯一符合逻辑的手段。区别于账面价值，内在价值是估算值，不是精确值。

市场价值（简称市值）指的是公司整体出售可能取得的价格（可变现价值），或者说是交易价格。也就是说，市值实质上就是资本市场对公司内在价值的认可程度，或者说是体现资本市场对公司发展前景认可度的"晴雨表"，是衡量上市公司价值的最核心指标。如果公司是上市公司，那么市场价值就直观体现为公司的股价和总市值。

这里给大家提一个问题，如何看待市值的三个计算公式：①市值＝净利润 × 市盈率；②市值＝每股价格 × 总股本；③市值＝净资产 × 市净率？

要回答这个问题，我们先来讨论一下企业家面临的两个市场：产品市场和资本市场。

对于企业家来说，产品市场是其熟悉的正面战场。他每天都能感受到竞争对手的存在，并且努力利用领先的技术、稳定的高品质、有吸引力的价格和强势的营销策略去抢占市场份额。而资本市场是个无形的战场，因此它经常被企业家忽视。但事实上，资本市场的竞争更加激烈。因为资本作为稀缺资源只能按优先级供给，而需求者没有行业之分，资本市场的胜利者可以获得更多的融资渠道、更低成本的资金、更多的社会资源支持，从而提高公司的竞争力，增强公司在产品市场的战斗力。

从这个角度来看，市值计算公式①更贴近市值的实质。

"净利润"与"市盈率"两个指标，一个代表了产品市场，另一个代表了资本市场。产品市场产生利润，"净利润"指标表示"打铁还需自身硬"，公司需要不断提升经营能力、管理能力和盈利能力。资本市场产生市值，"市盈率"指标提示大家"酒香也怕巷子深"，体现了投资者对于公司未来增长的预期，是未来利润预期在目前市值中的体现。所以公司需要向资本市场充分展现自身的战略前景，以得到投资者的认可并换取相应的估值倍数。利润表现好有助于提升市值，市值高低同样会影响利润多少和公司的发展。市值高的公司能够更好地进行产业运作并应对市场竞争，产品市场和资本市场两者互动循环，相辅相成，相互成就，即为产融互动。

产融互动产生企业价值示意图如图 1-1 所示。

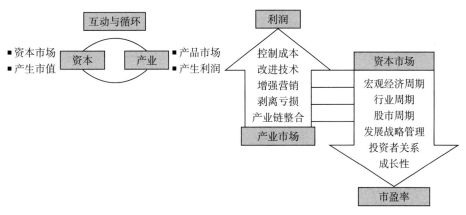

图 1-1　产融互动产生企业价值示意图

对于市值公式②，市值 = 每股价格 × 总股本，如果仅从股价乘以总股本来看待市值，很容易陷入操纵股价与股本的数字游戏，而忽略了市值的根本。

对于市值公式③，市值 = 净资产 × 市净率，更多地适用于资本驱动型行业，该行业一般用市净率（Price-to-Book Ratio，P/B）估值法估值。

公司的账面价值、内在价值与市场价值之间既有密切的联系，又存在显著的区别。

公司的账面价值是公司历史投入形成的价值积累。市场价值与账面价值的比率通常称作市净率（P/B）。在机械制造、铁路、公路等基础建设以及农业水利等重资产行业，现金流需求大、净利润较低、资金回笼时间长，通常采用市净率估值法估值。如果公司的净资产越高则创造价值的能力越强这个假设成立，那么账面价值与公司市值应该呈现正相关关系。但是，对于很多轻资产行业，主要创造价值的资源如人才、品牌等，并不能通过净资产体现出来，其原因在于，账面价值代表的是过去，市场价值展望的是未来，两者之间的差距，主要来自投资人对公司未来经营价值的期望。因此，当投资者认为公司发展前景好、预期回报高时，市场价值往往要远大于账面价值。反之，如果账面价值很大，但资产创造未来收益的能力较弱，那市场价值就可能等同于甚至低于账面价值，也就是我们通常说的上市公司"破净"情况，即市净率低于 1 倍。

再来看内在价值与市场价值。公司的内在价值取决于公司的经营成果，在一个强势有效的资本市场里，公司的内在价值与市场价值应当是完全相等的。强势有效市场是指市场中的股票价格同步反映了所有有用和无用的、已公开和未公开的信息，在所有参与市场的投资者间不存在任何的信息偏差，"公平原则"得以最充分的体现，资源配置合理有效。与强势有效市场对应的是半强势有效市场和弱势有效市场。但是，强势有效市场只存在于理论之中，实际生活中的资本市场受到信息披露对等充分性、市场情绪、宏观经济环境、国家政策、短期炒作等因素影响，并不可能完全有效，大多数资本市场都处于弱势有效和半强势有效阶段，因此，公司的内在价值与市场价值（上市公司体现为股票价格）会不相等，会表现出市场价值围绕公司的内在价值上下波动。市场价值在波动过程中，可能会暂时性脱离公司的内在价值，也可能出现股票价格长期和公司内在价值背离的情况，包括高估或低估公司的内在价值。整体来说，内在价值应该是市场价值的中枢，账面价值则是市场价值的底线，三者的运动规律会呈现如图 1-2 所示的情况。

市值管理的目的不是单纯追求股价越高越好，而是合理反映公司的内在价值并获得一定的市场溢价，因此在这个运动过程中，需要通过一系列措施来引导市场价值去靠近公司的内在价值，对于企业家来讲，市值管理的本质和目的就是让公司从"赚钱"到"值钱"，一方面持续提高公司的内在价值，另一方面引导市场价值合理反映内在价值。

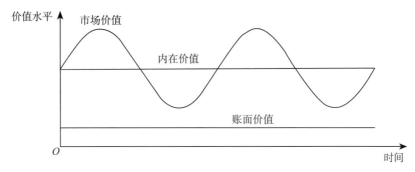

图 1-2　市场价值、内在价值与账面价值运动规律示意图

自由现金流与投入资本回报率直接影响市值

资本市场对公司的常见估值方法包括绝对估值法和相对估值法，前者主要是采用折现方法，如现金流量折现方法、期权定价方法等。后者主要是对标可比公司或板块平均，结合二级市场股价测算公司的相对估值。后者最常用的指标包括市盈率（P/E）、市净率（P/B）、市销率（P/S）、公司价值/息税摊销折旧前利润（EV/EBITDA）、公司价值/息税前利润（EV/EBIT）、股价/自由现金流（PCF）等。其中，公司价值（EV）= 市值 + 总负债 − 总现金。但需要说明的是，这些指标作为估值算法，并非公司价值的本源。而且，在实际使用中还有可能会出现因忽视未来趋势，仅就历史数据静态取数而产生误差的情况。

我们先来看表 1-1 中的 4 段节选，均出自"易方达蓝筹精选混合型证券投资基金"定期报告中的"管理人报告"部分。这在一定程度上代表了目前我国大型公募基金管理人对于公司价值的认识。

从这些报告中，我们可以提取的两个关键词是"自由现金流"和"回报股东的能力"，或者准确地说是"自由现金流"和"资本回报率"。

公司价值实质上就是公司未来可持续自由现金流的折现值，所以自由现金流是判断公司内在价值的重要指标，自由现金流越充沛，意味着公司获取现金的能力越强，而考量一个公司强弱的重要标准就是获取现金的能力，特别是获取自由现金流的能力，这是投资的核心思路。几乎所有的估值

表 1-1 易方达蓝筹精选混合型证券投资基金定期报告节选

2021 年 年度报告	我们始终相信，公司的价值是其生命周期内所有自由现金流的折现。从年度来看，自由现金流往往受到资本开支节奏、运营资本波动等因素的影响，经常呈现出较大的波动。因此，投资者经常用净利润（及其增速）或者收入（及其增速），甚至产能（及其增速）作为近似变量进行估值。这在一定程度上是合理的，因为自由现金流的转化过程为"收入→净利润→自由现金流"。然而无法忽视的是，既然是近似变量，就无法做到 100% 代表。上述的每一步转化都可能出现不顺畅的情况。例如，从收入到净利润的转化可能会受到竞争加剧的影响，呈现"增收不增利"的情况；从净利润到自由现金流的转化可能会受到资本开支过大但最终利用率不足、运营资本占用越来越多等因素的影响。因此，当我们习惯了用收入、净利润这些代理变量对公司进行估值时，还需要考虑这些代理变量向自由现金流这个本质变量转化过程中的潜在不顺畅可能。我想，这可能也是亚马逊号召其投资者直接关注其自由现金流的原因之一。因此，我们在研究公司时，自由现金流始终是我们最关注的财务指标之一。虽然年度之间会有波动，但拉长到 5～10 年的维度，一个公司能否为股东创造充沛的自由现金流并不难分辨。进一步从底层来说，一个公司生产的产品多大程度被其客户所渴望，是否具有优秀的商业模式、是否拥有"护城河"使其在长周期内维持良好的竞争格局，这些都是能否使收入顺畅转化为净利润然后转化为自由现金流的重要决定因素
2022 年 年度报告	我们认为，单纯用所持有股票在某一年的市值变化来衡量投资结果并不合理，更加合理的评价投资的指标应该是：①公司每股盈利及每股自由现金流的增长；②公司的"护城河"是否维持或者加深了
2023 年 年度报告	随着我国经济进入高质量增长阶段，我们认为投资上市公司在保持框架稳定的同时，在某些具体的方面需采用更加严格的标准。首先是公司的治理。在粗放增长的年代，增长可以解决很多问题。但在高质量增长的年代，低效的增长已经没有意义，我们期待管理层能够更加精细地配置公司的资本，更加审慎地评估投资新业务和帮股东加码老业务之间的机会成本差异，分红和回购注销的重要性显著增加。如果管理层的能力不佳，就可能变相浪费股东的资本。作为投资者，需要仔细评估管理层回报股东的能力和意愿。资本市场是放大器，不论是正面还是反面都会被放大，我们认为，随着时间推移，放大的效应是会不断增加的
2024 年 3 季度报告	在看待红利类公司时，投资者多用"价值思维"和"绝对价值"去看待，考虑这些公司在过去的估值折价，大家对周期性的盈利波动通常是可以接受的。然而，经历了三年多反向的股价变化后，我们发现一些消费领域龙头企业的股息率已经处于全市场靠前的水平，超过相当数量的红利指数成分公司。在这种情况下，投资者在分析这些公司时会多一些比较维度，即和红利指数成分股互相比较自由现金流的产生能力、资产负债状况以及管理层分红的意愿等，在这些维度上，我们认为这些消费领域龙头企业甚至也高于很多红利类公司。如果综合考虑股东回报——回购和分红，目前一些科技领域龙头企业和消费领域龙头企业的股东回报率，不论绝对水平还是相对水平都是很高的。我们也十分欣喜地看到，越来越多的公司治理水平持续提升，也更加坚定地表达了持续回报股东的决心。如果未来股价保持平稳，我们甚至有望看到某些龙头公司 8～10 年后总股数减半，这对长期持有的股东意味着不额外花钱就让自己的持股比例翻倍。虽然股价在季末有所上涨，但股东回报率依然在历史最高水平的附近，再考虑较低的 30 年国债收益率，两者的差值无疑也在较高水平附近

方法最终都指向自由现金流，或者说所有的估值方法都是自由现金流折现的变形。市盈率是一种静态和简化的现金流折现估值，可以体现通过现金流收回本金所需的时间。而市净率中的净资产也不过是产生自由现金流能力的一种衡量手段而已。例如，1.2 倍市净率，表明公司股价为每股净资产的 1.2 倍，狭义的理解为，按照账面价值处置公司，可以收回公司市值的 83%。

自由现金流 = 经营活动产生的现金流量净额 − 购建固定资产、无形资产和其他长期资产支付的现金。

自由现金流代表了公司每年拥有多少可以自由支配的现金，也就是说，公司在支付了必要的运营成本费用（比如购买存货、支付员工工资和偿付应付账款）以及资本性支出（比如建造厂房、购买机器设备）后所剩余的现金流，就是自由现金流。

公司的自由现金流为正，说明公司具有良好的自生造血能力，不需要外部输血，仅靠经营活动就能支撑自身的正常运营并满足扩大再生产等投资需求，公司持续经营能力强，能够源源不断地为股东带来现金回报。而公司的自由现金流为负，特别是持续为负，意味着公司的财务弹性较差，需要依赖外部融资等才能维持经营。如果公司只是自由现金流短期为负，则要判断其资本性支出的回报前景，即能否通过持续经营消化这部分再投入，这部分再投入给股东带来的回报是否能至少不低于之前的回报水平。

自由现金流非常重要。一个公司如果能够不依靠持续的资金投入和外债支援，光靠运营过程中产生的自由现金流就可以维持现有的发展水平，甚至满足再生产的发展需要，那么就代表着这个公司是一个竞争壁垒较高、上下游溢价能力较强、维持性的资本投入比较少、盈利能力较强的好公司。特别是在经济下行周期里，创造自由现金流的能力就等同于抗经济周期性波动的能力，不依赖外部资本的企业往往具有较强的抗经济周期性波动能力。在经济衰退或信贷紧缩时，这些企业可以依靠自身稳健的现金流而非外部融资，降低对外部环境的敏感性。

在一定程度上，甚至可以简单地认为，一个公司如果不能创造自由现金流就不是一个值得投资的公司。

现金流财务操控的空间远小于净利润，能够较为真实地反映出企业的经营质量。现金流也是上市公司维持稳定的现金分红能力的来源，毕竟对于股东来说，是要以能拿到手里的现金作为投资回报的。

自由现金流选股策略在国内是一个崭新的策略，2024 年以前无相关指数发布。2025 年 1 月 10 日，华夏基金和国泰基金旗下自由现金流 ETF 获批，成为首批获批的自由现金流 ETF，跟踪指数分别是国证自由现金流指数和富时中国 A 股自由现金流聚焦指数。

投入资本回报率（Return on Invested Capital，ROIC）是指投入和使用的资金与相关回报（表现为获取的利息和分得的利润）的比值，它反映了公司用投资者（股东和债权人）的钱为投资者创造收益的能力。

ROIC= 息前税后经营利润（Net Operating Profits Less Adjusted Taxes，NOPLAT）/ 投入资本（IC），其中，NOPLAT = 扣非息税前利润（EBIT）×（1- 税率）；IC= 有息负债 + 净资产 – 超额现金 – 非经营性资产。

ROIC 衡量的是股东和债权人投入的本钱到底获取了多少回报。

假如公司赚到的钱是一个蛋糕，它最后会被三个角色分走：支付的利息费用被债权人拿走，缴纳的税上交国家，剩下的利润（即"净利润"）被股东拿走。我们要做的，就是要把上交国家的税剔除掉，计算债权人和股东分到了多少钱。

这个分割之前的蛋糕，叫息税前利润（Earnings Before Interest and Tax，EBIT），可以用净利润 + 所得税 + 利息费用倒算回来，分蛋糕的三个角色中，国家是没直接掏本金的，直接掏钱的角色只有两个：股东投了钱形成了股东权益，债权人借了钱形成了公司的债务，这两笔钱就是资本总投入。

一个公司经营得到底好不好，最重要的是看债权人和股东投入的这些钱，到底给债权人带来了多少回报（收利息）、给股东带来了多少回报，而且算这个回报的时候，最好把营业外收入剔除掉。

接着再拿出 EBIT 这块蛋糕，先把非经营性损益扣掉（形成扣非

EBIT），再把上交国家的税扣掉，剩下的就是股东和债权人常规情况下得到的回报。这就是息前税后经营利润的概念。息前税后经营利润中，税后的意思是上交国家的钱剔除了，息前的意思是债权人拿的钱还留着，经营利润的意思是扣掉意外收入后股东拿的钱也留着。

用 NOPLAT（股东回报 + 债权人回报）除以资本总投入（股东权益 + 有息负债），衡量了资本投入的回报率，这就是 ROIC。

ROIC 的优势有两个：一个是从公司总资本的视角去衡量回报，而非单纯从股东视角；另一个是通过对非现金科目和税率的调整，最准确地反映投资资本带来的经济回报，而非财务回报。与净资产收益率（ROE）相比，ROIC 也具优势。ROE 等于净利润除以股东权益，但是净利润是一个容易受到非经营性损益影响而失真的数据。还有不少公司的 ROE 高是通过加杠杆堆出来的，通过高负债堆出来的高收益和不加杠杆产生的高收益是完全不一样的。在经济下行周期就能看出高负债的公司风险大，投资价值完全不一样，而 ROIC 更能体现出公司总体资本的真实使用效率。资本效率是衡量公司能否将资源投入到最具增值潜力领域的重要指标。

如果公司能在不额外投入资本的情况下实现增长，说明其内部资本配置效率极高。高 ROIC 表明公司能够以较少的资本获得更多利润（即“息前税后经营利润”），吸引投资者长期持有。巴菲特就说过这样的话：如果你必须在一家无须投入资本便能有出色表现的公司和一家需要投入资本才能有所表现的公司中做出选择，建议选择那家对资本没有要求的公司。

此外，ROIC 是价值投资的最核心指标。价值投资的代表人物芒格将 ROIC 称为“长期内公司投资价值和回报水平的决定性因素”。喜马拉雅资本创始人李录也曾指出：“……真正的好公司其实是那些可以甩开竞争者，同时拥有可持续的竞争优势和较高资本回报率的公司，而且它还要能长期持续增长……能长期地产生高于市场的资本回报率，本身就不是常态。只有非常少的公司属于此类。所以如果你能足够幸运地找到一家这样的公司，你需要做的就是长期持有它。”

ROIC 很低的公司，没有内生现金流，增长需要消耗大量的资本，客观反映出公司的商业模式一定存在一些问题。资本投入回报率高，意味着公司能够创造更多的现金流，体现出更强的价值创造能力。巴菲特认为，杰出的公司是拥有"护城河"的公司，也就是可以通过持久的竞争优势使公司多年获得高额的资本回报。"护城河"用来描述一家公司的可持续竞争优势，是保护公司立于不败之地的屏障，有"护城河"，业务就一直很牢靠，不用再花钱修筑"护城河"。持续有现金流，意味着业务不用投入，说明公司业务优势惯性强、持续时间长，说明公司不会用利润去做无意义的扩展。

　　拥有"护城河"的公司很少见，这些被认为拥有"护城河"的公司，又可以进一步划分为两类：拥有"传统护城河"的公司，以及拥有"再投资护城河"的公司。大多数具有持久竞争优势的公司都属于拥有"传统护城河"那一类，这意味着这些公司能够获得丰厚的资本回报，但却没有足够的机会以类似的回报率配置增量资本。而拥有"再投资护城河"的公司不仅拥有前者所有的优势，还有充足的机会以高回报率配置增量资本，从而可以使资本实现长期复利增长。

　　据此，根据 ROIC 指标还能将优秀的公司分为具有"再投资护城河"的公司与只具有"传统护城河"的公司。通俗一些来说，前者具有持续的高成长性与高回报率；后者可能只能在一段时间内具有高回报率，高回报率持续时间取决于公司目前所处行业的增长空间。所以，ROIC 这一指标也是评价管理层对公司资本配置能力的指标，即管理层能否将资本持续投入到可以产生高回报率且不断夯实公司"护城河"的领域，这考验了管理层的战略眼光和资本配置能力。

　　举个例子：公司 A 是一家大型企业，主营业务是高端白酒。通过多年的辛苦经营，如今公司 A 每年仅需在生产、研发与宣传方面投入少量资金，就可以维持净利润长期稳定增长。因此，公司 A 常年被市场参与者认为是白马绩优股，并拥有很高的估值。但是，在最近两年，公司管理层犯了难，目前公司账上有 200 亿元现金，如果投入主营业务，可能长期回报率只有 3%，不如银行理财；如果开辟新业务，那么效益如何目前难以预知，且有较大风险；但如果发给股东，那么钱就不是自己在掌握，似乎又心有不甘。这个时候，就非常考验公司管理层的战略眼光和资本配置能力了。

本书"第二章　第四节　资本配置能力：影响上市公司长期价值"将会对资本配置能力做详细阐述。

经分析发现，美股 500 亿美元以上市值公司的平均 ROIC 达到了 20%以上，万亿美元市值公司的平均 ROIC 已超过 30%，A 股市场 ROIC 虽然远未达到此水平，但也表现出估值与公司的盈利水平，即 ROIC 正相关的趋势。具体见表 1-2、表 1-3。

表 1-2　A 股不同市值区间公司 ROIC 统计（2023 年，剔除金融）

市值区间（元）	平均 ROIC（%）
5 000 亿及以上	15.21
1 000 亿～5 000 亿（不含）	9.55
500 亿～1 000 亿（不含）	8.65
100 亿～500 亿（不含）	6.46
50 亿～100 亿（不含）	3.69
50 亿以下	1.07

资料来源：Wind。

表 1-3　美股不同市值区间公司 ROIC 统计（2023 年，剔除金融）

市值区间（美元）	证券数量（家）	平均ROIC（TTM）	主要行业	部分代表公司
10 000 亿及以上	6	31.80%	信息技术、可选消费	苹果（APPLE，AAPL.O）、微软（MICROSOFT，MSFT.O）、英伟达（NVIDIA，NVDA.O）、谷歌（ALPHABET，AGOOGL.O）
5 000 亿～10 000 亿（不含）	5	22.27%	可选消费、信息技术、医疗保健	脸书（META PLATFORMS，META.O）、台积电（TSM.N）、特斯拉（TESLA，TSLA.O）、博通（BROADCOM，AVGO.O）
1 000 亿～5 000 亿（不含）	85	20.93%	日常消费、医疗保健、能源	联合健康集团（UNITEDHEALTH，UNH.N）、沃尔玛（WALMART，WMT.N）
500 亿～1 000 亿（不含）	91	20.34%	房地产、医疗保健、信息技术	亿滋国际（MONDELEZ INTL，MDLZ.O）、亚德诺（ANALOG，ADI.O）

（续）

市值区间 （美元）	证券 数量 （家）	平均 ROIC （TTM）	主要行业	部分代表公司
100 亿～ 500 亿（不含）	464	−543.46%	房地产、能源、电信服务	冠城国际（Crown Castle，CCI.N）、通用汽车（GENERAL MOTORS，GM.N）
100 亿以下	3 196	−92.67%	公用事业、电信服务、工业	皇冠控股（CROWN，CCK.N）、史密斯（AOS，N）

资料来源：Wind。

投资者预期也是左右市值的关键因素

公司估值是指着眼于公司本身，对公司的内在价值进行评价和估量，公司内在价值取决于公司的资产及其获利能力。公司往往熟悉的是产业市场，了解的客户是产品的用户。当公司进入资本市场，就需要将整个公司视为一个产品去向市场进行整合营销，市值就是资本市场根据对公司这个产品的预期所给出的定价。因此，要获得好的估值定价，就需要了解资本市场，了解投资者这个客户，并向投资者这个客户做好营销工作，让投资者为公司的预期买单，让投资者持续信任公司的未来发展前景，最后建立起更高一级的信任——投资信仰。

评价一个公司是否"好"和评价一个人是否"美"，看似不相关的两件事，细想却神奇地契合。我们常说，真正的美是形神兼备，五官长相和体态是形，气质神韵和谈吐是神，合到一起就给人一种美的感觉。《洛神赋》中"翩若惊鸿，婉若游龙。荣曜秋菊，华茂春松。髣髴兮若轻云之蔽月，飘飘兮若流风之回雪。远而望之，皎若太阳升朝霞；迫而察之，灼若芙蕖出渌波"，那种美的感觉惊心动魄，符合所有人对美的认知，不拘泥于五官之美、体态之美。

对应地，我们说一个公司的估值，也有很多具体的指标、模型和方法，这些可以评价公司的"形"。最后落到估值上的，还是公司整体呈现给资本市场的一种感觉、呈现给投资者的形象以及投资者对公司产生的预期，这就是公司估值的"神"。

所以，除了做好正常的生产经营，提升公司的盈利能力外，公司对投资者的预期管理也非常重要，这里面又隐含着两类预期：一类叫结果预期，另一类叫行为预期。结果预期是推断，行为预期是想象。

1. 结果预期

结果预期就是依托行为事实已经达成的结果或指标数据确定的结果产生的预期。比如基于历史财务表现的预期，上市公司如果每次都能兑现业绩承诺，产生可观的稳定的现金流和收益，就会不断增强投资者对上市公司的信任和认可，甚至让投资者产生无条件的正向预期。而上文所提到的估值方法、自由现金流和投入资本回报率等指标，更多的是依托于财务指标产生结果预期。

要做好结果预期管理，需要公司在合法合规的前提下，进行预算管理和盈余管理，对财务报表进行大约数年时间跨度的整体把控。这里需要在预算层面具备相当的科学性，对不同的经营行为（包括但不限于固定资产的投资、结转、折摊）对报表的影响具有前瞻性的预估，对于长期股权投资等计量复杂科目的会计处理差异具有准确认知等。

2. 行为预期

行为预期说的就是对不会立刻或者必然引发资本市场表现的变化，但会激发上市公司资本市场想象力的行为的预期。比如公司更换控股股东或实控人、更换公司关键管理人员的预期属于行为预期，虽然短期内不会对公司的业绩产生立竿见影的影响，但是会影响资本市场的想象空间，从而反映在公司的股价表现上，因为行为预期很难量化，所以反而赋予了市值无限的想象空间。

公司市值成长优异，本质上是因为其较好地实现了基于"现金回报"的预期管理。卖股票就是卖预期。先卖预期，预期高低直接反映在公司的市值上，然后公司通过投资者回报去实现预期，再给予投资者新的预期，循环往复。上市公司在清晰地向投资者描述公司未来的发展战略，给予投资者一个充满想象力的故事的同时，还会通过历史业绩、战略选择、商业模式、业务机会、在手订单、人员激励等让市场相信其未来能实现较好的现金回报，投资者相信后开始买入，带动股价先于业绩提升，表现为"市盈率带动下的股价提升"，之后公司不断释放阶段性利好消息，使得越来越多的投资者相信公司的成长前景，相信公司描述的战略规划，进而股价继续提升，一致预期形成。

这里需要注意，如果只有回报而没有预期管理，就难以获得好市值；但如果只有预期而没有配合投资者回报来实现预期，那就是"忽悠式"的市值管理。无信则不立，放之四海而皆准。如果公司的经营表现没有跟上释放给投资者的预期，长此以往，失信于资本市场，市值管理将难以为继。

第二节　如何看待市值与市值管理

市值 = 净利润 × 市盈率

市值公式"市值 = 净利润 × 市盈率"是更为贴近市值实质的表达方式。据此，影响公司市值的两个重要因素就是"净利润"和"市盈率"。"净利润"与"市盈率"两个指标，一个代表了产品市场，另一个代表了资本市场。产品市场产生净利润，资本市场产生市值。

从两端来看，以下诸多因素均会影响公司的市值。

第一，公司的净利润。净利润代表了公司的业绩，公司需要不断提升自身的经营效率，并通过外部产业整合提高综合竞争能力，提高盈利能力。当公司自身的净利润不够时，可以考虑通过并购重组的方式提高自身市值。但需要注意的是，公司要建立市值战略，从追求利润最大化过渡到追求市值最大化。因此，并不是所有的"净利润"都值得收购。收购的前提是该部分净利润有利于提升公司的价值，继而有利于公司市值的提升。具体来说，可以采取用合理价格收购高估值业务、置换低估值业务、剥离低估值业务等方式。否则，公司可能只是净利润粗放增长，但对市值增长却没有帮助，甚至有害。

第二，市场给予公司的市盈率。市盈率反映了市场对业绩的看法，或者说是市场对公司业绩未来延续性的看法。其受公司内外因素的影响：内部包括公司的治理结构、成长性、激励机制、分红规划和发展战略等，外部包括宏观经济走势、行业发展前景、资本市场景气程度、资金成本、无风险利率、投资者关系、股权结构、公司战略被市场投资者接受的程度等。内部的因素大多能够由公司掌控；公司无法掌控外部的因素，但是对某些因素可以具有较大的影响力。

那么，从"市值＝净利润 × 市盈率"这个公式出发，上市公司提高市值的方法可以是：市盈率不变的情况下，提高净利润；净利润不变的情况下，提高市盈率的估值倍数；既提高净利润，也提高市盈率的估值倍数。此处，需要注意的是，净利润和市盈率（即估值水平）并不是孤立的，也不是完全正相关的，一些行为可能提高净利润，但导致估值水平下降，实际对市值增长没有作用甚至有副作用。比如高估值高投资回报行业的净利润增加会带来市值的增加，但如果增加的净利润估值水平低于上市公司本身的净利润估值水平，那可能导致上市公司整体估值水平下降，比如高科技行业反向进入传统行业。

上市公司需要从以下两方面着手，提高公司市值。

1. 壮大净利润

壮大净利润这件事包括两个维度，一个是"开源"，另一个是"节流"，而这两者并不是"或"的关系，而是"和"的关系。

"开源"就是公司更好地挣钱，这是做市值战略非常重要的出发点，也就是要解决企业业绩增长 / 业绩反转等问题，让业务能够带来正向现金流、带来有竞争力的净利润。"挣钱"首先是上市公司的行业选择和产业选择，也就是赛道的初始选择，这个选择很重要，因为公司的结构搭建、战略规划、商业模式会围绕行业和产业设置，且也决定了公司的利润水平，绝大多数上市公司登陆资本市场时，赛道就已经是既定的了，如果既定的路是"长坡厚雪"的赛道固然好，但如果既定的路走到头了，就需要讨论战略转型或者升级，当然，并不是说企业必须换赛道，也可以在产业动态、产业结构、供需关系、竞争格局、技术路线等变化中寻找机会。比如在存量市场里进一步提高市场集中度，进一步打开产业格局，把市场定价权拿到手中，成为行业的绝对龙头，从市场占有率、行业集中度、定价权、头部稀缺位置等方面让资本市场看到公司的长期投资价值。

"节流"就是企业围绕着效率和效益这两个维度来展开工作。一种方式是通过成本优化、财税筹划、精益管理、组织流程优化等真金白银地省钱；另一种方式是把运营效率或者经营效率提上去，这中间就涉及商业模式的选择和企业精细化管理的能力。

在低增长强竞争时代，挣钱特别不容易，所以有效的节流也很重要，挣一部分、省一部分，同时支撑公司的净利润增长。资本市场会看到公司挣钱的方式、未来的增长空间、发展前景，再结合对行业时间窗口、业绩拐点的预判，从而决定它愿意给企业的忍耐（等待）时间。这就是上市公司提高市值时要对净利润做的相关考虑。

2. 提升估值水平

公司要建立市值战略，将公司市值的增长作为公司生产决策体系的出发点，公司内在价值的增长是市值增长的基础，但公司靠自然增长还是靠外延扩张直接决定了公司完全不一样的成长速度和节奏。打个比方，如果同样是三年的时间，公司是用并购的手段快速壮大到百亿元销售规模，还是通过滚动增长做到30亿元销售规模，资本市场对此的期待值是不一样的，这反映在市值上也是不一样的。这就是说资本市场对成长性的预期会因为成长策略和路径的不同而存在差异。

所以公司要从提升估值出发，强调公司的成长性和增长速度，重视外延扩张，同时少做降低估值的事，比如单纯为了追求净利润增长进行不合理的投资和并购，拼凑一些低估值的净利润进入上市公司。或者不考虑投入资本回报率，盲目稀释股权，随意再融资，反而拖累了公司的资本运营效率和股本的含金量。

除常见的通过收购优质资产来提升估值的方法外，置换和剥离低效率低估值资产也可以提升估值。上市公司转让资产有多方面考量。可能是优化资产结构，提高资产质量。通过处置不良资产或低效资产，降低企业运营成本和财务风险。也可能是回笼资金，增加现金流，以应对市场不确定性风险或抓住新的投资机会。还可能是出于战略调整、业务转型的考虑。

除了从公司内在价值出发进行产业结构、资产结构的调整，在提升估值方面，公司也要重视与资本市场的沟通，协助资本市场更好地理解公司的成长逻辑，对市场预期加以管理和引导，避免沦为"沙漠之花"和"深巷佳酿"，空有价值而无市值。

市值的自我诊断

第一，看标志性指标的对比情况。

整理分析：①公司估值指标（市盈率、市销率、市现率、市净率等）近一年的横向对比情况以及与可比公司的对比情况；②市值年化涨跌幅和可比公司的对比情况；③股价在近一个月、三个月、六个月、一年内与大盘、可比公司的横向对比情况。

如果对比情况不佳，那就需要结合财务指标（比如现金流情况、资产收益率情况、投资者回报情况）再做对比。如果财务指标对比情况较好，说明公司的市场价值可能在一定程度上低于公司的实际价值，需要运用各种资本运作手段和工具进行逆周期调节，向资本市场传递价值和价格信号，引导投资者的投资行为；如果财务指标的对比情况同样不理想，说明公司需要从内在价值出发，从公司战略规划、商业模式、公司治理、股权激励、投资者回报等方面考虑做出调整，不断提升公司的经营效率和盈利能力，提升公司的内在价值。

第二，进行股本结构分析。

散户的信息获取渠道及专业判断能力有限，更容易受市场情绪影响，投资随机性较强，更容易被炒作。而机构对上市公司的调研能力相对较强，对公司市值更能做出理性判断。

机构投资者持股比例高，说明市场对公司前景比较看好、认可度高，对稳定和提升公司市值有重要影响，因此上市公司需要实时关注公司股东尤其是流通股股东名册中自然人股东与机构股东的持股比例情况，关注公司前十大及前二十大股东中机构股东的持股比例，关注市场主流的投资机构的持股比例和变动情况。"瘦田无人耕，耕开有人争"，机构持股比例的高低，特别是知名机构的持股情况也是市场判断上市公司基本面的一个重要指标，对市场资金走向影响较大。

此外，股东结构中是否有上市公司中高层团队及核心技术人员持股也是一个重要指标，上市公司有没有推行股权激励会导致资本市场对公司不一样的期待值和认可度。其逻辑在于资本市场认为有股权激励的公司解决了所有者和经营者的利益冲突问题，更能稳定核心团队和留住优秀人才，公司管理层也会更有动力努力提升公司业绩，让股价重新回归到合理的位置。既然管理层会更努力，资本就可以"搭便车"。

第三，是否存在优质战略股东，主要机构股东稳定性如何。

汇金、国家社保基金、平准基金、保险基金等股东前期投资审慎论证充分，但在做出投资决策后，持股策略偏中长期持有，对公司股价的稳定和市值战略会起到较好的支撑作用。如果"国家队"成为公司流通股股东中的权重股东，市场会认为这家上市公司的股票大概率是一个"国家队"看好的优质白马股，长期稳健、持续经营、回报可预期。

此外，根据中国证监会发布的相关规则，战略投资者是指能为上市公司带来行业或产业链资源（技术、市场、渠道、品牌等方面），能有效协助上市公司提升公司治理水平，愿意长期持有公司较大比例股份的投资者。优质战略投资者的存在能有效赋能上市公司，协助上市公司持续提升价值，提振投资者信心。如果公司股东里出现了行业龙头或者市场知名的头部创投机构等，市场通常会因为这些股东的赋能属性对上市公司给予较高的增长预期。

第四，市场关注度。

卖方分析师研报覆盖和投资者调研情况是分析市场关注度非常重要的两个指标。据 Wind 统计，2024 年全年，在 A 股约 5 300 家上市公司中，有投资者调研（主要是机构投资者调研）的公司数量约为 2 900 家，约 2 400 家上市公司没有接受过投资者调研。与之相对应的就是大多数上市公司"门前冷落车马稀"。

基金买入一家上市公司股票的底层逻辑是什么？

一是看公司的基本面（股东结构、管理团队能力、经营状况、公司治理水平等）、政策面（公司所处行业是政策鼓励的还是限制的）；二是看二级市场的交易量和关注度。

交易量上不去，不够活跃，资本市场对上市公司的关注度也就不够。没有市场关注度，就无从谈市值。因此，上市公司要重视市场沟通，加强投资者交流。需要充分向市场传递公司未来有前景、当下股价已经被严重低估的信息，需要告诉市场目前的价格是合适的买入点，未来收益可预期。以此提升热度，吸引市场的目光。

第五，是不是指数成分股公司。

主要指数成分股公司是指：①中证 A500 指数成分股公司；②沪深 300 指数成分股公司；③上证科创板 50 成分指数、上证科创板 100 指数成分股公司；④创业板指数、创业板中盘 200 指数成分股公司；⑤北证 50 成分指数成分股公司；⑥证券交易所规定的其他公司。

成为指数成分股公司意味着上市公司在市场上具有较高的信誉和稳定性，常会吸引大量证券分析师、市场投资者及媒体的关注。指数基金和机构投资者也通常会根据指数调整进行资产配置，成为指数成分股的公司相应地会获得更多的流动性，投资者更愿意买卖这些股票。

以沪深 300 指数和中证 A500 指数成分股公司为例，沪深 300 指数由沪深市场中规模大、流动性好的最具代表性的 300 只证券组成，于 2005 年 4 月 8 日正式发布，以反映沪深市场上市公司证券的整体表现。中证

A500指数于2024年9月23日正式发布，从各行业选取市值较大、流动性较好的500只证券作为指数样本，主要聚焦三级细分领域的龙头公司，以反映各行业最具代表性上市公司证券的整体表现，详见表1-4。

表1-4 沪深300指数及中证A500指数成分股选样标准

项目	沪深300指数	中证A500指数
样本空间	由同时满足以下条件的非ST、*ST沪深A股和红筹企业发行的存托凭证组成： ①科创板证券、创业板证券：上市时间超过一年 ②其他证券：上市时间超过一个季度，除非证券自上市以来日均总市值排在前30位	由同时满足以下条件的A股和红筹企业发行的存托凭证组成： ①非ST、*ST证券 ②科创板证券和北交所证券：上市时间分别超过一年和两年 其他证券：上市时间超过一个季度，除非证券自上市以来日均总市值排在前30位
选样方法	沪深300指数样本是按照以下方法选择的经营状况良好、无违法违规事件、财务报告无重大问题、证券价格无明显异常波动或市场操纵的公司： ①对样本空间内证券按照过去一年的日均成交金额由高到低排序，剔除排名后50%的证券 ②对样本空间内剩余证券，按照过去一年的日均总市值由高到低排序，选取前300名的证券作为指数样本	①对于样本空间内符合可投资性筛选条件的证券，剔除中证ESG评价结果在C及以下的上市公司证券 ②选取同时满足以下条件的证券作为待选样本：在样本空间内总市值排名前1 500名；属于沪股通或深股通证券范围；对主板证券，在所属中证三级行业内自由流通市值占比不低于2% ③在待选样本中，优先选取三级行业自由流通市值最大或总市值在样本空间内排名前1%的证券作为指数样本 ④在剩余待选样本中，从各中证一级行业按照自由流通市值选取一定数量的证券，使样本数量达到500，且各一级行业自由流通市值分布与样本空间尽可能一致①
定期调样	依据样本稳定性和动态跟踪相结合的原则，每半年审核一次沪深300指数样本，并根据审核结果调整指数样本。一般在每年5月和11月的下旬审核沪深300指数样本，样本调整实施时间分别为每年6月和12月的第二个星期五的下一交易日	指数样本每半年调整一次，样本调整实施时间分别为每年6月和12月的第二个星期五的下一交易日

① 具体做法：每个步骤选样时，计算指数样本一级行业自由流通市值占比，确定相较样本空间市值占比最低的行业，选取该行业自由流通市值最大的证券作为指数样本，重复该步骤直至样本数量达到500。

截取2024年数据，将沪深300指数、中证A500指数与万得全A指数做比较，明显看出沪深300指数涨幅高于万得全A指数，成交额和成交量占整体成交额和成交量的比例较高，同时换手率明显较低（沪深 300 指数以大盘蓝筹股为主，机构持仓比例高，偏向于中长期价值投资，换手率低于中证 A500 指数，中证 A500 指数持股稳定性又整体高于万得全 A 指数），详见表 1-5。

表 1-5　沪深 300 指数、中证 A500 指数和万得全 A 指数交易指标对比

证券代码	证券简称	上市公司数量（家）	区间涨跌幅	区间日均换手率	区间日均成交额（亿元）
000300.SH	沪深 300	300	32.10%	1.16%	3 478.80
000510.CSI	中证 A500	500	15.93%	1.66%	2 171.94
881001.WI	万得全 A	5 377	23.68%	3.54%	13 530.03

资料来源：Wind。

市值的重要性

第一，市值驱动上市公司的价值分化。

截至 2024 年末，A 股、美股及港股上市公司，按市值从高到低排名情况，详见表 1-6。

表 1-6　A 股、美股及港股上市公司，市值从高到低排名情况

排序	A 股			美股			港股		
	数量（家）	市值（万亿元）	占总市值比例	数量（家）	市值（万亿元）	占总市值比例	数量（家）	市值（万亿元）	占总市值比例
2.5%	135	47.73	48.29%	139	48.47	62.91%	66	35.89	67.33%
2.5%～20%	944	29.72	30.07%	975	24.00	31.15%	463	15.43	28.95%
20%～50%	1 619	13.44	13.60%	1 671	4.13	5.36%	794	1.74	3.26%
50%～100%	2 698	7.94	8.03%	2 785	0.45	0.58%	1 323	0.24	0.46%
合计	5 396	98.83	100.00%	5 570	77.06	100.00%	2 646	53.30	100.00%

注：排序 2.5% 指含 2.5%，下同。

资料来源：Wind。

整体来看，A 股、美股和港股排名前 2.5% 的上市公司市值合计都占据了市场总市值的一半左右，美股和港股甚至超过了 60%，而美股和港股排名后 50% 的上市公司合计市值仅占 0.5% 左右，这意味着有将近一半的

美股和港股上市公司没有交易、没有估值、没有融资，上市公司平台的功能并未充分发挥作用。

随着 A 股注册制的深化改革，对破净、破发上市公司的融资限制及退市新规的施行，A 股"头部化"也会是大势所趋。小规模小市值上市公司面临的压力将越来越大。市值成为引导市场资源配置、资金流动的重要方向标，强者愈强、弱者愈弱的两极分化趋势将会进一步扩大。截至 2024 年，排名后 50% 的上市公司在 A 股还能拿到市值份额的 8%，未来可能会像美股、港股一样，总份额不到 1%。不重视市值管理，不重视靠内生增长和外延扩展等手段提高上市公司内在价值，公司就可能面临着失去上市公司功能甚至失去上市公司身份的可能。

第二，市值是发挥资本市场功能的基础条件。

若干年前，财富的象征是具体的物，诸如金银、土地、牛羊、丝绸、瓷器，而若干年后，财富演变成了一个个股票交易软件上跳跃的字符。今人创造和拥有越来越多的财富，也创造了不可思议的造富方式，而其中最为神奇的方式叫证券化。资本市场创造着财富，也引导着资金的流向、财富的配置，这令无数企业家心神向往。笔者在《一本书看透 IPO：注册制 IPO 全流程深度剖析》中提到：上市的本质就是将公司未来多年的预期利润变成现在的资产。公司通过上市可以募集资金，获得超越同行的发展条件，可以获得持续稳定的融资，改善财务结构，完善公司治理机制，通过多样化的支付手段助力公司的并购和扩张，通过股权激励吸引和留住优秀人才与核心骨干；可以提升市场形象和社会地位，提高资产的流动性，提升财富价值。

可以看出，证券化的核心功能就是连通产业市场和资本市场，通过上市公司这个平台将公司未来的收益变现，获得资本溢价，并借此不断推动公司发展，实现股东价值和公司价值的最大化。

上市公司没有市值作为支撑，就得不到资本市场的资源配置功能的支持，就失去了上市的意义和价值。

第三，市值是衡量上市公司实力大小的新标杆。

在全流通市场环境里，市值代表市场对公司价值给出的公允价格。市值大小充分折射出公司经营的相关信息，体现公司的盈利能力、成长潜力、行业地位、管理水平、团队素质和品牌形象等，反映了公司的综合素质。放眼国际，在成熟市场上，市值是衡量上市公司实力大小的重要标杆。

随着资本市场改革的深入，市值已成为投资者衡量上市公司竞争力的关键指标，成为影响资本市场的资源配置、产业兴衰、竞争成败、财富增加的关键力量。资本市场将会成为产业整合、公司竞争的主战场，市值就是驱动产业整合的强劲力量，随着市场化程度的提高，上市公司股票的支付功能进一步增强，市值规模越大的公司客观上并购其他公司、进行产业整合的能力就越强，同时，也意味着被别的公司并购的门槛越高，反收购能力越强。市值的高低也直接影响着公司融资成本的高低，市值越高的公司，越能获得低成本的资金去助力产业发展。产业竞争的游戏规则即将被改写，产品和技术的竞争将逐渐走向资本和市值的较量，"得市值者得天下"，做好市值管理，方能运筹帷幄，决胜于千里之外。

第四，市值成为考核上市公司及管理层绩效好坏的新指标。

上市公司以往对管理团队的考核主要集中在盈利业绩和净资产增值上，随着管理层绩效考核的优化，将市值管理纳入考核指标的市场环境已逐步成熟。

2024 年 4 月，《关于加强监管防范风险推动资本市场高质量发展的若干意见》（新"国九条"）发布，明确提出将推动上市公司提升投资价值，制定上市公司市值管理指引，上市公司市值管理的重要性被提升到了新的高度。2024 年 11 月，《上市公司监管指引第 10 号——市值管理》（以下简称《市值管理指引》）的发布，为市场主体提供了明确的市值管理指导，引导上市公司关注自身投资价值，切实提升投资者回报。2024 年 12 月，国务院国资委印发了《关于改进和加强中央企业控股上市公司市值管理工作的若干意见》，要求中央企业将市值管理作为一项长期战略管理行为，健全市值管理工作制度机制，提升市值管理工作成效，明确要求将市值管理纳入中央企业负责人经营业绩考核，强化正向激励。

此外，还需要说明的是中国特色估值体系的建设和相关的考核问题。

2022年11月，中国证监会主席易会满在2022年金融街论坛年会上表示要"探索建立具有中国特色的估值体系"。建设具有中国特色估值体系的本质是"中国优势资产重估"。

目前中国内地资本市场呈现出三大特点：所有制结构中央国企权重大；战略新兴产业权重逐步提升；投资者结构中散户占比较高。但在估值特色上，央国企和金融企业长期存在低估，特别是很多金融企业的股价已跌破每股净资产，相反，小市值高成长股票普遍估值溢价，且易发生短期估值溢价（比如概念溢价、新股溢价、壳溢价等）情况。

而央国企、金融企业很多都是千亿元市值公司，是中国优质核心资产的代表、中国经济的"晴雨表"和"压舱石"、国民经济发展基本盘的支撑力量，也是回馈投资者的中坚力量。其资产被低估、股价表现不良好不理性，既不利于国有资产的增值，又不利于激发资本市场活力从而给予投资者明确和乐观的回报预期。

据此，2024年2月，国务院国资委提出了按照"一利五率"考核指标体系，聚焦实现"一增一稳四提升"目标，推动中央公司利润总额增速高于全国GDP增速，力争取得更好成绩。其中，"一利"是指利润总额（税前利润）；"五率"分别是净资产收益率、营业现金比率、资产负债率、研发经费投入强度、全员劳动生产率；"一增"即确保利润总额增速高于全国GDP增速，力争取得更好业绩；"一稳"即资产负债率保持总体稳定；"四提升"即净资产收益率、研发经费投入强度、全员劳动生产率、营业现金比率四个指标进一步提升。

2022年中央公司考核"两利四率"和"两增一控三提高"。"两利"是指利润总额和净利润；"四率"是指资产负债率、营业收入利润率、全员劳动生产率和研发投入强度；"两增"即利润总额和净利润增速高于国民经济增速；"一控"即控制好资产负债率；"三提高"即营业收入利润率、全员劳动生产率、研发经费投入进一步提高。

通过对比，可以看到以下几方面调整：一是以净资产收益率替代营业收入利润率，对盈利质量的考核更加全面。在保持"资产负债率相对稳定"的情况下，提升净资产收益率需要进一步提升净利率和总资产周转率。二是新增营业现金比率考核，首次将现金流相关指标纳入央企考核。三是资产负债率由"控"改为"稳"，有利于减少央企资金束缚，保持合理的债务融资规模，同时减少永续债等高成本融资工具发行，降低综合融资成本。

上述考核指标反映的核心变化就是国务院国资委引导央企更加注重投入产出效率和经营活动现金流，要不断提升资本回报质量和经营业绩"含金量"，把上市公司的价值创造能力作为考核的一个重要主线，这与上述提到的关注公司的内在价值、关注资产质量、提升投资者回报的市值理念是一致的。国资体系将更多价值实现因素纳入央国企考核体系，是构建具有中国特色估值体系，推动国有上市公司价值重估和回归的重要基础。

第五，市值是衡量一个国家或地区资本市场乃至经济实力的新标杆。

上市公司作为最优秀的企业集群，从产业引领、科技创新、税收贡献、就业支持、带动投融资等方方面面对国家和地方经济的发展发挥着重要作用。市场资源也以上市公司为媒介，流动配置到优质的产业，从而支持实体经济建设。没有强大的资本市场，就不可能有强大的现代市场经济体系。

2024年中国国内生产总值为134.91万亿元，2024年末A股总市值为98.83万亿元，与GDP比重为73.26%。2024年美国国内生产总值为29.2万亿美元，2023年末美股总市值64.68万亿美元，与GDP比重为263.89%。两个比例相差甚大。

上市公司作为国家实体经济的"基本盘"、推动国民经济增长的"动力源"，对国家整体经济长远发展的意义可见一斑。

第六，市值是引导资本市场更加有效与理性化的重要工具。

A股的一个重要特征是较高的散户交易比例，市场情绪化较重，容易受到舆论和特定事件的影响。尤其是小盘股总体流通盘规模不大，稍有资金体量参与炒作，便会对股价造成重大影响，导致小市值公司的定价有失公允。而公司的市值越大，被少量资金操控股价的概率就越低，且研究者和投资人数量越多，市场关注度越高，信息不对称的概率越小，就大大减少了非理性炒作因素。

数据研究表明，随着市值的提升，平均机构持仓比例、平均机构持仓市值、平均日交易量都明显升高，同时平均区间换手率明显降低。

更多理性的机构投资者、更大的交易额、更低频的换手，都使大市值企业本身的估值更具公允性。

重视市值，引导资本市场中的优秀企业的市值不断迈向新高，也是推动资本市场健康发展、市场定价更加有效的重要手段。

第七，市值是维持上市地位的重要条件。

沪深交易所 2020 年 12 月分别发布退市新规，增加"连续 20 个交易日每日股票收盘总市值均低于 3 亿元"的市值退市指标。随着注册制改革的深入，沪深交易所在 2024 年 4 月修订完善了相关退市规则，将主板公司的市值退市标准从 3 亿元提高至 5 亿元，从 10 月 30 日开始实行。截至 11 月 1 日收盘，沪深主板公司中，有 11 家公司市值低于 10 亿元，其中一家市值低于 5 亿元。

除了市值指标外，交易类退市指标还包括成交量指标、股价指标、股东数量指标等。这些指标旨在确保市场的活跃度和公平性，防止公司因为交易量极低或股价过低而失去上市的意义。注册制实施和退市新规给小规模、没有流动性、没有估值溢价的上市公司带来了巨大的压力。严峻的退市新规下，交易类的退市指标成了悬在没有交易量、市值微小公司头上的"达摩克利斯之剑"。以美国为例，随着融资渠道的丰富、并购重组以及"宽进严出"的监管原则，美股上市公司数量自 1998 年峰值以来下降了 40% 左右。A 股上市公司数量在井喷达到峰值之后，随着注册制的改革，未来必然会有一定的回落，这也就意味着上市不再是企业成功的终点线，而是新一轮更严苛竞争的起跑线。在这新一轮的"赛跑"中，公司如果不能保持一定的市值，难以运用上市公司的资本平台优势，甚至连上市公司的地位都难以维持。

市值管理的主要内容

基于前文对市值重要性及与其他因素的关联性的分析，整体来看，市值管理包括三个方面——价值创造、价值传播和价值经营，这三个方面共同构成了上市公司市值管理的三大基石。

价值创造：创造内在经营价值。

价值创造是指上市公司通过制定科学的发展战略、完善公司治理机制、提升公司经营效率和资本配置能力、理性开展再融资及并购重组、完善公司现金分红及股票回购制度、合理运用激励工具，来切实提升公司价值，提高上市公司的可持续经营能力，进而提高投资回报率。

价值创造是价值传播和价值经营的基础。上市公司只有着眼于内在价值的重构和创造，使公司的内在价值最大化，才能真正具有竞争力，为其价值在资本市场的合理反映打下基础。如果公司不注重内在价值创造，片面地强调价值经营和价值实现，其价值经营和价值实现就没有基础，不仅会令市值管理劳而无功，还可能给公司带来风险。

价值传播：实现和提升外在市场价值。

价值传播是公司向资本市场进行整合营销的过程，是将公司总结的成长逻辑向市场传递和阐述。价值传播是公司在具备资本市场交易价值的时候，去主动引导资金的流动性和市场的交易情绪，以获取市值的关键步骤。

价值传播包含三个递进关系：让市场看到、让市场理解、让市场买单。

在资本价值传播这个维度，可以围绕这三个递进关系看上市公司市值战略，第一，公司在营销上能否更大范围地让潜在投资人看到自己，A股5 000多家上市公司，自己的公司在（相对稀缺的）资金注视之下是脱颖而出，还是做高岭之花，等资金主动上门；第二，公司的投资价值能否令投资人有一个清晰的共识，最后愿意买入；第三，公司在实现投资价值过程中的经营动作、管理动作等最后在财务报表上反映出来的结果能否印证资本市场的预期，确确实实进一步提升了市场对公司的认知和信任。

价值经营：通过逆周期操作避免价格偏离价值。

价值经营是指当公司股价处于低谷期、公司市场价值被低估（即公司市值没有充分体现内在价值）或公司股价处于低谷期、公司市场价值被高估（公司市值大于公司的内在价值）时，上市公司顺应资本市场的周期性波动规律，根据投资学的基本原理和投资者的投资偏好，在贯彻公司战略、整合公司资源的基础上，运用各种资本运作手段和工具，向资本市场传递价值和价格信号，引导投资者的投资行为，不断提升公司价值，让公司市值与价值相匹配的管理行为。

价值经营的核心就在于上市公司通过逆周期的操作来避免价格偏离价值。

上述三个方面将会在本书的第二章～第四章逐一进行详细阐述。

围绕价值提升建立市值管理战略模式

市值管理是价值管理的延伸，是上市公司基于公司市值信号，综合运用多种科学、合规的价值经营方式和手段，达到公司价值创造最大化、价值实现最优化的一种战略管理行为。上市公司需要将经营发展与资本市场运作相结合，增加上市公司在进行各种内部决策时对于公司市值影响的考量。公司的生产管理体系需要服从市值管理的目标。公司还需要从稳定和提升市值出发，建立和资本市场及时有效的信息传递机制，按照资本市场的游戏规则，尊重市场的变化，按照全方位思维方式提升自身估值水平，获得投资者认可，引导公司市值充分地反映公司价值。

市值管理的三个方面中，价值创造是创造公司内在经营价值，价值传播是实现和提升外在市场价值，价值经营是通过逆周期操作避免价格偏离价值。

下面是关于建立市值战略和价值创造、价值传播、价值经营三个方面的几个重要理解。

（1）公司的战略管理模式需要从以利润为核心转变为以市值为核心，从追求利润最大化到追求市值最大化，围绕市值目标建立包括战略、财务、业务、管理、组织、激励和资本市场沟通的长期"综合工程"。

（2）市值管理必须以公司的内在价值为支持，建立长期的发展战略，不断提升公司的质量。

（3）市值管理是连接产品市场与资本市场的纽带。公司要积极与资本市场沟通，将公司的发展战略、经营成果充分传递和展示给投资者，让投资者理解公司、认可公司、期许公司，避免公司沦为"沙漠之花"，无人赏识、无人问津。

（4）内在价值是决定市值的关键性因素，除此之外，市值还会因受到宏观形势、宏观政策、资本市场波动、行业政策变化、人为炒作等因素影响而发生波动与偏离。市值管理要综合利用各种工具实现顺周期操作及逆周期调节，引导公司市场价值（股价）能够相对充分和真实地反映公司的内在价值。

（5）市值管理要保证所有投资者的利益最大化，而不只是大股东的利益最大化，实现创始人、战略投资人、核心管理团队和中小投资者的共同富裕是市值管理的最高境界。

开启价值创造、价值传播和价值经营的飞轮，也就实现了产品市场与资本市场的互动循环，两者相辅相成，相互成就，可以帮助公司实现可持续发展。

第三节　市值管理在中国的实践过程

市值管理在中国的发展历程

2005 年股权分置改革之前，公司上市的目的是完成融资，上市公司基本以国有大型公司为主。上市公司股份被区分为流通股和非流通股。上市时向社会公开发行的股份为流通股，能在证券交易所公开交易；而上市前的原始股东所持的暂不上市交易股份，称为非流通股。在这种背景下，控股股东、实际控制人因其持有的股权不可流通，股权对应的利益也就不受股票交易、市场价格变动的影响，这就导致上市公司更注重利润最大化，也就不存在市值管理这个说法。2005 年股权分置改革后，股票实现全流通，大股东与中小股东的利益一致化，于是上市公司追求的目标由利润最大化逐渐转变为公司价值最大化，市值成为衡量上市公司价值的新标准，市值管理出现并变得必要。

市值管理最初是作为国有上市公司的考核评价指标被提出的。

2004 年 1 月，国务院发布的《关于推进资本市场改革开放和稳定发展的若干意见》（第一个"国九条"）中强调，进一步提高上市公司质量，推进上市公司规范运作。2005 年 11 月，中国证监会股权分置改革工作座谈会中提出，研究制定关于将股票市值纳入国企经营绩效考核体系的相关规定。至此，"市值"和"市值管理"的概念被正式提出。

但彼时，尚未完成股权分置改革的中国资本市场处于向全流通转变的过渡时期，大股东与资本市场的联系正在逐步建立，市值的意义对尚显稚嫩的中国资本市场而言似乎太过遥远。

2014 年 5 月，国务院发布的《关于进一步促进资本市场健康发展的若干意见》（第二个"国九条"）中提出，鼓励上市公司建立市值管理制度，完善上市公司股权激励制度，允许上市公司按规定通过多种形式开展员工持股计划。从顶层设计层面充分肯定上市公司开展市值管理的实践。

然而，此时受中国资本市场核准制下独特的定价发行机制以及长期以来股票供给量小于需求量的供需关系、市场投资者以散户为主等特点影响，上市公司市值的高低与公司的融资能力关联度并不是很高，公司的内在价值是多少、如何估值也很难得到市场客观专业的评估和反馈，反而更容易被舆论、热点炒作引导。在这种情况下，市值管理是什么、市值管理怎么做，一直没有得到真正的理解。

长期以来很多人甚至认为，既然"市值＝股本 × 股价"，在不动股本的情况下，做市值管理动股价就好了，这就导致大家"一股脑"地把市值管理定义到一些动作上——我用什么样的手段能影响股价？比如影响股价的信息披露、资本运作动作、大股东的策略安排等，把动作极致地放大到了影响股价的所谓的决定性因素上去。在实务操作过程中，市值管理也没有形成一套科学、专业的方法。股价波动对大股东、上市公司实控人等的利益的影响确实是非常直观和明显的，所以大家普遍说这些动作叫市值管理。不仅如此，后来一些上市公司和专业服务机构逐渐把市值管理变成了"踩红线""打擦边球"，甚至是直接违规违法操作。

2021年5月发生的"叶飞微博事件"，将长期以来借市值管理之名行操纵股市之实的"伪市值管理"黑幕揭开。2021年9月24日，中国证监会召开的新闻发布会提出，依法合规的市值管理与操纵市场等违法违规行为之间存在清晰的边界和本质的区别，应当正确把握上市公司市值管理的合法性边界，严守"三条红线"和"三项原则"，市值管理的根本宗旨是要提高上市公司质量。

其中，"三条红线"指：严禁操控上市公司信息，不得控制信息披露节奏，不得选择性信息披露、虚假信息披露，欺骗投资者；严禁进行内幕交易或操纵股价，牟取非法利益，扰乱资本市场"三公"秩序；严禁损害上市公司利益及中小投资者合法权益。"三项原则"指：主体适格，市值管理的主体必须是上市公司或者其他依法准许的适格主体，除法律法规明确授权外，控股股东、实际控制人和董事、监事、高级管理人员等其他主体不得以自身名义实施市值管理；账户实名，直接进行证券交易的账户必须是上市公司或者依法准许的其他主体的实名账户；披露充分，必须按照现行规定真实、准确、完整、及时、公平地披露信息，不得操控信息，不得有"抽屉协议"。

"叶飞微博事件"引发了市场长时间内对市值管理的质疑，其中不乏反对市值管理的声音，觉得公司好了自然会有投资人关注，不需要做市值管理，不好的公司更不需要硬做市值管理，硬做容易违法，不会有好结果。于是大家开始惮于提市值，惰于理市值。

2024 年 4 月，国务院发布《关于加强监管防范风险推动资本市场高质量发展的若干意见》（新"国九条"）研究将上市公司市值管理纳入企业内外部考核评价体系。引导上市公司回购股份后依法注销。鼓励上市公司聚焦主业，综合运用并购重组、股权激励等方式提高发展质量。依法从严打击以市值管理为名的操纵市场、内幕交易等违法违规行为。本次新"国九条"着重强调了三大手段：一是回购股份并注销，提高股东回报能力；二是开展并购重组，鼓励头部公司立足主业，加大对产业链上市公司的整合力度；三是运用股权激励，提高上市公司发展质量。

此后，国务院国有资产监督管理委员会（简称"国资委"）、中国证监会、各证券交易所相继出文，将市值管理纳入中央企业负责人业绩考核，将市值纳入央企国企考核评价体系，各交易所也启动专项行动，A 股上市公司将市值管理纳入考核评价等实质性行动加速推进。

2024 年 11 月，中国证监会正式发布《上市公司监管指引第 10 号——市值管理》，重点强调市值管理需要以"提升公司投资价值和股东回报能力"为核心导向，以提高上市公司质量为基础，通过改善经营效率和盈利能力来提高投资者回报。

2024 年 12 月，国务院国资委印发了《关于改进和加强中央企业控股上市公司市值管理工作的若干意见》（以下简称《意见》）。提出以下要求：①中央企业以提高上市公司发展质量为基础，指导控股上市公司贯彻落实深化国资国企改革重大部署，增强核心功能，提升核心竞争力，切实发挥科技创新、产业控制、安全支撑的作用，着力打造一流上市公司。②用好市值管理"工具箱"。中央企业要从并购重组、市场化改革、信息披露、投资者关系管理、投资者回报、股票回购增持等六方面改进和加强控股上市公司市值管理工作……③健全工作机制、强化正向激励。中央企业要将市值管理作为一项长期战略管理行为，健全市值管理工作制度机制，提升市值管理工作成效。国务院国资委将市值管理纳入中央企业负责人经营业绩考核，强化正向激励。④坚守合规底线。中央企业和控股上市公司开展市值管理要严守依法合规底线，严禁以市值管理为名操控信息披露，严禁操纵股价，严禁内幕交易，对于违法违规行为严肃追究责任。

随着新"国九条"的提出及《上市公司监管指引第 10 号——市值管理》的出台，中国的市值管理开始逐渐回归价值管理的实质，脱虚向实，从讲好股权故事，就市值论市值，转向向战略要市值，向管理要市值。

关于市值管理的主要政策时间线可参见表 1-7。

表 1-7　市值管理的主要政策时间线

序号	时间	单位	核心内容
1	2004 年 1 月	国务院	《关于推进资本市场改革开放和稳定发展的若干意见》：进一步提高上市公司质量，推进上市公司规范运作
2	2006 年 11 月	证监会	股权分置改革工作座谈会：研究制定关于将股票市值纳入国企经营绩效考核体系的相关规定
3	2014 年 1 月	证监会	支持上市公司通过回购股份等方式开展市值管理
4	2014 年 5 月	国务院	《关于进一步促进资本市场健康发展的若干意见》：鼓励上市公司建立市值管理制度，完善上市公司股权激励制度，允许上市公司按规定通过多种形式开展员工持股计划。从顶层设计层面充分肯定上市公司开展市值管理实践
5	2015 年 8 月	证监会	为贯彻落实第二个"国九条"，积极开展鼓励上市公司建立市值管理制度的相关调研工作
6	2017 年 2 月	国资委	要强化上市公司管控，不断增加股东回报。指导上市公司加强市值管理，持续增强价值创造能力
7	2018 年 11 月	证监会、财政部、国资委	《关于支持上市公司回购股份的意见》：鼓励各类上市公司实施股权激励或员工持股计划，强化激励与约束，促进公司夯实估值基础，提升公司管理风险能力，提高上市公司质量
8	2021 年 9 月	证监会	正确把握上市公司市值管理的合法性边界，应当严守"三条红线"和"三项原则"。市值管理的根本宗旨是要提高上市公司质量
9	2022 年 11 月、12 月	证监会、交易所	《推动提高上市公司质量三年行动方案（2022—2025）》和《中央企业综合服务三年行动计划》 （1）服务推动央企估值回归合理水平。推动央企上市公司主动与投资者沟通交流，提升透明度。（2）服务助推央企进行专业化整合。配合国务院国资委开展央企专业化整合，为央企整合提供更多工具和通道，推动打造一批旗舰型央企上市公司。（3）服务完善中国特色现代企业制度。积极引导央企上市公司用好股权激励、员工持股等各类资本工具，不断完善实现高质量发展的体制机制
10	2023 年 1 月	国资委	进一步优化中央企业经营指标体系为"一利五率"

（续）

序号	时间	单位	核心内容
11	2023 年 12 月	证监会	《上市公司监管指引第 3 号——上市公司现金分红（2023 年修订）》：增强上市公司现金分红的透明度，尤其支持上市公司采取差异化、多元化的方式回报投资者
12	2023 年 12 月	证监会	修订《上市公司股份回购规则》：着力提高股份回购便利度。进一步健全回购约束机制
13	2024 年 1 月	国资委	进一步研究将市值管理纳入中央企业负责人业绩考核
		证监会	建设以投资者为本的资本市场：让广大投资者有回报、有获得感
14	2024 年 1 月	证监会	突出以投资者为本的理念。加快构建中国特色估值体系，支持上市公司通过市场化并购重组等方式做优做强。推动将市值纳入央企国企考核评价体系
15	2024 年 1 月	国资委	聚焦高质量发展首要任务。锚定做强做优做大国有资本和国有企业，进一步突出价值创造导向。全面推开上市公司市值管理考核 召开考核分配工作会议，推动"一企一策"考核全面实施，全面推开上市公司市值管理考核
16	2024 年 3 月	证监会	《关于加强上市公司监管的意见（试行）》：推动上市公司加强市值管理，提升投资价值
17	2024 年 4 月	国务院	《关于加强监管防范风险推动资本市场高质量发展的若干意见》：制定上市公司市值管理指引。研究将上市公司市值管理纳入企业内外部考核评价体系。依法从严打击以市值管理为名的操纵市场、内幕交易等违法违规行为
18	2024 年 11 月	证监会	正式发布《上市公司监管指引第 10 号——市值管理》，重点强调市值管理需要以"提升公司投资价值和股东回报能力"为核心导向，以提高上市公司质量为基础，通过改善经营效率和盈利能力来提高投资者回报
19	2024 年 12 月	国资委	《关于改进和加强中央企业控股上市公司市值管理工作的若干意见》，要求中央企业以提高上市公司发展质量为基础，指导控股上市公司贯彻落实深化国资国企改革重大部署，增强核心功能，提升核心竞争力，切实发挥科技创新、产业控制、安全支撑作用，着力打造一流上市公司

《上市公司监管指引第 10 号——市值管理》的内容与要求

《上市公司监管指引第 10 号——市值管理》（以下简称《市值管理指引》）共十五条，主要包括以下五方面内容。

第一，明确市值管理的定义和目标。

《市值管理指引》第二条明确：本指引所称市值管理，是指上市公司以提高公司质量为基础，为提升公司投资价值和股东回报能力而实施的战略管理行为。

这里面包含以下四层意思。

其一，市值管理的基础是提高上市公司质量，这是本。《国务院转批证监会关于提高上市公司质量的意见的通知》（国发〔2005〕34号）提到，"提高上市公司质量，就是要立足于全体股东利益的最大化，不断提高公司治理和经营管理水平，不断提高诚信度和透明度，不断提高公司盈利能力和持续发展能力"。

其二，市值管理的目的是提升公司投资价值和股东回报能力，这是目标。中国证监会在其发布的各类正式文件及召开的众多会议中，始终如一地强调了一个核心理念——投资者是市场存在与发展的根本所在。

其三，市值管理是一种战略管理行为，既然是战略管理，就是一种长效的方向性和策略性的安排，而非短期促进股价提高的行为，那些试图通过交易提高股价的行为自然也就不是市值管理。

其四，市值管理需要压实上市公司主体责任，上市公司不能只埋头做经营，也需要抬头看市值，站在全体股东利益的角度，让上市公司从"挣钱"到"值钱"。

第二，明确市值管理怎么做。

《市值管理指引》第二条：上市公司应当牢固树立回报股东意识，采取措施保护投资者尤其是中小投资者利益，诚实守信、规范运作、专注主业、稳健经营，以新质生产力的培育和运用，推动经营水平和发展质量提升，并在此基础上做好投资者关系管理，增强信息披露质量和透明度，必要时积极采取措施提振投资者信心，推动上市公司投资价值合理反映上市公司质量。

上市公司质量是公司投资价值的基础和市值管理的重要抓手。上市公司应当立足提升公司质量，依法依规运用各类方式提升上市公司投资价值。

《市值管理指引》第三条：上市公司应当聚焦主业，提升经营效率和盈利能力，同时可以结合自身情况，综合运用下列方式促进上市公司投资价值合理反映上市公司质量：（一）并购重组；（二）股权激励、员工持股计划；（三）现金分红；（四）投资者关系管理；（五）信息披露；（六）股份回购；（七）其他合法合规的方式。

上市公司质量和投资价值就是前文说到的内在价值和市场价值，内在价值是市场价值的基础。上市公司的市值管理立足于提升公司质量，推动上市公司投资价值合理反映上市公司质量，这与本书所提的市值管理三大基石相呼应：价值创造、价值传播和价值经营。

诚实守信、规范运作、专注主业、稳健经营，以新质生产力的培育和运用，推动经营水平和发展质量提升，是价值创造的范畴。做好投资者关系管理，增强信息披露质量和透明度是价值传播的范畴。必要时积极采取措施提振投资者信心，推动上市公司投资价值合理反映上市公司质量是价值经营的范畴。并购重组、股权激励、员工持股计划、现金分红、投资者关系管理、信息披露、股份回购及其他合法合规的方式，也就是通过加强价值传播和使用各种价值经营的逆周期操作工具引导公司市场价格合理反映公司内在价值。

此外，前文提到过，上市公司回报股东的能力和意愿也是投资者衡量公司投资价值的重要因素，因此《市值管理指引》也强调了，上市公司应当牢固树立回报股东意识，采取措施保护投资者尤其是中小投资者利益。

第三，明确市值管理的责任主体。

市值管理是个长期的系统工程，这就意味着市值管理不是董秘等少数管理者的责任，而是需要从顶层开始予以重视，从控股股东、实际控制人到公司关键管理人员都切实履责。《市值管理指引》除了压实上市公司责任外，其第四至第七条也分别对上市公司董事会、董事和高级管理人员、控股股东等相关主体的责任义务进行了明确。

其一，董事会。董事会是市值管理的第一责任主体，要负责制定长期的市值战略，不断提升上市公司投资价值，并积极采取措施引导上市公司投资价值合理反映上市公司质量。

董事会应当重视上市公司质量的提升，根据当前业绩和未来战略规划就上市公司投资价值制定长期目标，在公司治理、日常经营、并购重组及融资等重大事项决策中充分考虑投资者利益和回报，坚持稳健经营，避免盲目扩张，不断提升上市公司投资价值。

董事会应当密切关注市场对上市公司价值的反映，在市场表现明显偏离上市公司价值时，审慎分析研判可能的原因，积极采取措施促进上市公司投资价值合理反映上市公司质量。

鼓励董事会建立长效激励机制，充分运用股权激励、员工持股计划等工具，合理拟定授予价格、激励对象范围、股票数量和业绩考核条件，强化管理层、员工与上市公司长期利益的一致性，激发管理层、员工提升上市公司价值的主动性和积极性。

鼓励董事会结合上市公司的股权结构和业务经营需要，推动在公司章程或者其他内部文件中明确股份回购的机制安排。鼓励有条件的上市公司根据回购计划安排，做好前期资金规划和储备。鼓励上市公司将回购股份依法注销。

鼓励董事会根据公司发展阶段和经营情况，制定并披露中长期分红规划，增加分红频次，优化分红节奏，合理提高分红率，增强投资者获得感。

文件中，针对股权激励、员工持股计划、分红和回购等措施，均采用了"鼓励"的表述，而非强制，既反映了监管的态度，同时也保留了对上市公司的灵活自主性的支持。

其二，董事长和高级管理人员。《市值管理指引》将市值管理的关键责任范围扩展至全体董事和高级管理人员，并强调董事长在推动此项工作中的关键职责，将市值管理工作的重要性提升到了新的高度。

董事长应当积极督促执行提升上市公司投资价值的董事会决议，推动提升上市公司投资价值的相关内部制度不断完善，协调各方采取措施促进上市公司投资价值合理反映上市公司质量。

董事、高级管理人员应当积极参与提升上市公司投资价值的各项工作，参加业绩说明会、投资者沟通会等各类投资者关系活动，增进投资者对上市公司的了解。

其三，董事会秘书。作为上市公司与资本市场各利益相关方最直接和充分沟通的桥梁，董事会秘书一直都在公司的市值管理中发挥着重要作用，本次发布的《市值管理指引》也进一步明确了董事会秘书在市值管理中的核心职责。董事会秘书作为市值管理工作的具体负责人，其带领的证券事务部（董事会办公室）应作为市值管理工作的主要执行机构。

董事会秘书应当做好投资者关系管理和信息披露相关工作，与投资者建立畅通的沟通机制，积极收集、分析市场各方对上市公司投资价值的判断和对上市公司经营的预期，持续提升信息披露透明度和精准度。

董事会秘书应当加强舆情监测分析，密切关注各类媒体报道和市场传闻，发现可能对投资者决策或者上市公司股票交易价格产生较大影响的，应当及时向董事会报告。

其四，控股股东、实际控制人。鼓励控股股东、实际控制人长期持有上市公司股份，保持上市公司控制权的相对稳定。控股股东、实际控制人可以通过依法依规实施股份增持计划、自愿延长股份锁定期、自愿终止减持计划或者承诺不减持股份等方式，提振市场信心。如果上市公司披露无控股股东、实际控制人的，由持股比例超过 5% 的第一大股东及其一致行动人参照执行。

第四，明确对主要指数成分股公司和长期破净公司两类公司的特殊要求。

（1）主要指数成分股公司。

上市公司是国家实体经济的"基本盘"，是推动国民经济增长的"动力源"，而指数成分股上市公司更是优秀企业集群中的佼佼者，对中国资本市场的健康持续发展发挥着重要的积极作用。截至 2024 年 10 月，中证 A500、沪深 300、科创板 50、科创 100、创业板、创业板中盘 200、北证

50 指数股公司合计 900 余家，市值占 A 股总市值比重约 2/3。

《市值管理指引》规定，主要指数成分股公司应当经董事会审议后披露市值管理制度的制定情况，并就市值管理制度执行情况在年度业绩说明会中进行专项说明。其他上市公司可参照执行。

股价短期连续或者大幅下跌情形，是指下列情形之一：连续 20 个交易日内上市公司股票收盘价格跌幅累计达到 20%；上市公司股票收盘价格低于最近一年股票最高收盘价格的 50%。

主要指数成分股公司应当制定上市公司市值管理制度，至少明确以下事项：负责市值管理的具体部门或人员；董事及高级管理人员职责；对上市公司市值、市盈率、市净率或者其他适用指标及上述指标行业平均水平的具体监测预警机制安排；上市公司出现股价短期连续或者大幅下跌情形时的应对措施。

（2）长期破净公司。

长期破净公司，是指股票连续 12 个月每个交易日的收盘价均低于其最近一个会计年度经审计的每股归属于公司普通股股东的净资产的上市公司。

截至 2024 年，A 股破净公司约 400 家（已剔除 ST、*ST 等公司），主要集中在银行、房地产、建筑、交通运输、钢铁、化工、纺织等行业。

长期破净公司应当制订上市公司估值提升计划，并经董事会审议后披露。估值提升计划相关内容应当明确、具体、可执行，不得使用容易引起歧义或者误导投资者的表述。

长期破净公司应当至少每年对估值提升计划的实施效果进行评估，评估后需要完善的，应经董事会审议后披露。其中，《市值管理指引》要求，如果是市净率低于所在行业平均水平的长期破净公司，还应当就估值提升计划执行情况在年度业绩说明会中进行专项说明，该条款对以银行业为例的全行业平均估值水平长期低于每股净资产的行业公司来说更兼顾合理性与灵活性。

（3）法律责任。

主要指数成分股公司未披露上市公司市值管理制度制定情况，长期破净公司未披露上市公司估值提升计划的，中国证监会可以按照《证券法》第一百七十条第二款采取责令改正、监管谈话、出具警示函的措施。

第五，明确了市值管理的违规行为及法律责任。

《市值管理指引》第十条：上市公司及其控股股东、实际控制人、董事、高级管理人员等应当切实提高合规意识，不得在市值管理中从事以下行为：（一）操控上市公司信息披露，通过控制信息披露节奏、选择性披露信息、披露虚假信息等方式，误导或者欺骗投资者；（二）通过内幕交易、泄露内幕信息、操纵股价或者配合其他主体实施操纵行为等方式，牟取非法利益，扰乱资本市场秩序；（三）对上市公司证券及其衍生品种交易价格等做出预测或者承诺；（四）未通过回购专用账户实施股份回购，未通过相应实名账户实施股份增持，股份增持、回购违反信息披露或股票交易等规则；（五）直接或间接披露涉密项目信息；（六）其他违反法律、行政法规、中国证监会规定的行为。

《市值管理指引》第十二条：上市公司及其控股股东、实际控制人、董事、高级管理人员等违反本指引，同时违反其他法律、行政法规、中国证监会规定的，中国证监会根据相关行为的性质、情节轻重依法予以处理。

该部分内容与中国证监会在 2021 年 9 月 24 日召开的新闻发布会上提及的严守"三条红线"和"三项原则"内容相承接，明确了依法合规的市值管理与操纵市场等违法违规行为之间的边界（该部分内容在下文"坚决反对'伪市值管理'"部分亦有详述）。

《市值管理指引》的发布标志着中国的市值管理正式进入政策支持与规范发展的新阶段，其将促使上市公司正视和重视市值管理，推动上市公司在政策支持与合法合规要求下积极开展市值管理。

此外，市值管理制度的落地与实施也将积极推动 A 股实现投资端与融资端的良性循环：一方面，通过提升上市公司的质量，提升资本市场的可投性；另一方面，通过引导上市公司内在价值、投资价值与市值的统一，提升资本市场的有效性。资本市场可投性与有效性的提升有助于推动 A 股市场逐步实现投资端与融资端的良性循环，不断提升市场的吸引力、竞争力和内在稳定性，对构建健康、可持续发展的资本市场具有重要意义。

A 股上市公司市值现状

1. 各区间市值公司数量情况

由前文表 1-6 可以看出，排名前 2.5% 的三地上市公司合计市值，都各自占据了市场总市值的一半左右，港股和美股甚至超过了 60%，而港股和美股排名后 50% 的上市公司合计市值仅占 0.5% 左右。这意味着将近一半的美股和港股上市公司没有交易、没有估值、没有融资，上市公司平台的功能并未充分发挥作用。A 股排名后 50% 的上市公司占市值份额的 8.72%，显著高于美股和港股上市公司。随着 A 股资本市场的进一步发展，退市等相关监管规定的政策效应进一步显现，A 股和美股、港股有相同的发展趋势。

2. 头部企业（千亿市值以上）市值的行业分布情况

截至 2024 年末，A 股千亿市值以上公司共计 128 家，占上市公司总数的 2.39%，合计市值 35.61 万亿元，占上市公司总市值的 42.13%。这些公司拥有极强的产业号召力和定价权，是中国资本市场稳定的压舱石，也是中国经济的中流砥柱，影响巨大。A 股、美股、港股千亿市值以上公司行业构成情况详见表 1-8、表 1-9、表 1-10。

表 1-8　A 股千亿市值以上公司行业构成情况

行业	行业构成情况			
	市值（亿元）	市值占比	数量（家）	占上市公司总家数比例
金融	181 805	37.77%	36	0.67%
信息技术	40 553	8.42%	18	0.33%

（续）

行业	行业构成情况			
	市值（亿元）	市值占比	数量（家）	占上市公司总家数比例
可选消费	31 222	6.49%	11	0.20%
工业	51 394	10.68%	26	0.48%
医疗保健	14 479	3.01%	8	0.15%
日常消费	41 765	8.68%	12	0.22%
公用事业	17 863	3.71%	8	0.15%
材料	15 083	3.13%	9	0.17%
能源	52 421	10.89%	7	0.13%
房地产	1 061	0.22%	1	0.02%
电信服务	33 712	7.00%	3	0.06%
合计	481 357	100.00%	139	2.58%

资料来源：Wind。

表 1-9　美股千亿市值以上公司行业构成情况

行业	行业构成情况			
	市值（亿元）	市值占比	数量（家）	占上市公司总家数比例
信息技术	228 908	48.62%	31	0.56%
医疗保健	45 004	9.56%	20	0.36%
可选消费	64 566	13.71%	17	0.31%
金融	68 852	14.62%	25	0.45%
工业	15 589	3.31%	11	0.20%
材料	3 231	0.69%	2	0.04%
日常消费	25 637	5.45%	9	0.16%
能源	11 643	2.47%	5	0.09%
公用事业	1 474	0.31%	1	0.02%
电信服务	5 879	1.25%	3	0.05%
合计	470 784	100.00%	124	2.23%

资料来源：Wind。

表 1-10　港股千亿市值以上公司行业构成情况

行业	行业构成情况			
	市值（亿元）	市值占比	数量（家）	占上市公司总家数比例
金融	148 647	38.14%	26	0.98%
可选消费	77 341	19.84%	21	0.79%

（续）

行业	行业构成情况			
	市值（亿元）	市值占比	数量（家）	占上市公司总家数比例
工业	13 382	3.43%	8	0.30%
信息技术	60 617	15.55%	8	0.30%
房地产	9 106	2.34%	6	0.23%
公用事业	6 858	1.76%	5	0.19%
能源	33 575	8.61%	5	0.19%
电信服务	25 166	6.46%	4	0.15%
材料	7 060	1.81%	4	0.15%
医疗保健	4 169	1.07%	3	0.11%
日常消费	3 818	0.98%	1	0.04%
合计	389 738	100.00%	91	3.44%

资料来源：Wind。

　　A股头部企业的主要特点是"金融＋日常消费＋工业"占据大头，代表科技创新前沿的信息技术和医疗保健市值占比合计只有18%，而美股的行业结构中信息技术一个行业占据25%的市值，这让我们对A股在信息及工业制造、医药生物方面的崛起抱有更大的期待。

3. 2014年和2024年A股市值前十名上市公司对比（见表1-11）

表1-11　A股市值前十名上市公司对比

序号	截至2014年末				
	证券代码	证券简称	上市板块	总市值（亿元）	所处行业
1	601857.SH	中国石油	主板	19 785	能源
2	601398.SH	工商银行	主板	17 119	金融
3	601939.SH	建设银行	主板	16 826	金融
4	601288.SH	农业银行	主板	12 050	金融
5	601988.SH	中国银行	主板	11 643	金融
6	601628.SH	中国人寿	主板	9 652	金融
7	600028.SH	中国石化	主板	7 580	能源
8	601318.SH	中国平安	主板	6 358	金融
9	601328.SH	交通银行	主板	5 050	金融
10	600036.SH	招商银行	主板	4 184	金融

（续）

序号	截至 2024 年末				
	证券代码	证券简称	上市板块	总市值（亿元）	所处行业
1	600941.SH	中国移动	主板	25 417	电信服务
2	601398.SH	工商银行	主板	24 663	金融
3	601939.SH	建设银行	主板	21 976	金融
4	600519.SH	贵州茅台	主板	19 144	日常消费
5	601288.SH	农业银行	主板	18 689	金融
6	601857.SH	中国石油	主板	16 362	能源
7	601988.SH	中国银行	主板	16 221	金融
8	600938.SH	中国海油	主板	14 026	能源
9	601628.SH	中国人寿	主板	11 849	金融
10	300750.SZ	宁德时代	创业板	11 713	工业

资料来源：Wind。

2014 年，金融和能源在中国资本市场舞台上风头无二。到了 2024 年，贵州茅台与宁德时代登上了资本市场的中央舞台，一个代表消费，一个代表科技；一个代表确定性和持续增长，一个代表创新突破和无限空间。这两个行业更代表着来自市场端而非资源端的产业正在中国资本市场崛起。我们从中可以看到的是中国资本市场这十年间的进步，以及资本市场的资源配置功能进一步走向市场化，这让我们期待中国资本市场的下一个十年。

坚决反对"伪市值管理"

"伪市值管理"就是以市值管理之名行操纵股价之实。通过短期人为操纵股价的形式去管理市值，甚至恶意套利，而不是真正从公司内在价值出发去提升市值以及增加投资者回报。

《市值管理指引》指出，上市公司及其控股股东、实际控制人、董事、高级管理人员等不得在市值管理中从事以下行为：操控上市公司信息披露，通过控制信息披露节奏、选择性披露信息、披露虚假信息等方式，误导或者欺骗投资者；通过内幕交易、泄露内幕信息、操纵股价或者配合其他主体实施操纵行为等方式，牟取非法利益，扰乱资本市场秩序；对上市公司证券及其衍生品价格等做出预测或者承诺；未通过回购专用账户实施股份回购，未通过相应实名账户实施股份增持，股份增持、回购违反信息披露或股票交易等规则；直接或间接披露涉密项目信息；其他违反法律、行政法规、中国证监会规定的行为；此外，不得从事影响上市公司证券及其衍生品种正常交易，损害上市公司利益及中小投资者合法权益的违法违规行为。

前述内容与中国证监会在 2021 年 9 月 24 日召开的新闻发布会上提及的内容相承接，依法合规的市值管理与操纵市场等违法违规行为之间存在清晰的边界和本质的区别，正确把握上市公司市值管理的合法性边界，应当严守"三条红线"和"三项原则"，详见本节之"市值管理在中国的发展历程"小节。

市场中常见的"伪市值管理"主要有私募基金、大宗交易机构伪市值管理两种模式，前者是私募基金联合上市公司坐庄操纵股价，通过利空信息压低股价买入后，再通过资金优势配合上市公司利好信息拉升股价，达到低买高卖的目的。后者是机构以资金优势拉升股价并通过承接大宗交易帮助股东减持，参与后端分成。

"伪市值管理"只追求短期股价波动，忽略了企业内在价值的长期提升，不利于企业的持续和健康发展。其通过虚假信息披露达到少数人恶意套利的目的，严重破坏了市场的公平性和透明度，损害了其他投资者的合法权益。"伪市值管理"行为也会让市场对上市公司管理层的诚信产生怀疑，影响整个市场的稳定和信任度。

如前文所述，提高上市公司质量是市值管理的"本"，提升公司投资价值和股东回报能力是市值管理的目标。市值管理是一种长效的方向性和策略性的战略安排，而非短期促进股价提高的行为。立足市值管理的"本"、目标和长效战略安排这三点，就可以把市值管理和"伪市值管理"区分开。

对上市公司而言，真正的市值管理应当是立足于企业内在价值的提升，制定长期稳定发展的市值战略，而非短期的股价操纵或市场炒作。

近年来，监管部门逐步加强了对"伪市值管理"的打击和监管力度，确保资本市场的健康和规范发展。

例如，自 1999 年《证券法》实施以来，全国首例操纵市场民事赔偿支持诉讼案就是一个涉及伪市值管理的典型案例。

根据中国证监会公告的行政处罚决定书（〔2017〕80 号），2013 年 3 月，上市公司恒康医疗（现：新里程，002219.SZ）原实际控制人阙某与蝶彩资产实际控制人谢某在上海见面，商议通过"市值管理"的方式提高恒康医疗"价值"，进而拉升股价，实现阙某高价减持恒康医疗的目的。谢某发送给阙某的《市值管理备忘录》提出的"市值管理"建议包括：加快战略转型；采取收购医院、安排行业研究员调研、安排财经公关和证券媒体采访等方式改善恒康医疗的资本市场形象；"加强"信息披露，向市场披露恒康医疗正在做的对股价有提升的项目。

2013 年 5 月至 7 月，阙某通过实施蝶彩资产及谢某提出的部分"市值管理"建议，操纵恒康医疗股价。5 月 9 日至 7 月 3 日期间，恒康医疗股价累计上涨 24.86%（以前一个交易日的收盘价为基数，下同），同期中小板综指累计下跌 1.24%，偏离 26.10 个百分点；同期深证医药行业指数累计下跌 1.91%，偏离 26.77 个百分点。5 月 9 日至 7 月 4 日期间，恒康医疗股价累计上涨 15.52%，同期中小板综指累计下跌 0.80%，偏离 16.32 个百分点；同期深证医药行业指数累计下跌 3.11%，偏离 18.63 个百分点。

2013 年 7 月 3 日至 4 日，阙某通过大宗交易系统减持恒康医疗 2 200 万股，共获利 5 162.11 万元。7 月 5 日，阙某按照约定支付了蝶彩资产研究顾问费 4 858 万元。

2013 年 7 月 5 日至 8 月 30 日期间，阙某减持恒康医疗完成后，股价累计下跌 2.45%，同期中小板综指累计上涨 6.94%，深证医药行业指数累计上涨 3.03%，恒康医疗没有发布任何对股价有影响的信息，其股价因缺乏利好信息支撑而下滑，涨势显著弱于可比指数。

中国证监会根据当事人违法行为的事实、性质、情节与社会危害程度，依据《证券法》第二百零三条的规定决定，没收蝶彩资产违法所得4 858万元，并处以两倍罚款9 716万元；对谢某给予警告，并处以60万元罚款；没收阙某违法所得304.11万元，并处以一倍罚款304.11万元。2019年7月，四川省成都市中级人民法院公开审理阙某、蝶彩资产、谢某证券市场操纵民事赔偿案，由中证中小投资者服务中心支持的原告杨某获得胜诉支持。2021年1月，四川高院对该案做出二审判决，原告获赔并执行完毕。

全国首例操纵市场民事赔偿支持诉讼获得胜诉，是《证券法》规定"操纵证券市场行为给投资者造成损失的，应当依法承担赔偿责任"的生动实践，实现了操纵市场民事赔偿实务领域"零的突破"。

第二章　价值创造

第一节　科学的公司战略：价值创造的前提

什么是战略

战略管理大师迈克尔·波特认为，战略的本质是抉择、权衡和各适其位。战略关乎全局，战略是决定公司的本质与方向的一副取舍框架，是关于公司做什么与不做什么的抉择。战略也不是短期内应对紧急威胁或机遇的策略，而是一个中长期内促进公司稳定增长的整体计划。

就多数公司而言，考虑战略抉择时的核心要素是产业机会抉择和业务结构选择。就产业机会抉择而言，就是指公司必须基于产业周期与产业价值角度思考业务布局问题，思考业务的进入与退出问题。就业务结构抉择而言，就是指公司的业务结构是否合理，是否需要优化，例如现金流业务、高估值业务、高潜力业务的匹配是否合理，现金流与资本开支是否匹配。

我们经常说，战略的"战"是"方向"，"略"是"略去"，意思就是说企业必须要在抉择正确方向的基础上集中优势资源。因此，战略制定的底层逻辑就是投资聚焦，即决定公司有限资源和人力的投资方向。任何一家公司所经营的业务都不可能面面俱到，要有所为、有所不为，集中优势资源寻求突破才是企业制胜的关键。投资聚焦意味着做减法，很多情况下"不做"与"要做"同样重要，有时"不做"甚至比"要做"更重要，有"舍"方可有"得"。

招商局集团旗下城市综合开发运营板块的旗舰企业招商蛇口（001979.SZ）的发展战略，体现了"要做"与"不做"两项抉择。随着行业规模达到顶点，公司战略在 2022 年由"开发型"转为"开发+经营"并重。公司将业务及资产分为三类：其一，核心的优质资产与业务，可以为公司提供长期稳定的现金流，公司将继续持有与经营。其二，产融类资产与业务，占用了公司大量资金，公司通过不动产投资信托基金（Real Estate Investment Trust，REIT）方式仅保有其小股东身份和经营权，通过收取轻资产管理费盈利。其三，历史上配合着住宅拿地、搭配的一些商办资产，先天位置与经营效益不佳，同样占用了公司的资金，为低效资产，公司将其处置、置换成现金，用以换取优质的物业。

怎么制定战略

公司制定战略时不能好高骛远，要客观地认识到，平稳发展是公司的常态，爆发式增长只是偶然事件。公司制定战略时需要关注以下三个问题。

第一个问题，公司要专注于长期发展，做长期战略的拥护者。一家公司的战略分为长、中、短期，长、中、短期战略的本质应该是一致的，短期战略仅仅是中长期战略的拆分与具体细化执行，最终目的都是实现公司的长期战略。

现实情况中，许多公司都面临着如何确保即期收益，即短期收益，与投资者、分析师的预测保持一致的压力。市场往往更重视短期回报，而非长期业绩，会期望公司在短期内业绩大幅提高。这种压力会诱使公司放弃业绩实现周期较长的长期发展机会，接受可预测的短期收益项目，以满足市场对其短期业绩的预期。

频繁专注于一系列短期目标，却未与符合公司长期最佳利益统一的战略，就像减肥者每隔一个小时称一次体重一样，意义不大。上市公司及管理层应尽可能地看得更长远一些。哪怕业务和技术环境瞬息万变，还是要尝试着眼于中长期战略，并据此制定短期战略，即现在该做什么。

所谓的中长期到底是多长？国泰君安（601211.SH）提出了"三个三年三步走"中长期战略发展构想，旨在分阶段、分步骤地实现公司的长期发展目标。国泰君安这一战略体现了公司对于未来十年长期发展的清晰规划，具体参见表2-1。

表2-1　国泰君安"三个三年三步走"中长期战略

项目	第一个三年 （2020～2022年）	第二个三年 （2023～2025年）	第三个三年 （2026～2028年）
主要目标	重在打基础、补短板，巩固头部券商市场地位	重在提能力、强长项，核心指标处于行业领先地位	重在综合化、国际化，成为受人尊敬、全面领先、具有国际竞争力的现代投资银行
实施策略	注重加强公司的基础建设，提升服务质量，弥补业务短板，以确保其在证券行业的领先地位	在巩固了市场地位之后，进一步提升公司的业务能力和专业水平，特别是在其擅长的领域强化其优势，确保公司的核心指标能够持续保持行业领先地位	将致力于实现公司的综合化和国际化发展，通过扩大业务范围、加强国际合作等方式，进一步提升公司的综合实力和国际竞争力，最终成为一家受人尊敬的现代投资银行

公司要考虑好是否能够接受长期战略所带来的风险。竞争对手可能因为专注于短期策略而获得回报，并超过其他竞争对手。而公司制定的长期发展战略，可能是错误的战略方向。并且，公司要平衡好短期业绩与长远发展机会。

第二个问题，在外部环境方面，公司对监管政策、市场环境及行业长期发展趋势等方面的判断是什么。在公司内部方面，公司达成发展战略所拥有的可持续竞争优势，即公司的经济护城河是什么。公司如何利用其来实现战略，创造股东价值。

公司做出上述判断后，便需要明确，一方面，在战略期限内，公司服务于哪些市场，提供与不提供哪些产品与服务，最大限度地强化哪些产品、服务与市场，以便继续扩大公司的经济护城河，建立长期的股东价值。另一方面，公司用哪些财务和非财务指标来衡量战略达成的效果和绩效。

公司容易犯战略数量过多或战略调整过于频繁的错误。公司制定的战略数量需要适中，不能频繁变更战略。一家公司无论其企业性质如何、人数多少、复杂程度如何，以及基础设施怎样，战略数量都应有一定的限度。因为公司资金有限、人员精力有限、心智份额有限，若对极限认知不足，频繁启动无法确保实施效率与效果的战略举措，会导致公司战略半途而废，无法有效实施制定的战略。

第三个问题，战略制定后，公司如何清晰地在内外部传达和阐释公司战略。时常有公司已经制定了一套战略，却在交流中不能完整回答"我们的战略是什么"。一方面是由于管理层不知道应该做哪些关键工作，以执行战略；另一方面是因为公司管理层未向各级员工清晰地解释公司的战略为什么是这样制定的。

战略对公司价值创造的重要作用

战略是公司价值观和使命的集中体现。在战略规划过程中，公司不仅会明确自身的发展方向和目标，还可以更深入地剖析和确立公司的核心价值观和使命。这种明确的价值导向和使命宣言，有助于塑造与公司战略相契合的企业文化。

战略为公司设定了清晰的发展方向和具体目标，指引公司的前进方向，是公司的指南针，指引公司穿越周期与迷雾。

战略在公司资源分配中扮演着核心角色。通过精心制定战略规划，公司能够清晰地界定不同业务领域的优先级，并据此确定相应的资源配置需求，确保公司资源的充分利用，提高资源利用效率。

战略为公司决策构建了一个明确的依据和框架。在战略制定的过程中，公司会深入剖析各个业务领域的目标和具体需求、自身的优势与不足，这为公司后续的决策提供了有力的指导，可以显著提高决策的效率和质量。

战略提升了公司的预见性。通过制定明确的战略，公司能够提前洞察潜在的威胁和难题，并据此制定出有针对性的应对策略。这不仅加强了公司的风险预警和防范能力，也显著提升了公司在面对风险时的应对能力和适应性。这能帮助公司准确把握市场的机遇与挑战，实现长期、稳定的增长。

一个精心策划的战略是公司赢得市场竞争优势的关键。在制定战略的过程中，公司会深入洞察竞争对手的动向和策略，从而制定出更具针对性和有效性的竞争策略。

战略是推动公司创新和变革的重要驱动力。在战略制定的过程中，公司会深入审视自身在技术和产品领域的不足之处，这种自我认知将激发公司进行持续创新和研发的强劲动力。战略不仅聚焦于当前的业务发展和市场定位，更以长远的眼光审视未来，可以为公司量身打造长期的发展蓝图，从而推动公司的持续、稳定、健康发展。

如何确定及有效执行公司发展战略

战略制定首先需要考虑行业规模与空间，这是上市公司的初始赛道选择，这个选择很重要，因为公司的结构搭建、战略规划、商业模式会围绕行业和产业设置，也决定了公司的利润水平。

公司所处的行业规模、成长性、盈利水平、周期发展阶段、竞争格局与态势、技术发展与演进趋势等，是发展战略规划考量的产业基础。公司要对行业和竞争环境进行分析，了解行业内的竞争激烈程度，这种竞争程度对该行业在盈利空间上的吸引力有何影响，该行业及其相关市场的关键成功因素是什么，行业内公司面临何种机遇和威胁。通过全面评估这些因素，公司才能做出更科学的战略选择。

围绕行业规模与空间，上市公司的战略大致可以分为两种。

第一种，如果目标客群和市场规模足够大，上市公司可以聚焦和深耕单一业务，持续打磨商业模式，筑高竞争壁垒，然后借助资本力量进行规模化扩张，直至成为细分行业龙头。将单一产品或业务做到极致，是很多中小市值上市公司的发展模式，"高筑墙，广积粮"，在存量市场里进一步提高市场集中度，进一步打开产业格局，把市场定价权拿到手中，成为行业的龙头。上市公司从市场占有率、行业集中度、定价权、头部稀缺位置等方面让资本市场看到其长期投资价值。

以卡骆驰（CROX.O）通过战略调整扭亏为盈为例，介绍细分行业龙头的商业模式。

卡骆驰是美国的鞋履生产、设计和零售商，以"丑"出名。卡骆驰曾经历过 2008 年 1.85 亿美元的亏损，面临库存积压过多、产品线过于零乱、仿冒产品太多等发展问题。卡骆驰 2013 年调整战略，削减 40% 的产品线，专注细分赛道和核心产品线；提高具体赛道的创新能力，开始和麦当劳、泡泡玛特、李维斯等品牌联动，把鞋子变成了玩具、文化、时尚产品；关闭低效门店、削减对规模较小的区域市场的投资。通过战略调整，卡骆驰扭亏并实现快速增长，2024 财年营收 41.02 亿美元，净利润 9.50 亿美元，ROE 高达 57.76%，市值达到 63 亿美元。

卡骆驰已扭亏为盈，并实现了良好的财务表现，市场也给了正向的反馈。下边的案例是行业进入门槛高、市场规模很大，但公司持续亏损，市场也给了积极反馈的案例。

智能芯片领域的新兴公司寒武纪（688256.SH），2017～2023 年，持续亏损 50 亿元，经营净现金流和自由现金流始终为负。与如此"不堪"的财务数据相悖的是，公司市值一路走高，2025 年 2 月达到 3 300 亿元。财务表现与市值在"表面"上严重背离的原因有两个，其一，权威机构预测，人工智能芯片的市场规模正处于快速扩大之中，预计2027年市场的规模将超过2023年的两倍，达到1 200亿美元；其二，人工智能芯片行业技术难度高、涉及方向广，是一个极端复杂的系统工程。寒武纪在人工智能芯片领域持续研发投入，已经构建了极高的技术壁垒。在上述因素的叠加下，市场对寒武纪给出了相应的估值。

第二种，如果公司所在细分行业领域的市场规模不足以支撑公司更大规模的增长，公司成长就面临转型和升级问题，需要开拓新业务、进入新领域，采用"多业务结构"模型。

大量公司凭借单一市场地位完成了上市，上市后如何突破细分行业的天花板，从单一市场走向更大的产业蓝海，是很多公司面对的难题，这中间考验了管理层的战略眼光和资本配置能力，在前文"市值＝净利润 × 市盈率"中分析过，公司要建立市值战略，需要从提升公司估值出发，少做降低估值的事，比如单纯为了追求净利润增长，不合理地投资和并购，拼凑一些低估值的净利润进入上市公司；或者不考虑投入资本回报率，盲目稀释股权，随意再融资，反而拖累了公司的资本运营效率，降低了股本的含金量。

所以在面临转换赛道之时，是考虑内生增长还是外延并购，转向哪里，并购什么，都是关键的考量因素。思虑不慎重，效果可能适得其反。下面提出六个重要的考量因素。

第一，对市场前瞻性地预判和提前布局。

我国制造业从改革开放后依靠廉价劳动力赚取微薄的净利润，到21世纪初陆续发展自己的核心技术，目前正在实现从低端制造向高端制造的过渡。产业链核心位置是高端制造技术门槛较高的环节，也是技术革新最密集的环节，是所有公司竞争的关键点。新技术对旧技术路线的替代甚至颠覆时有发生。公司制定发展战略时，不是什么热就做什么，不要融资后激进投资，需要考虑技术路线替代等核心经营要点，对市场进行前瞻性预判和提前布局。

制定战略时，需要分析公司的内部能力，评估其核心竞争力和实际战略能力，分析公司的价值链，分析这些活动中部署的资源、各项活动之间的联系，以及价值创造过程所涉及的各项竞争力。

2024年10月上市的苏州天脉（301626.SZ）主要产品为导热散热材料及元器件。基于对行业趋势的前瞻性预判，在市场需求尚不明朗时，苏州天脉即着手对热管、均温板技术进行研发储备。随着消费电子产品的发展，两款产品因其优异的导热性能被越来越多的消费电子厂商所采用，在较短的时间内通过了三星、华为等品牌客户的产品认证，实现了规模化量产出货。2023年公司两项业务收入占总收入的比例已接近80%。正是通过提前进行市场布局、建立竞争优势，两项业务才能迅速成长并为公司业绩增长提供新的动力。

第二，现金流是公司的价值之源，公司确定发展战略时，选择长期稳定现金回报的商业模式尤为重要。

好的发展战略不代表公司必须要进行战略升级或转型，高质量发展也不代表必须要有非常强的当期财务指标，而是要有一个明确、稳定的现金流。长期稳定的现金流是上市公司发展的生命线，也是上市公司市值战略质量水平的重要衡量指标。

上市公司可以通过提高营运资本周转效率，保障获取经营性净现金流入。由于行业和商业模式的不同，公司提高营运资本周转效率的措施也多种多样，归纳而言，在营运资本管理的采购、生产、销售的核心环节，有一些一般性的原则和方法可以遵循，比如在采购环节选择对公司有利的信用条款、结算方式和时点，在生产环节保持合理库存水平，加快存货周转率，在销售环节加强应收账款和预收账款的管理。

以医药流通行业为例。主营药品批发的医药商业公司，其下游医院终端的回款周期往往是3～6个月甚至更长时间，大大超过其对上游付款的信用期，这种商业模式决定了其要垫付资金，从而产生大量营运资本需求，使得经营性现金流大幅低于经营利润，同时财务费用消耗了大额的经营利润。与之相对比，医药零售行业为"现金牛"行业，对上游供应商有信用期，可以延长付款时间，对下游客户是现金销售，甚至可以通过销售预付卡提前收回销售款，相当于占用了上下游的资金，其自身的现金流充沛。因为医药零售公司的商业模式能产生较强的现金流，所以医药零售公司在资本市场上的估值水平高于医药商业公司。

公司从股东和债权人处获得资本后，要通过经营活动让其赚取回报，即使当下回报水平较低甚至没有回报，未来也必须实现回报，最终投资者无法获取回报的公司不可能有价值。而赚取回报的核心是创造现金流，若只有账面利润但没有经营性净现金流入，这样的回报仅仅是泡沫，即使一时利润可观，持续下去泡沫最终也会破灭；反过来说，即使利润表暂时是亏损的，但只要经营性净现金流持续为正，公司依然有发展的潜力。

第三，公司确定发展战略时，要选择具有利润高敏感性的商业模式。

这需要做到两个方面。一方面，提高产品或服务的议价能力，即提高非成本推动的收入增长能力。这需要通过持续的产品创新提升产品或服务的壁垒，提升稀缺性，降低可替代性，例如奢侈品行业；或者扩大市场占有率，成为细分行业龙头，掌握较大的行业定价权，比如资源类行业。

另一方面，选择边际成本和费用支出较少的扩张模式。例如，平台的网络效应、授权或加盟模式、外包或代工模式。尽量避免自身的高额资本支出和繁杂的业务管理，尽可能提升自身的盈利能力，改善现金流。

例如，微软、苹果以及谷歌，分别搭建了全球计算机桌面和手机的底层操作系统，亚马逊和脸书则分别搭建了全球电商和社交网络的最大平台，VISA和万事达则是全球信用卡结算的网络。这些平台一旦搭建并应用成功，其边际收入的增加只需要极少的资本支出，销售净利率基本都在30%以上，部分甚至超过40%，盈利能力自然极强。即便是硬件占比不低的苹果，也把硬件业务外包，因而不需要大额的资本支出。其他如医药研发公司利来和诺和诺德，也把消耗资本和现金流的药物发现、临床研究，以及原料药生产环节外包出去，公司则集中于底层的靶点研发创新，从而也维持了极高的盈利能力和充裕现金流。

第四，公司治理结构和管理体系要能够支持战略落地和执行。

美国《财富》杂志曾指出，事实上只有不到10%的公司战略被有效地执行，战略失败的原因至少70%是战略执行的失败，而非战略本身的错误。

战略指引公司的前进方向，是指南针；经营和管理是驱动公司战略落地的内在保障，是路线图。如果没有严谨的、能驱动战略执行的内部管理和企业文化，战略执行过程中，可能出现跨部门扯皮、决策迟缓、为战略执行配置的资源不足、沟通协调低效等问题，这些问题都将影响战略的执行。为避免出现类似情况，一方面，战略执行需要有组织架构的支持。这不意味着一定要改变整个组织架构，但起码要确保支持战略实施的最低限度，组织架构不妨碍战略举措的部署。另一方面，上市公司要建立一种奖励优秀人才、实行问责制和期待合作的文化。

以农商银行青农商行（002958.SZ）为例，说明公司需要强化保障战略执行的相应机制措施。青农商行2023年聘请咨询公司，开展人才盘点和岗位分析工作，深入分析组织架构、部门职责、人才队伍和渠道建设等工作中存在的问题，紧密结合战略落地需要，系统做好人才队伍建设、岗位薪酬管理和渠道网点建设等重点工作，为全行稳健发展提供机制保证。

第五，上市公司需要用长远眼光，关注最重要的事情。公司的战略，即便不涉及重大业务改变，其举措也会涉及改变公司的组织结构和产品开发、流程改进、市场进入或退出机制等，而这些举措都不会在一夜间完成。战略执行需要耐心，用长远眼光关注最重要的事情。

挖掘机被称为重型机械"皇冠上的明珠"，本土挖掘机企业在20世纪末、21世纪初几乎全军覆没。三一重工（600031.SH）挖掘机业务经历了严重亏损、被迫从上市主体剥离至体外等过程。经过10多年的持续研发投入，2009年，三一挖掘机销量超越全球大型工程机械制造商卡特彼勒，三一重工成为名副其实的中国挖掘机"一哥"。三一挖掘机的发展之路，体现了战略执行需要的耐心与时间。

第六，上市公司确定战略时，要敢于跳出短期舒适圈，勇于挑起长期发展战略的重担及压力。例如，这一轮电动化浪潮中，在布局锂电池的战略选择上，传统车企巨头更多的是关心当下，早年多数选择与宁德时代等公司合资，没有为了追求长期利益而承担短期风险，导致短期舒服而长期束缚的局面。而比亚迪等一些公司，则是发奋努力地自己研发、生产电池，短期虽然难受，但长期受益。这和当年诺基亚、摩托罗拉等手机巨头，被苹果、三星等手机替代，没有参与到智能手机行业中是一样的。

通过战略跨越行业周期和企业生命周期

美国未来学院院长扬·莫里森提出"第二曲线"理论：第一曲线即企业在所熟悉的环境中开展传统业务所经历的企业生命周期；第二曲线是企业面对未来的新技术、新消费者、新市场所进行的一场彻底的、不可逆转的变革，并由此而展开的一次全新的企业生命周期。

一个企业要想"基业长青"，跨越行业周期和企业生命周期，需要结合企业自身的核心竞争力和所处产业价值链。一方面，应对既有市场，突出第一曲线，集中企业优势资源为顾客提供产品或服务，尽量延长第一曲线的"生命"，作为企业的核心利润支撑；另一方面，从创新角度启动独立的第二曲线，培育多个潜在业务增长点，以应对新兴的市场机会，促进企业增长动能的持续形成，让每一个环节都创造价值。

2024年游戏界瞩目的焦点，国产首款3A动作游戏《黑神话：悟空》

于 8 月上线，很好地诠释了第二曲线的发展思路。3A 游戏从策划到研发，再到测试和发布，整个流程可能需要数年的时间，需要投入大量的资金和时间成本。2018 年 2 月，游戏科学公司 CEO 冯骥和几个合伙人确定了公司未来的发展战略：将公司资源一分为二，一支团队专注于手游领域，贡献公司发展所需的现金流；另一支团队挑选五六位精兵强将，着手创作一款 3A 动作游戏，即《黑神话：悟空》。2024 年度，《黑神话：悟空》销量达到 2 800 万套，销售额达 90 亿美元，稳居国产买断制游戏历史上的销量冠军，并跻身全球年度销量第一的行列。

布局第二曲线，进入一个新行业需要克服诸多障碍，进入成本一般较高。企业要有选择地做业务，而不是有业务就做，开展新业务前需要慎之又慎，全面评估风险，明确风险点在哪里、风险是否可控、可承受，一旦出问题能否进行有效的切割和规避。为了成功进入新行业、新领域，布局第二曲线，企业需要判断三个问题。

第一个问题在于，企业需要判断拟进入的行业是否符合企业发展战略，新行业自身是否有优势。美国钢铁龙头企业纽柯钢铁（NUCOR，NUE.N）揭示了企业"6 个成功秘诀"，排在第一位的是"坚持做你所擅长的事情"。企业要对所在行业有充分的了解和认识，要能结合其现有技术、人才、管理等优势，对新业务形成足够的驾驭能力。

新业务发展不是孤立的、单一的，在选择新业务时，要选择那些与公司现有核心业务有协同效应的行业。通过推动公司内部的协作发展，提高新业务成功的概率。新业务应当能为公司带来或从公司得到更多竞争优势，提升产业链综合竞争力，使未来的盈利超过进入成本。新业务与原有业务（合称"各业务"），需要达到以下两种协同。

其一，各业务产生杠杆效应。在公司内部，各业务之间共享基础设施，包括前台、中台、后台各部门职能，降低公司的运营成本。各业务供应商可能重叠，共用彼此的供应链和开发成果，大幅降低各业务独立运营时的投入成本，实现整个价值链的提升和转移。各业务产品消费群体可能重合，以各业务前期经验为基础，开发一个共同的消费者需求框架，并进一步引导公司的创新行动，使公司对各业务的销售场景有更深的见解。

其二，各业务能力共享。公司协调人事流程，获得相互之间最好的人才与先进的管理和经营思维；使人才更容易在公司内部，包括在各业务和各地域之间流动；吸引人才，并为他们提供一套多样化但彼此相关的经验，使公司能够建立一支高水平的员工队伍。

第二个问题在于，公司需要判断新市场是否有足够的容纳度和盈利空间，为公司业绩成长提供新的支撑。新市场收益要能超过机会成本，这样才值得公司放弃其他行业选择，如市场太小甚至接近饱和就不宜涉入。

第三个问题在于，新业务与资本市场能否对接。上市公司的效益不仅包括从产品中获得的利润，还包括资本市场的市值增加值。上市公司要选择资本市场认可的行业，把产品利润在资本市场放大。上市公司要同时启动产品市场和资本市场两个轮子，通过资本市场迅速扩大公司规模，全面提升公司的核心竞争力，进而增加公司价值和市值。

新诺威（300765.SZ）原属于食品制造业。巨石生物是创新生物医药企业，专注于抗体类药物、抗体偶联药物（ADC）以及 mRNA 疫苗等生物制药前沿领域。2023 年 9 月，石药创新以 187 100.00 万元向巨石生物增资，取得巨石生物 51% 的股权，将业务链延伸至生物创新药领域，搭建了生物医药创新产业平台。巨石生物在研项目 20 余个，其中 mRNA 疫苗产品已经在中国纳入紧急使用，还有多个产品在国内开展不同阶段临床试验或正在申报上市。市场对创新药看好，带动新诺威股价大幅上涨，从 15 元最高涨至 40 元。新诺威总市值及股价走势详见图 2-1。

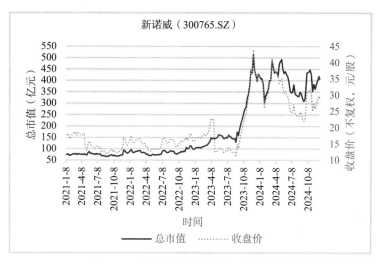

图 2-1 新诺威总市值及股价走势

资料来源：Wind。

第二节　优秀的公司治理：价值创造的基石

什么是公司治理

公司治理概念起源于西方，在国内还有法人治理、企业治理等多种译法。公司治理是指公司按照《公司法》等法律法规、监管规定和公司章程的要求，结合公司的实际情况，建立包括股东大会、董事会、监事会、高级管理层的现代公司治理组织结构，各主体分工明确、相互制衡、有效履职、运作规范。从公司内外部两个方面讲，公司治理均具有重要作用。

从公司内部讲，科学且合理的公司治理结构有助于公司本身的良好运转和公司内部的有效制衡，有助于协调公司与利益相关者之间的利益关系，有利于实现公司所有权和经营权的分离，保障公司顺利运营。

公司长期发展的关键要素是公司产品所面临的市场空间等外部环境和内在公司治理所造就的"公司产品力"。一个强有力的管理层和治理结构，可以实现无可比拟的品牌价值、平台价值和产品壁垒。

内在治理的重要性有时会超过潜在的市场空间。很多案例表明，在成熟稳定的，甚至萎缩的市场，仍然可以孕育具有产品力的上市公司，"好公司"在"差行业"也可以实现长期优秀的增长。在"差行业"中取胜也是一种成功的策略。

钢铁行业在19世纪末20世纪初成为美国经济中的支柱行业，但到了20世纪末，本土企业开始面临来自国外企业的竞争，工人数量从高峰时的100万人下降到2002年的14万人。美国当时的第二大钢铁公司——伯利恒钢铁公司（Bethlehem Steel Corp）在2002年宣告了破产。就是在这种"差行业"中，纽柯钢铁却可以逆流而上，成为"好公司"。2021～2023财年，纽柯钢铁年均净利润63.20亿美元，ROE高达41.65%。就像赛车一样，纽柯钢铁成功的关键不是汽车，而是车手和团队。纽柯钢铁的一位管理者曾说：我们的成功有20%源自技术应用，而80%则要归功于我们的公司文化，即公司治理。

与纽柯钢铁一样，美股历史上，业绩最佳的公司不仅来自那些处于科技革命前沿的行业，也经常出现在成熟甚至衰退的行业中。这些公司的成功源自团队与管理，公司将注意力集中在降低成本和提高生产效率上，以保持强大的竞争力。降低成本和提高效率等内容详见本章第三节"提升经营效率：增加公司价值的重要手段"。

从公司外部讲，长期价值流派更关注公司的治理机制和管理层是否能够给公司业绩带来长期的增长，治理机制和管理层的价值优于上市公司短期财务报表的表现。短期的财务数据受到经济状况和行业状况的影响，有时会出现一定的波动，但波动并不会改变公司长期的价值，除非公司的管理层或行业发生了根本性的变化，使得公司不再能够实现中长期的增长。

公司的长期价值不在于行业属性和行业周期，而在于公司的经营状况，尤其是公司治理机制和管理层的管理水平。

成熟的资本市场中，公司的治理机制与财务绩效指标一样重要，投资者愿意为治理结构较好的公司支付更高的价格。投资者在评估一个公司的投资价值时，会根据其董事会结构、管理水平、分红派现、信息披露等给予溢价评级。

董事会、监事会、经理层高效运作

制度保障是公司治理的前提，董事会、监事会及经理层职权的有效运用，在很大程度上取决于工作机制及组织架构。上市公司需要按照《上市公司治理准则》等的要求，结合上市公司实践，建立符合行业特点、支撑公司战略发展、适应公司生产经营的董事会、监事会及经理层的工作机制及组织架构。同时，上市公司需要根据最新的法律法规和监管规定，结合制度的生命周期和公司治理实际运行情况，及时对制度进行修订和完善。

董事会作为公司治理机制的决策主体、治理中枢，是公司治理机制的核心。上市公司需要不断加强董事会建设，持续探索、优化董事会运作机制，提高董事履职效能，构建科学、合理的董事会结构，促进公司治理规范运作水平的不断提升。

监事会通过对公司经营、财务以及董事、高级管理人员履行职责的合法性进行监督，维护公司及股东合法权益，防范合规风险，提升公司治理水平。监事会需要持续强化自身建设，在优化既有监督方式的基础上，进一步丰富常态化监督手段，提高业务监督的精准性和有效性。

上市公司需要通过组织召开会议、座谈交流、开展监督检查和培训等方式，为监事会成员履职创造更加便利的条件，不断提高监督工作的成效和水平。监事会需要定期调研公司经营、财务情况，董事、高管履职情况，董事会和股东大会决议落实情况，努力做到发现问题更加及时、更加有力。日常加强对子公司监事会工作的指导，压实工作责任，推动各级监事会切实发挥作用。

上市公司要从以下几个方面科学配置董事会、监事会及经理层人员，保证董事会、监事会及经理层具有较大的专业性和独立性。

第一，避免因内部董事比重过高、独立董事不独立等不合理的结构问题，产生一系列内部控制问题，影响董事会对公司的监督和评价，不利于发挥董事会在公司治理结构中的积极作用。美国部分上市公司董事会只有CEO一个内部董事或只有CEO、CFO两个内部董事，其余都是外部董事，而且独立董事的比例高达70%以上。

第二，提高战略投资者等外部股东推荐的股东代表董事和监事比例，从背景、性别、国内国外、境内境外等方面多元化配置董事会；提高职工代表监事及外部监事人员比例。上市公司外部股东提名董事和监事，需要具有管理、投资和审计等背景，具有行业权威，拥有广阔视野，具备履职能力，能够独立有效履职，充分发挥决策、监督职能，促进公司规范运作，为公司高质量发展建言献策，提升董事会决策和监事会监督的专业性及独立性，维护公司和全体股东的利益。

下面以中国装备制造业的一张名片徐工机械（000425.SZ）为例，介绍董事会、监事会人员构成。2022年徐工机械重大资产重组完成后，公司董事会、监事会进行了换届，新任董事会成员9人，其中内部董事1人、外部董事5人、独立董事3人。除大股东推荐的外部董事外，战略投资者拥有1名外部董事席位，投资者能够有效参与公司经营决策。同时，战略投资者还拥有3名董事会观察员席位，可以列席公司董事会，享有知情权、建议权，有利于维护股东合法权益。新任监事会由7名监事组成，股东代表监事4名，其中1名由公司控股股东推荐，3名由持股比例较大的战略投资者推荐；职工代表监事3名，由职工代表大会联席会议选举产生。3名职工代表监事中，1人为公司专职副书记，曾长期担任公司纪委书记，拥有丰富的纪检工作经验，其余2人为公司重要子公司的纪委书记和工会主席。通过人员融入、交叉任职，畅通党委、纪委与监事会沟通渠道，将党内监督、公司治理监督有机结合，充分发挥党委、纪委、监事会等各方的监督作用，落实监督责任，形成监督合力，降低监督成本，提高监督效能。

第三，监事会可以聘任监事会主任／部长，负责协助监事会主席处理监事会日常事务，搭建监事会与内外部协调、沟通的桥梁，提高监事会日常运作保障能力。

第四，拓宽董事会议事内容。目前董事会一方面讨论财务和业务问题，除了财务和业务问题，董事会议题可以更多地讨论公司战略计划、行业竞争和产业问题、会见关键经理人员和管理层继任计划、走访公司经营场所等。

针对董事会会议时间有限的限制，并不是一定要做出重大决策时才需要召开董事会会议。美国董事会会召开"非正式会议""战略沟通与研讨会"等，与正式董事会会议不同，它的目的不是做出具体的决策，也不是对公司运营保持持续监控，而是提高董事会战略能力，加强董事会与公司管理层的联系等。这种非正式的董事会会议一年或者两年召开一次，一般不在公司总部等正式场合召开，可以扩大范围，邀请一些非董事会成员的公司高管参加，也可以请外部专家作为会议引导者，提升这类会议的沟通和研讨水准。

完善独立董事作用

独立董事指不在上市公司担任除董事以外的其他职务，并与上市公司及其主要股东、实际控制人不存在利害关系，或者其他可能影响其进行独立客观判断关系的董事。独立董事独立履行职责，不受上市公司及其主要股东、实际控制人等影响。

A 股独立董事制度建设起始于中国证监会 2001 年 8 月发布的《关于在上市公司建立独立董事制度的指导意见》。随着资本市场改革的不断纵深推进，上市公司独立董事制度实践所反映出的独立董事定位不清晰、责权利不对等、监督手段不够、履职保障不足等制度性问题，呼唤更完备的制度出台。2022 年 1 月中国证监会公布《上市公司独立董事规则》。2023 年 4 月国务院印发《关于上市公司独立董事制度改革的意见》。2023 年 8

月中国证监会公布《上市公司独立董事管理办法》，对原有的独立董事规则进行了全面修订和细化。

独立董事对上市公司及全体股东负有忠实与勤勉义务，在董事会中发挥参与决策、监督制衡、专业咨询作用，通过发挥独立董事的"关键少数"作用，可以维护上市公司整体利益，保护中小股东合法权益，提升上市公司治理水平。

A股上市公司独立董事占董事会成员的比例不得低于三分之一，且至少包括一名会计专业人士。

独立董事的人选，首先要符合《公司法》要求的董事任职资格，要能尽到忠实义务和勤勉义务；其次要满足独立性要求，监管规定了最近12个月内不得担任独立董事的情形；专业性也是对独立董事的要求，独立董事必须具备一定的专业素质与能力，能对公司问题做出独立的判断，并发表有价值的意见。

徐工机械在董事会历次换届选举过程中，根据监管要求和公司战略方向，主动寻找行业 / 新能源技术、法律、财务等方面的专家学者担任公司独立董事。比如，面对工程机械行业电动化、智能化的发展趋势，2022年10月，公司邀请新能源汽车动力系统与电控系统专家、上海交通大学教授担任公司独立董事，对公司产品的电动化、无人化发展提出建设性、前瞻性的建议。

完善独立董事作用机制，关键的一个问题是选择合适的人员来担任独立董事。这里提供三个选择思路。

第一，大型企业的CEO、CFO、COO等高管适合担任独立董事，这些高管了解公司经营管理，拥有丰富的经营管理实操经验。

第二，金融从业人员和退休的政府工作人员适合担任独立董事。金融从业人员能够利用其在金融方面的知识和经验，协助上市公司建立高效、安全的投融资体系，促进公司投融资决策科学、风险可控。退休的政府工作人员对监管政策及发展趋势有深入的理解，具有开发政治资源和社会资源的能力，对于一些行业的上市公司的发展十分重要。

第三，专家和学者也是独立董事的合适人员，包括律师、会计师和大学教授等专业人士。独立董事中需有一人为律师或具有法律背景的专业人士，可以在对一些重大事项进行决策的时候替股东把关。独立董事中需要有一位会计师或具有注册会计师资格的财务人士，这位独立董事要担任审计委员会主席。独立董事中最好有一位大学教授，给公司在行业管理或技术方面咨询、把关。

充分发挥专门委员会职能

A股上市公司董事会下设的专门委员会，也是公司治理结构的一个重要组成部分，包括审计委员会、战略委员会及薪酬与提名委员会等。

（1）审计委员会，为《上市公司治理法则》、沪深交易所《股票上市规则》等法规规定的董事会必须设立的专门委员会。

因为审计委员会较其他委员会更具有监督作用，审计委员会制度是目前公司治理中具有全球共识的一项委员会制度，也是各项委员会制度中最具有"牙齿"的一项。审计委员会制度是与独立董事制度相伴相生的。

法规对审计委员会设置及人员组成、职责及审议事项、召开次数及召开方式等均提出了明确的要求，其他委员会法规规定则相对灵活。

审计委员会协助董事会在会计、审计、财务报告、内部控制、关联交易等方面履行职责，帮助董事会更早地识别问题、更好地讨论问题、更快地解决问题，是推动公司治理体系和治理能力现代化的重要力量。

自2002年《萨班斯－奥克斯利法案》实施以来，美国上市公司审计委员会监督关注事项开始不断扩充，除了上文提到的财务审计、内部控制等常见领域，网络安全、环境、社会和治理（ESG）及隐私数据等都属于其监督关注事项。这些实践值得A股上市公司关注和学习。

实务操作中，有以下注意事项。

其一，在制度建设方面，上市公司需要制定《审计委员会工作细则》《审计委员会年报工作规程》等制度，对审计委员会的构成、职责、运行方式、履职保障、监督评估等内容进行明确规定。对审计委员会与财务总监、法律顾问及内外部工作人员沟通的内容、方式、频次、流程机制、资料保管等事项提出明确要求。上市公司需要细化公司信息报送、会议服务、重要事项沟通、舞弊举报以及常态化监督检查等工作标准。为委员们履职提供保障，确保审计委员会高效、有序、高质量运转。

其二，在委员任命及构成方面，审计委员会委员由董事会任命，更换或增补委员只需召开董事会审议相关议案即可。审计委员会人数至少三人，委员一般由财务、金融、法律、经济、企业管理和所在行业的专家、学者等组成。委员应当全部为董事，需要具有丰富的专业学识和管理经验，为保障审计委员会的履职质量奠定基础。由作为独立董事的会计专业人士担任审计委员会召集人。

其三，在会议召开频次及程序方面，审计委员会一般每季度至少召开一次会议，两名及以上成员提议时，或者召集人认为有必要时，可以召开临时会议。审计委员会会议须有三分之二以上成员出席方可举行。

（2）战略委员会，主要负责对公司长期发展战略和重大投资决策进行研究并提出建议。

战略委员会主任委员一般由上市公司董事长担任，以体现战略委员会的重要地位，权威的行业技术专家和上市公司重要股东（一般为"二股东"，即第二大股东）推荐的外部董事也是战略委员会委员的成员构成，可以充分发挥战略委员会的战略牵引作用。

战略委员会召开年度会议、专题会议，通过开放的讨论与沟通，充分发挥委员在各领域的专业性，牵引公司战略，为重大事项及战略决策提供思想库。

（3）薪酬与提名委员会，部分上市公司将其拆分为提名委员会、薪酬与考核委员会两个委员会。

薪酬与提名委员会对高管履职提出意见和建议，对高管年度薪酬予以审议，特别是在独立董事推荐、聘用上发挥积极作用。日常工作中，根据公司战略，为牵引战略周期业务目标的达成，及时制定核心人才股权激励方案，通过建立短期与中长期结合的薪酬激励机制，激励公司核心管理和业务人员。

薪酬与提名委员会在对董事个人进行评价或者讨论其报酬时，相关董事应当回避表决。如由于回避人数较多无法形成有效决议，应当将有关议案直接提交董事会审议。

综上，董事会下设的专门委员会较董事会人数更少，议事程序方便，并且专门委员会成员在特定方面具备一定的专长，能更有效地处理公司治理时的复杂问题。上市公司应当提升专门委员会规范运作水平，充分发挥专门委员会的职能，进而有效提升公司的治理效能。

上市公司需要建立和制定董事会各专门委员会日常办事机构工作衔接机制和考核机制，各专门委员会设立对口的部门支持其日常运作，如审计部负责支持审计委员会工作，人力资源部负责支持薪酬与提名委员会工作，投资部负责支持战略投资委员会工作等。

优化上市公司股权结构和丰富上市公司股东类型

上市公司面临的内、外部环境及大股东风险控制等事项，均对上市公司优化股权结构、丰富股东类型提出了要求。

第一，从上市公司内部出发。股权结构是上市公司治理的基础，决定了公司控制权的分布、所有者与经营者之间委托代理关系的性质，会对公司治理结构、治理机制和治理主体的利益安排产生重大的影响，进而影响公司经营绩效及市场价值。

美国大型上市公司股权分散度较高，一般由职业经理人管理，有的公司虽然有大股东，但也是由职业经理人管理。这种治理模式需要一定的外部环境配合，包括成熟的职业经理人市场、完善的上市公司监管和信息披露制度、严格的中小投资者利益保护机制等。

与美国上市公司通行的治理模式不同，A股大部分上市公司具有大股东治理属性，大股东持股比例一般较高。在履行股东职责时，大股东对公司经营的介入程度也较高。这种模式有其优势，可以防范管理层控制，但A股目前信息披露、投资者保护等制度建设还在完善的过程中，对大股东约束不足，大股东如果有不良动机，可能侵害上市公司及中小股东的利益。在此背景下，A股上市公司选择多元化的股权结构和股东类型，夯实公司治理机制的"经济基础"尤为重要。

A股上市公司"一股独大"的股权架构是有历史原因的，股权调整牵涉到原股东利益和相关监管规定等的约束，需要根据各自情况实事求是地对待。构建多元、平衡的股权架构，对于公司未来的长远发展和价值提升，是十分有意义的，在可能的情况下，上市公司可以通过定向增发、存量股权调整等方式，吸引包括战略投资者、上下游合作伙伴、知名机构投资者等长期股东持股；通过展现自身投资价值吸引公募证券投资基金、证券公司、保险公司等机构投资者在二级市场购买公司股票；通过股权激励、员工持股计划等方式实现管理层和核心员工持股。

第二，从上市公司外部和资本市场环境出发。虽然A股投资者目前在数量上仍以散户为主，但从持股市值看，A股正逐渐摆脱散户定价的特征，机构投资者逐渐掌握A股上市公司市值话语权对市场的影响力越来越大。机构投资者主导的长期投资和基于价值投资逻辑下的去散户化，逐渐成为资本市场的一个长期的发展趋势。

机构投资者具有较强的信息分析、处理能力，能够较为准确地判断股票的内在价值及理性价格。股权结构中机构投资者与个人投资者的类型与占比会影响资本市场对公司的估值和评价，上市公司定期报告中披露的股份变动及股东情况章节，尤其是报告期末前十名机构投资者股东持股情况和大股东股票质押情况等，已成为投资者判断公司价值的重点关注和分析的信息。

机构投资者持仓是个人投资者关注的重要指标之一，机构投资者持仓将吸引个人投资者买入。

根据A股上市公司股东结构新特点，市值管理需要围绕机构投资者开展。上市公司应该根据发展战略积极引入机构投资者，丰富公司的股东类型。

机构投资者一般专业素质较高，通过行使股东权利，监督公司经营行为、对管理层形成约束，以完善公司治理、优化公司内部资源配置，实现公司内部各相关利益主体权益的均衡。引入机构投资者后，上市公司要充分利用机构投资者专业化的投资知识、管理经验等，积极向机构投资者征求意见；为机构投资者股东行权营造便利的条件，引导机构投资者在公司重大决策上进行充分讨论并在股东大会上投票表决。以上措施可以促使公司提升决策科学性，形成更加制衡有效的决策机制。

花旗银行 2002 年成为浦发银行（600000.SH）第四大股东，持股占比4.62%。花旗集团和浦发银行随后建立战略联盟合作伙伴关系，联手进军中国信用卡市场。浦发银行参照国际先进银行规则，引入了国际化的治理结构，全面完善公司治理。花旗银行提名一名董事，并担任风险管理和关联交易控制委员会成员。随着法人治理结构的国际化，浦发银行的现代企业制度进一步得到完善，并在较短时间内实现决策高效、管理科学、运营有序、效益最优的目标。2006 年花旗银行再次入股，持股比例达到 20%，和中国人寿等其他三名股东并列第一大股东。2012 年 3 月，花旗银行未能通过美国最大型银行"压力测试"，被迫出售浦发银行股份。双方持续近十年的战略合作卓有成效，浦发银行学习了国际先进同行的经验，花旗银行方面则积累了宝贵的本土经验。

上市公司还需要吸引公募基金、证券公司、保险公司等机构投资者持股。上市公司日常需要做好与这些投资者的沟通交流，向其传递公司价值，获得它们对公司价值和成长性的认可，吸引其持仓或增持。

2024 年 A 股市场仍处在区间内震荡运行，国内规模最大的城商银行北京银行（601169.SH）股价表现却超出市场预期，年内屡创历史新高。

1月，公司股价再次突破千亿市值大关，10月上旬股价突破新高，市值最高触及1 250亿元。北京银行股价屡创新高，主要源于市场资金，特别是机构投资者的持续净流入。2024年6月末，包括保险公司、公募基金在内约490家机构投资者持有公司约55%的股份；2024年上半年，公司新增了150家机构投资者，以基金和保险机构增持最为积极。其中：险资方面已有多家机构成为公司前十大股东，第四大股东信泰人寿一季度增持3.56亿股股份，持股数量增至9.94亿股、持股比例为4.7%；第七大股东阳光人寿持有公司4.03亿股股份，持股比例为1.9%。除保险机构外，包括华泰柏瑞基金、易方达基金在内的约90家公募基金或券商资管公司持有公司股份，持股比例约为5.72%。北京银行总市值及股价走势详见图2-2。

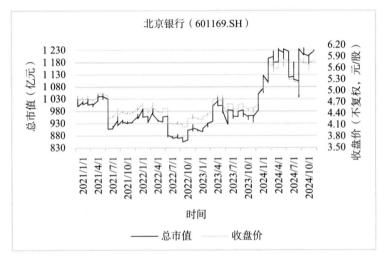

图2-2　北京银行总市值及股价走势

资料来源：Wind。

第三，上市公司大股东投资需要分散风险。在美国上市公司，大股东持股比例一般较低。截至2025年3月底，标准普尔500成分股第一大股东持股比例平均值及中位值分别为12.72%、11.71%。同期沪深300成分股第一大股东持股比例平均值及中位值分别为37.94%、36.01%。通过对比可以看出，A股大股东持股比例相对集中，远超美股。这种集中意味着大股东自身投资相对集中在上市公司股票上，而其他投资相对较少，大股东的"鸡蛋"都放在上市公司这一个篮子里。若上市公司发生重大风险时，大股东自身可能会受到极大影响。对大股东而言，也需要分散投资。

大股东调整上市公司持股比例除了可以降低大股东投资集中的风险外，还有一个好处，就是增加上市公司股票在市场上自由交易的数量，增强上市公司股票在二级市场的流动性，这有利于机构投资者建仓。只有在能够获得足够数量的股票时，机构投资者才会建仓，而市场上有更多的流通股票会使机构投资者更容易交易建仓。

规范大股东、实际控制人运作

在监管趋严、资金全面收紧的背景下，部分上市公司的大股东难以通过信用扩张转移风险，进而通过侵害上市公司利益"解决"自身困境，饮鸩止渴。大股东行为不当，一方面会拖垮上市公司生产经营，引发内部治理失序；另一方面会导致投资者利益受损，破坏资本市场健康秩序。

规范大股东、实际控制人运作是上市公司治理的重要一环，决定了上市公司的经营质量和规范运作水平。大股东要规范运作，尤其体现在股权质押、关联交易、资金占用及担保三方面。

第一，大股东需要控制其股权质押比例。

随着金融监管从严，资本市场也越来越关注上市公司股权结构的稳定性。大股东的股权质押占比在一定程度上反映着上市公司股权结构的稳定性和经营风险。

相比于出售股份，大股东通过股权质押可以在不出售所持上市公司股份的情况下融得资金，以进行投资、扩大业务或者满足其他财务需求，同时不削弱其在上市公司的控制权地位。股权质押具有程序便捷、资金到位快、期限灵活、融资规模可调整等优势，使用合理能够促进控股股东的经营发展，但过高的质押比例会给控股股东及上市公司的稳定性带来一定的风险。

过高的质押比例会加重股东的债务负担。当股票价格下跌至平仓线时，股东需要缴纳保证金或补仓，若无法缴纳保证金或补仓，质权人可能在二级市场上抛售被质押的股票，会引起股价继续大幅下跌、控股股东丧失上市公司控制权的风险，进而引发上市公司治理结构和生产经营变动的风险。

过高的股权质押比例也会影响投资者的信心。一方面，投资者可能怀疑大股东会把较多的精力和资源放到培养上市公司体外资产上，不关注上市公司的长远发展；另一方面，市场波动、股价进入下行周期时，高质押比例可能加剧投资者的恐慌情绪。

近年来，不少上市公司因大股东股权质押而对公司股价造成了较大的负面影响，监管机构已经出台了一系列措施，严格控制大股东股权质押比例。根据相关规定，国有上市公司股东股权质押比例不得超过50%。控股股东累计质押股份比例超过50%的，本次及后续每笔质押均需在一般披露要求外额外披露以下事项：新增累计融资额、融资用途、还款资金来源及资金偿付能力等，高比例质押对上市公司生产经营、公司治理、业绩补偿义务履行等的影响。质押比例超70%时，对上市公司银行授信审核会形成实质性障碍。质押比例超过80%的，要求进一步披露股东详细资信情况、高比例质押的原因及必要性、拟采取的风险防范措施、与上市公司资金往来、质押风险评估情况等信息。

上市公司及大股东要严格执行相关规定，管理好股权质押，确保不因大股东股权质押对上市公司股价及生产经营造成不利影响。

第二，大股东与上市公司关联交易定价要公允，不得通过不当交易侵害上市公司利益。

部分大股东通过关联交易，侵害上市公司利益。例如，某实际控制人在被立案调查期间，上市公司拟以30多倍增值率的价格，现金收购实际控制人持有的标的公司。标的公司成立时间较短，其资产质量和经营业绩真实性存疑，实际控制人做出的业绩承诺也未全部覆盖转让价款。再如，某上市公司拟以近27亿元的价格，现金收购控股股东旗下资产，方案公布后引起市场广泛关注，质疑标的资产估值过高、大股东短期套现动机明显。

上述交易对大股东来讲是"稳赚不赔"的，但此类交易对上市公司的危害十分明显。监管机构对大股东涉嫌高额套现的关联交易一直保持着从严监管的高压态势。上市公司及大股东应规范运作，严格避免类似交易的发生。

第三，大股东不得触犯资金占用和违规担保的监管红线。

在市场资金趋紧的环境下，部分大股东出现流动性危机后，通过资金占用、违规担保等侵占上市公司资源。此外，还有个别大股东以商业票据、虚构交易、购买理财等方式违规套取上市公司资金。

2024年修订的沪深交易所股票上市规则，新增了三种规范类强制退市情形，其中一种情形便是控股股东大额资金占用且不整改。上市公司被控股股东占用资金2亿元或净资产30%以上的，将被责令在6个月期限内改正。6个月未完成整改的，股票将被停牌2个月。停牌2个月仍未完成整改的，上市公司将被实施退市风险警示2个月。警示2个月仍未完成整改的，会被终止上市。按照上述新规，上市公司因资金占用事项，至快10个月便会被退市。

2024年11月，*ST中利（002309.SZ）、ST摩登（002656.SZ）、*ST红阳（000525.SZ）、*ST信通（600289.SH）4家上市公司未能在责令改正期限内完成对资金占用的整改，被交易所启动规范类退市程序，发布了股票停牌公告，停牌期限不超过两个月。

资金占用和违规担保对上市公司危害极大，往往表明上市公司的内部控制失效和公司治理失序，生产经营面临巨大风险隐患。相关风险一旦爆发，股价往往呈现断崖式下跌，投资者损失惨重。上市公司及大股东需要规范运作，不得触及资金占用和违规担保等监管红线。

第三节　提升经营效率：增加公司价值的重要手段

优化公司组织架构与业务流程

上市公司可以从以下两方面出发，优化公司组织架构与业务流程。

第一，上市公司构建扁平化组织架构。

上市公司减少管理层级、构建扁平化的组织架构，能够加快信息传递速度，提高决策效率。例如，将传统的多层级组织架构转变为以项目为核心的团队结构，团队成员直接与高层沟通，能够避免信息在层层传递过程中的失真和延误。这样在面对市场变化或客户需求时，公司就能够迅速做出反应，提升运营灵活性。

扁平化组织架构还可以促进员工之间的沟通与协作。例如，在互联网企业中，产品、开发、运营等部门的员工在扁平化架构下能够更紧密地合作，快速迭代产品，提高产品推向市场的速度和质量，从而提升经营效率，对公司盈利及市值产生积极影响。

农村商业银行苏农银行（603323.SH）与城商银行齐鲁银行（601665.SH）均实行高效的扁平化法人治理，保证运营机制敏捷灵活。苏农银行按照专业化与条线化发展、灵活性与精简性并存的原则，形成扁平化的组织架构体系，充分发挥体制机制灵活、决策链条短的优势，服务响应及时，业务处理高效，有效应对内外部的环境变化和挑战。齐鲁银行在总行层面搭建"大公司""大零售""大运营"的总体架构，组织架构扁平化，决策链条短，有利于提供灵活高效的服务，提高市场反应能力以及客户服务水平。

第二，上市公司对业务流程优化与再造。主要做法如下。

其一，定期对公司的核心业务流程进行全面梳理和优化，去除不必要的环节和手续。例如，提供贷款的金融企业通过对审批流程再造，利用大数据和人工智能技术实现自动化风险评估，将原来需要数天的审批流程缩短至数小时，大大提高了客户满意度和业务经营效率。

其二，建立流程监控和持续改进机制。要想在赛车比赛中获胜，需要定期进站，给赛车补充能量、燃料，调整引擎，并采取其他的维护和保养。这样才能够确保赛车在比赛中，变得更快、更强、更有竞争力。公司治理也应遵循同样的道理，通过定期评估业务流程的绩效指标，如流程周期时间、成本、质量等，及时发现问题并进行优化。以物流企业为例，通过对运输和配送流程的持续监控，可以发现并解决路线规划不合理、装卸效率低下等问题，不断提升经营效率，增强企业竞争力，推动经营绩效及市值的增长。

其三，全面审视企业现有的业务流程，从采购、生产、销售到售后服务，识别出其中烦琐、重复或效率低下的环节。例如，在生产流程中，可能存在过多的检验节点，导致生产周期延长；或者在销售流程中，合同审批环节过于复杂，影响订单成交速度。通过去除不必要的步骤、合并重复的任务、调整流程顺序，可以简化业务流程。

越来越多的上市公司通过引入先进的流程再造理念，如精益生产（Lean Production，LP）和业务流程再造（Business Process Reengineering，BPR），对现有流程进行优化。

精益生产中的"精"，即少而精，不投入多余的生产要素，只在适当的时间生产必要数量的市场需要的产品。"益"，即所有经营活动都要有益、有效，具有经济性。精益生产注重消除浪费，通过价值流分析，将生产过程中的等待时间、运输时间、库存积压等视为浪费并加以消除。

业务流程再造则是对企业的业务流程进行根本性的再思考和再设计，以显著提高绩效。业务流程再造致力于在企业中推广最佳实践，或从外部引入突破性思维，以降低成本，并在供应链中创造更多的能力和灵活性。企业通过协调各业务流程、IT 等支持系统，提高整个企业的运营透明度，确保可以衡量各项业务的进展并加快决策的过程，并保证所有活动的合规性。

中国定制家居业首个市值破千亿的上市企业欧派家居（603833.SH），向内求效益，实施精益生产和全链路业务流程再造两项措施，多维度降本增效。一是变革信息化管理模式，进一步规范集团内部信息化项目费用管理，对信息化项目类别、费用承担主体、摊销规则等进行明确，更好地发挥了有限资源的效用。二是推进流程和体系建设，一方面动态梳理决策权责清单，强化业务管控，进一步完善内部审批流程，堵住审批漏洞，通过流程改善实现人员和机构效率整体提升；另一方面，重点加强价格管理体系建设，支持营销价格策略制定，实现各类产品最优产品组合，使得终端让利更加精准和高效。

技术、设备升级与数字化转型

上市公司技术、设备升级与数字化转型具体做法如下。

第一，采用先进的生产技术与设备。

制造业上市公司引入自动化生产线、机器人技术和先进的制造工艺可以显著提高生产效率。例如，汽车制造企业采用工业机器人进行焊接、涂装等，不仅能提高生产速度，而且能保证产品质量的稳定性，降低次品率。同时，先进的生产技术还可以降低能源消耗和原材料浪费，从多个维度提升经营效率。

公司要注重技术的持续升级。定期评估行业内的新技术，并根据自身需求和经济实力进行引进和应用。例如，电子企业紧跟芯片制造技术的升级换代，及时更新生产设备，以提高芯片生产的集成度和良品率，满足市场对高性能电子产品的需求，通过提高生产效率提升企业在资本市场的价值。

第二，根据公司的行业特点和业务需求，引进适合的技术工具，实现流程自动化与信息化等。

企业资源规划（ERP）系统是整合企业内部资源的有效工具。它可以将企业的财务、采购、生产、销售、库存等各个环节的数据集成在一个平台上，实现信息共享和协同工作。通过 ERP 系统，企业可以实时掌握库存情况，优化生产计划，提高供应链管理的效率。

全球 PDF 电子文档领导厂商福昕软件（688095.SH）2024 年 7 月上线了 ERP 系统新核心模块，目标是打造一个完善的业务流程和电子商务体系，无论是授权管理还是订阅服务等流程均可在系统中完成，渠道合作伙伴和终端用户也能使用该系统来有效促进商务效率的提高。再如，聚星科技（920111.BJ）注重生产模式创新，致力于运用新兴的智能化信息系统提升生产的智能化、数字化水平，其ERP系统能够根据客户订单生成生产计划、物料需求计划，每日生产计划完成情况自动生成并上传至ERP系统，持续跟踪反馈生产计划执行情况，有效提升客户订单交付及时率。

在制造业，工业物联网（IIoT）技术可以实现设备之间的互联互通，通过传感器实时采集设备数据，进行远程监控和故障预警。例如，一家化工企业利用IIoT技术，将生产设备连接到云平台，管理人员可以通过手机随时查看设备运行状态，提前发现并解决设备故障，提高设备的利用率和生产的连续性。

使用数字化办公和管理软件等可以提高内部协作效率和客户服务质。在人力资源管理方面，使用人力资源管理系统（HRMS）可以实现员工招聘、培训、考勤、绩效评估等流程的自动化。软件服务企业通过客户关系管理（CRM）系统可以更好地跟踪客户需求和服务进度，提高客户满意度，同时利用项目管理软件优化项目开发流程，缩短项目交付周期，提升经营效率，为市值提升提供有力支撑。

第三，使用数据驱动决策。

数据驱动决策（Data-Driven Decision Making，DDDM），是企业通过对大量数据进行采集、分析和解读，在业务运营、市场策略等方面做出更为准确和高效的决策。与传统的经验决策不同，数据驱动决策依赖于实际的数据支持，减少了决策过程中可能存在的主观偏差。近年来，随着大数据、云计算、人工智能等技术的迅速发展，数据驱动决策模式正逐步替代传统决策方式。

企业要重视数据的收集、整理和分析，建立数据仓库和数据分析平台。企业可以收集内部运营数据，如销售数据、生产数据、财务数据等，同时也可以获取外部数据，如市场趋势数据、竞争对手数据等。通过数据分析技术，如数据挖掘、机器学习等，挖掘数据中的潜在价值，企业能够更加精准地把握市场需求，提升供应链管理效率，优化产品定价策略，最终带来利润的增长。

例如，通过分析销售数据，企业可以发现产品的销售旺季和淡季、不同地区的销售差异、客户的购买频率等信息，从而调整生产计划、优化库存管理和制定营销策略。在市场竞争日益激烈的环境下，数据驱动的决策能够使企业更加敏锐地把握市场变化，提高经营效率。

中国领先的电商平台京东（京东集团，9618.HK），以其高效的数据分析能力和强大的数据驱动决策模式，已从一家传统的零售公司转型为技术驱动的全球电商平台。京东通过对海量用户数据进行分析，可以实时掌握用户的购物行为、偏好及兴趣点，从而进行个性化推荐和精准营销。除了精准营销，京东在供应链管理方面的数据驱动决策也是其取得成功的关键之一，通过大数据分析，京东能够实时掌握不同地区的产品需求量，从而合理分配库存资源，降低库存积压和物流成本。

强化供应链管理

上市公司强化供应链管理，可以从以下三个方面出发。

第一，供应商管理优化。

上市公司要建立科学的供应商评估体系，从质量、价格、交货期、服务等多个维度对供应商进行评估和选择。与优质供应商建立长期稳定的合作关系，通过战略联盟、共同研发等方式，实现互利共赢。例如，汽车制造商与零部件供应商紧密合作，共同研发新技术、新材料，提高产品质量和性能。

上市公司要定期对供应商进行审核和管理，确保供应商持续符合公司的要求。同时，拓展供应商渠道，避免过度依赖单一供应商，降低供应风险。例如，一家电子企业在选择芯片供应商时，同时与多家供应商合作，当某一供应商出现产能不足或质量问题时，可以及时从其他供应商处获取芯片，保证生产的正常进行。

唐源电气（300789.SZ）是一家轨道交通运营维护解决方案提供商。唐源电气在供应链管理上不断整合与协同资源，推动数字化转型，加强风险管理与应对，并持续评估绩效以推动改进。为确保原材料供应和成本控制，公司采取多渠道采购、建立长期供应商关系、科学管理库存、制定风险管理策略、保持备用供应商和物料等措施，与供应商紧密合作、共同改进，从而提升供应链的效率和稳定性。

第二，优化库存与物流管理。

一方面，上市公司可以采用先进的库存管理方法，如经济订货量模型、ABC 分类法等，保持合理的库存水平，加快存货周转。公司应在科学预测产品需求的基础上，考虑实际生产需要、市场价格变化及市场供需情况变化等因素，优化订货策略，减少库存积压和缺货现象。通过优化采购、生产、销售环节的管理效率，实行区域集中管理、关注分销点数量对库存量的影响、关注滞销品的事前管理等。以零售企业为例，先进的库存管理系统使存货周转天数从原来的 60 天缩短到 45 天，意味着企业可以用相同的资金在单位时间内实现更多的销售，资产回报率随之提高，这会提升企业在投资者眼中的价值，推动市值增长。信息化程度较高的企业还可考虑实现"零库存"管理。

欧派家居就通过强化供应链管理实现了向内求效益、多维度降本增效，其 2024 年一项重要举措是启动供应链体系改革，对公司集成采购业务体系进行重构，以期实现供应链全链条业务环节端到端拉通、信息联动、全流程监控预警，打造优质供应链生态，实现供应链管理综合成本最优。同时，公司建立了供应链委外全流程规范管控流程，提升了公司库存管理水平。

另一方面，上市公司可以优化物流配送体系，选择合适的物流合作伙伴，提高配送效率，具体可以通过建立物流中心、优化配送路线等方式，降低物流成本。

随着业务规模的不断扩大，华康医疗（301235.SZ）传统的"人工＋机械"物流仓储方式已出现效率低、成本高、仓储物流供给不足、下游客户需求响应慢等问题，不能满足公司业务的需求。公司拟对仓储物流系统实施集中管理并提高自动化水平，提高公司医疗耗材仓储和物流配送能力，优化公司物流配送体系，提高医疗耗材供应链上下游的整体物流运作效率，提升库存周转率，降低仓储物流人力成本。

第三，合理利用供应链融资。

供应链中的核心企业，可以利用供应链金融产品，为自身的上下游提供金融支持，从而加快收款或延迟付款。供应链融资包括多种产品：①商业承兑汇票，与银行承兑汇票类似，但是由银行以外的付款人承兑；②保理，将应收账款转让给金融机构以获取融资；③资产支持证券，是一种债券性质的金融工具，可以将如应收账款等的金融化资产信托给受托机构，由受托机构发行，以该基础资产池所产生的现金流或剩余权益支付本息。

国药一致（000028.SZ）的部分客户是基层医疗机构，尤其是县域基层医疗，规模小，地域偏远，导致回款周期相对偏长，应收账款余额较大。公司开展应收账款保理融资，保理主要对象为二级或二级以上医院的应收账款，保理方式为无追索权的应收账款保理，即公司对发生保理业务的应收账款终止确认，视同应收账款已收款。2018年8月，国药一致发行应收账款资产支持专项计划进行融资，专项计划发行总额不超过8.84亿元。

全面预算管理

全面预算管理是公司通过对内外部环境的分析，在预测与决策的基础上，调配相应的资源，对公司未来一定时期的经营和财务等做出一系列具体计划。全面预算以战略目标为导向，既是决策的具体化，又是控制经营和财务活动的依据。

全面预算管理是保证公司经营效益的良好方式，公司要形成一套完整的、非常细致的预算管理流程。

全面预算按其涉及的预算期分为长期预算和短期预算。长期预算包括长期销售预算和资本预算，还包括长期资本筹措预算和研究与开发预算。短期预算是指年度预算，或者时间更短的季度、月度预算，如直接材料预算、现金预算等。公司需要高度重视年度预算，每个预算部门负责人都需要参加年度预算会议，并提交下一年的经营和资本预算。年度预算会议不能流于形式，公司管理层需要逐条审视预算细节。在年度预算通过后，各部门负责人就可以在预算方案框架内相对自主地做出经营决策，这样可以有效提高公司整体的经营效率。

全面预算按其涉及的业务活动领域分为投资预算、营业预算和财务预算。营业预算是关于采购、生产、销售业务的预算，包括销售预算、生产预算、成本预算等。财务预算是关于利润、现金和财务状况的预算，包括利润表预算、现金预算和资产负债表预算等。

上市公司实施全面预算管理应坚持四项基本原则：一是战略性，通过全面预算管理，有效落实公司发展战略和规划，促进资源优化配置，提升公司经营效益，推进战略目标的落地。二是全面性，实现公司预算在业务领域上全面覆盖，在管理层级上全面贯穿，在管理环节上全面控制，使全面预算成为全员参与、全方位管理、全过程控制的综合管理系统。三是协同性，注重公司内外部经营要素协同，业务计划与预算管理有机结合，实施集成的计划预算体系，促进分工协作、责任共担；注重公司上下协同，确保上下同欲、共谋发展。四是统筹性，以全面预算作为统筹安排公司各项经济活动的资源配置方案，对各层级、各环节经济活动和资金运作实施严格的管控和约束，各单位各类经济业务活动都应当服从于公司整体经营目标要求。

全面预算管理的第一步为精准预算编制。

企业全面预算的构成内容比较复杂，编制预算需要采用适当的方法。预算方法主要包括增量预算法与零基预算法、固定预算法与弹性预算法、定期预算法与滚动预算法，这些方法广泛应用于营业预算的编制。

上市公司应采用零基预算方法。与传统的增量预算不同，零基预算要求每个预算周期都从零开始，对所有的预算项目进行重新评估。例如，企业在编制销售费用预算时，不应基于上一年度的费用简单增加一定比例，而是应该根据下一年度的销售目标、市场推广计划、销售人员配置等实际情况，详细计算所需的广告费用、差旅费、业务招待费等。这种方法可以避免预算的浪费和不合理增长。

增量预算法在当预算期的情况发生变化时，预算数额会受到基期不合理因素的干扰，可能导致预算的不准确，不利于调动各部门达成预算目标的积极性。用零基预算法编制费用预算的优点是不受前期费用项目和费用水平的制约，能够调动各部门降低费用的积极性，其缺点是编制工作量大。

上市公司要引入滚动预算机制。将预算期与会计年度脱钩，采用逐期向后滚动的方式编制预算。例如，企业可以按季度滚动编制预算，每个季度末根据实际执行情况和最新市场动态，对下一个季度及后续季度的预算进行调整和更新。这样能够使预算更加贴近公司实际经营情况，及时反映市场变化和公司战略调整。

全面预算管理的第二步为严格预算执行与监控。

（1）建立预算执行跟踪系统，实时监控预算的执行情况。通过财务软件或专门的预算管理系统，将实际发生的费用和收入与预算指标进行对比分析。例如，当某项费用接近预算上限时，系统能够自动发出预警，提醒相关部门和人员注意控制费用支出。

（2）加强预算执行的考核和奖惩机制。将预算执行情况与部门绩效和员工薪酬挂钩，对严格执行预算、有效控制成本的部门和个人给予奖励，对预算执行不力的进行惩罚。例如，如果一个部门在预算范围内完成了项目并取得良好的业绩，可以给予一定比例的绩效奖金；反之，出现严重超支的情况，则相应扣减绩效分数和奖金。

提升财务运营效率

上市公司提升财务运营效率，可以从以下四方面出发。

第一，提升资金管理能力。

（1）资金筹集优化。上市公司要拓展多元化的筹资渠道，除了传统的银行贷款和股权融资外，还可以考虑债券发行、融资租赁、供应链金融等方式。上市公司要合理确定资金筹集规模和时间，根据资金需求计划和资金使用进度，精确计算筹资规模，避免资金闲置或过度筹资带来的高额利息负担。例如，在进行项目投资时，要准确评估项目各阶段的资金需求，按照项目进度分阶段筹资，而不是一次性筹集大量资金。资金筹集优化详见本章第七节。

（2）资金投放决策优化。运用投资决策方法，如净现值（NPV）、内部收益率（IRR）等，对投资项目进行评估。在投资过程中，要充分考虑项目的风险和收益，确保资金投向回报率高、风险可控的项目。例如，在考虑新生产线投资时，应通过计算 NPV 和 IRR 来评估项目的盈利能力，同时分析市场需求、竞争态势等风险因素，只有当项目预期收益大于成本且风险在可承受范围内时才进行投资。

第二，财务流程自动化与信息化。

（1）建立财务数据仓库和数据分析平台。将内部的财务数据和外部的相关数据（如行业数据、宏观经济数据等）整合到一个数据仓库中，利用数据分析工具（如数据挖掘、商业智能软件等）进行数据处理和分析。例如，通过数据挖掘技术，可以发现隐藏在财务数据中的成本驱动因素、利润增长点和风险预警信号。

（2）定制化财务分析报告。根据管理层和不同部门的需求，自动生成财务分析报告。这些报告可以包括财务指标分析、预算执行情况分析、成本效益分析等内容，并且以直观的图表和简洁的文字呈现。例如，为销售部门提供的财务分析报告可以重点分析销售收入、销售成本、销售利润率等指标的变化趋势和原因，帮助销售团队更好地制定营销策略。

第三，加强成本控制。

主要包括两个方面。一方面，成本核算精细化。上市公司可以采用作业成本法（ABC）进行成本核算。与传统的成本核算方法相比，ABC法能够更准确地分配间接成本。例如，在制造业中，这种方法可以将生产过程中的设备调试、质量检验等间接活动作为作业进行成本归集，然后根据产品消耗这些作业的情况分配间接成本。这样可以更精确地计算产品的成本，为成本控制提供更准确的依据。

中荣股份（301223.SZ）为纸制印刷包装解决方案供应商。公司人工和制造费用原分配方法为，当期人工和制造费用全部结转至当期完工产品成本中，在产品不分摊这些成本。2024年，公司借助升级的ERP信息系统，提高产品成本核算精细化程度和成本管理水平，变更存货核算方法，将当期发生的人工和制造费用在当期完工产品和在产品之间进行分摊。

上市公司还需要做到区分固定成本和变动成本。对于固定成本，如厂房租金、设备折旧等，可通过合理规划生产规模和资源利用来降低单位固定成本；对于变动成本，如原材料、直接人工等，需要通过与供应商谈判、优化生产流程等方式降低单位变动成本。例如，可以通过扩大生产规模来分摊厂房租金，降低产品的单位固定成本；通过集中采购原材料降低采购价格，降低单位变动成本。

另一方面，成本管理全员化。上市公司要培养全体员工的成本意识，通过开展成本培训、宣传成本控制理念等方式，让每一位员工都认识到成本控制的重要性。例如，在内部设立成本控制奖励制度，鼓励员工提出成本节约的建议和措施，对于能够有效降低成本的建议给予奖励。

上市公司需要建立跨部门的成本控制团队。这个团队包括财务、采购、生产、销售等部门的人员，共同制定成本控制策略和措施。例如，采购部门与生产部门合作，根据生产计划和库存情况制订合理的采购计划，避免原材料积压和浪费；财务部门与销售部门合作，根据产品成本和市场需求制定合理的价格策略，确保产品利润最大化。

市值高达 2 000 多亿美元的百事公司（PEPSICO, PEP.O）2014 年宣布，计划在 2015 ～ 2019 年的 5 年内节省 50 亿美元的成本。与 2011 年相比，公司 2015 年生产力成本削减程度已经翻了一番。2013 ～ 2015 年，公司节约了约 30 亿美元的成本。公司制定了智能支出政策以控制开支，并扩大了精益六西格玛培训规模和范围，以减少浪费和提高效率。2015 年公司培训的员工数量是 2010 年的 5 倍，同时将接受精益六西格玛培训的分／子公司从 3 个国家发展到 50 个国家。

第四，提高营运效率。

运营效率的提升可以使企业更好地利用资产，除了本节"强化供应链管理"介绍的采购、库存等方面的管理外，上市公司还可以从以下方面加强管理，以提高营运效率。

其一，销售环节，加强对应收账款和预收账款的有效管理可以缩短收款周期，提高资金回笼速度。

应收账款是客户对公司资金的占用，而预收账款是公司对客户资金的占用。应收账款一般由赊销产生，公司应对采用赊销方式的客户进行充分的资信调查和评估，以利用应收账款增强竞争力、扩大销售，最大限度地增加信用收益，为目标制定信用政策。可将应收账款账期、周转率和销售回款率等指标纳入绩效考核，建立催收机制和回款问责机制，以及合理利用供应链融资产品，争取提前收回现金。

2024 年 4 月，国药一致被问道：在医保付款上有压力的情况下，公司会采取哪些举措来提高现金流？国药一致回复：现金流对公司至关重要，公司也非常重视这块工作。一方面抓好两金管理，包括应收和存货规模的管理、结构的管理等；另一方面，公司开展两降一减工作，核心依然围绕两金做，抓应收账款的回款、上游供应链的融资等。

其二，合理利用固定资产及在建项目。加强固定资产的日常管理工作，通过分析、审核和衡量设施的性能；利用公司积累的行业知识，确保固定资产合理有效利用，使其处于良好的运行状态；提高设备的满负荷运转和高效调度指标，在不增加资产投入的情况下增加产出，加强其研发、生产和进入市场的能力。加快长期在建项目验收，加快闲置资产处置，尽快变现回收资金，优化资产管理，改善资产质量。

合理利用固定资产不意味不投资，公司要重视长期增长，扩大投资规模，以确保在市场中保持竞争优势。

有效的业绩评价

上市公司需要对财务业绩与非财务业绩进行评价，不能出现轻非财务业绩评价、重财务业绩评价的情形。

其一，作为一种传统的评价方法，财务业绩评价是根据财务信息来评价公司业绩的，常见的评价指标包括净利润、经济增加值（EVA）等。

财务业绩可以反映公司的综合经营成果，也容易获取相应数据，操作简便、易于理解，被广泛使用。但财务业绩评价也有不足之处。首先，财务业绩体现的是公司当期的财务成果，反映的是短期业绩，无法反映管理者在公司长期业绩改善方面所做的努力。其次，财务业绩是一种结果导向，只注重最终的财务结果，对达成该结果的过程则考虑较少。最后，财务指标属于滞后性指标，对于指导和评价公司如何通过投资于客户、供应商、员工、生产程序、技术和创新等来创造未来价值的计量是不够的。

其二，非财务业绩评价是根据非财务信息指标来评价公司业绩的。比如，与顾客相关的指标：市场份额、关键客户订货量、客户满意度、客户忠诚度等；与内部营运相关的指标：及时送货率、存货周转率、产品或服务质量（缺陷率）、周转时间等；反映员工学习与成长的指标：员工满意度、员工建议次数、员工拥有并熟练使用电脑比例、员工第二专长人数、员工流动率等。

非财务业绩评价可以避免财务业绩评价只侧重过去、相对短视的不足，更能体现长远业绩和外部对公司的整体评价。但一些关键的非财务业绩指标往往比较主观，数据的收集比较困难，评价指标数据的可靠性有时难以保证。

为了将公司上述财务指标与非财务指标相结合，将公司业绩评价与发展战略相结合，哈佛商学院两位教授卡普兰（Robert S. Kap-lan）和诺顿（David P. Norton）提出了一套全面了解公司经营状况的指标体系，即平衡计分卡。平衡计分卡是在传统财务指标的基础上增加非财务指标，从财务、客户、内部业务流程、学习与成长四个绩效指标维度评估公司经营绩效的方法。

其一，财务维度。公司经营目标一般是价值最大化，价值的计量离不开财务指标。该维度指标通常包括投资报酬率、权益净利率、经济增加值、息税前利润、自由现金流量、资产负债率、总资产周转率等。

其二，客户维度。销售是公司利润的来源，客户应成为公司关注的焦点，公司应当从质量、服务效率以及成本等方面了解客户。该维度指标通常包括市场份额、客户满意度、客户获得率、客户保持率、客户获利率、战略客户数量等。

其三，内部业务流程维度。前文提到，公司想要维持持续竞争力，需要以流畅的内部业务流程为前提。公司应当挑选出对公司经营有最大影响的业务流程，并把它们转化成具体的指标。该维度指标通常包括交货及时率、生产负荷率、产品合格率等。

其四，学习与成长维度。公司只有持续不断地进行产品创新、过程创新和提高生产水平，才能打入新市场，为客户创造更多价值，才能在激烈的市场竞争中获胜，从而增加公司及股东价值。公司的学习与成长来自员工、信息系统和同行业竞争者等。根据经营环境和利润增长点，该维度指标通常包括新产品开发周期、员工满意度、员工保持率、员工生产率、培训计划完成率等。

第四节　资本配置能力：影响上市公司长期价值

什么是资本配置能力

资本配置是指公司的每一笔钱，如何在多种可能的用途中进行分配，包括对现有业务的再投资、收购新业务、回购股票和支付股息等。从资本配置的角度来看，本书后文所提到的再融资、并购、回购、分红等都是上市公司提升资本配置能力的具体体现。

资本配置决定着如何配置公司的资源，从而为股东赚取最大的收益。理想的资本配置方案就是能够确保每一块钱都发挥其最大价值。

资本配置是企业对于非限制性收益（是指确保公司正常运营、折旧补贴、确保经济地位之外的利润）的处理方式，而限制性收益需要用于再投资以保持企业的经济地位。如果限制性收益被派发，企业将失去多个方面的优势，比如保持其单位销售量的能力、长期竞争地位、财务实力。所以，在进行资本配置时，一个关键的前提就是合理区分限制性收益和非限制性收益，然后再对非限制性收益的处理方式做出合理安排。

从"股票是企业所有权的凭证"的角度看，股东（投资者）本身就是公司的所有者。因此，公司的自由现金流（花不完的钱），本来就应该分给股东。股东可以拿这笔钱去投资其他的产品，从而获取收益。如果选择不分给股东，那么只有一种情况是可以接受的，那就是公司留着这笔钱进行投资（主营业务或其他）可以帮股东获得更为满意的收益，在这样的情况下，股东也愿意把钱交给公司处理。简单一点来说，如果公司选择不分红，实质等同于股东将红利委托给公司进行资产配置，以获取高于股东自己直接投资所能获得的收益。

引用巴菲特的原话："管理层和股东应该深思熟虑地决定何时保留盈余利润，何时做利润的分配。只有每一美元都能够为股东创造大于一美元的市场价值（内在价值），非受限盈余才应该被保留，这也是资本配置的核心原则。"

巴菲特在其 1984 年的致股东信中写道："企业可能会经常向股东提供分红政策，但很少解释其逻辑。一家企业可能会写'本公司的目标是，支付 40% ～ 50% 的收益，并以至少等同于 CPI（消费者价格指数）涨幅的速度增加分红。'但也仅此而已，该企业不会提供为什么这个政策是对企业股东最有利的分析或内容。然而，资本的分配对企业和投资管理至关重要。正因为如此，我们认为企业管理者和股东们都应该认真思考，在什么情况下应该保留收益，而在什么情况下应该分配收益。"

综上，优秀的公司管理层需要做好两件事：一是高效管理运营活动；二是合理配置从运营活动中产生的现金流。资本配置的本质是投资，公司管理层就是投资人，管理层"资本配置"和"资金管理"的技能和日常经营管理的技能几乎是同等重要的。做好第一点的管理层只能是合格的管理层，能做好第二点的管理层才是优秀的管理层。在本书第一章、第一节的"自由现金流与投入资本回报率直接影响市值"部分介绍了 ROIC 这一指标也是考验管理层公司资本配置能力的重要指标，即管理层是否具备能够将资本持续投入到可以创建高回报率且能不断夯实公司护城河的领域，这考验了管理层的战略眼光和资本配置能力。

境外优秀上市公司普遍重视资本配置能力

历史证明，优秀的上市公司普遍重视资本配置能力，真正了不起的 CEO 也都是资本配置高手。比如伯克希尔 – 哈撒韦公司的沃伦·巴菲特、亚马逊的杰夫·贝佐斯、特利丹公司的亨利·辛格尔顿、可口可乐公司的前首席执行官郭思达等，而他们的致股东信也都基本涵盖了资本配置这一重要话题。

资本配置的核心负责人，是企业的一把手。反过来，企业一把手最重要的工作之一，就是资本配置。但大部分的企业一把手做的是远远不够的，主要是缺乏认知和经验两方面的积累，迷失于貌似紧急却非战略的日常运营当中。巴菲特说："一旦他们成为 CEO，他们就要面对新的责任。他们必须做资本配置的决定，但他们并没有这方面的积累，而资本配置的能力也难于掌握和娴熟。"

1999 年 7 月，汤姆·泰富罗斯（Tom Tryforos）加入汽车信用承贷公司的董事会，作为董事会成员，他做出的第一个改变，就是制定了最低资本回报率要求。他所传达的信息很明确：如果我们赚的钱不能超过资本成本，我们就需要把这些资本还给股东。

亨利·辛格尔顿于 1960 年创办了特利丹公司，执掌特利丹公司将近 30 年的时间，在此期间，特利丹每股账面价值和股票价格年复合增长率都超过 22%。

在特利丹公司，辛格尔顿自己制定公司所有资本配置的重大决策，投资决策高度集权。在公司管理上采用去中心化的经营模式，公司只有非常少的雇员，尽可能地减少经营公司与高层管理之间的中间层级。

在资本配置上，辛格尔顿将特利丹公司的资本集中于选择性收购和大规模股票回购，与其他企业的资本配置战略迥异。他以非常低的价格买进那些市盈率较低，并且盈利性强、持续成长的企业，而买入这些公司靠的是特利丹公司高市盈率的股票。当市场标的越来越贵，特利丹公司股价明显被低估的时候，辛格尔顿停止外部收购，开始大规模回购特利丹股票，最终买回了 90% 以上的特利丹流通股股票。他执掌下的特利丹公司股票发行平均市盈率超过了 25 倍，而回购股票的平均市盈率低于 8 倍，基于此，辛格尔顿被称为股票回购界的迈克尔·乔丹。

在辛格尔顿的掌舵下，特利丹在 20 世纪七八十年代的大部分时间里都是纽交所股票价格最高的公司，同时为特利丹股东带来了高达 20.4% 的年复合收益率，几乎是标普 500 指数的 13 倍，其业绩举世瞩目。

目前 A 股的上市公司中，能做到合理配置现金流，或者说具备资本配置意识和优秀的资本配置能力的还比较少。部分上市公司，管理层不仅不愿意给股东分红，而且对自由现金流的处理也很草率，有的盲目扩张业务，消耗资本，但收益效果往往难以评估；有的全部投入银行理财以获得利息，虽然安全，但收益率实在有限，牺牲了股东的潜在回报率。

这也就是前述易方达基金报告中所认为的：作为投资者，需要仔细评估管理层回报股东的能力和意愿。

如何提升资本配置能力

资本配置行为正确与否，会严重影响企业的内在价值，因此提升企业和管理层的资本配置能力也就成了直接提升上市公司价值的最重要抓手。

对于公司管理层来说最重要的是要做好企业经营。其次，管理层应当本着股东利益最大化的原则，去正确认识企业的内在价值。最后，当公司市场价格大幅低于或高于内在价值时，管理者应该具备分别进行合理资本配置的能力。

资本配置可以从以下三个层次进行思考。

第一，非限制性收益应当以什么方式进行资本配置，是通过分红返还给投资者，还是留在公司？

企业如果拥有很多账面资金，在没有比较好的投资方向，同时企业自身的内在价值因为各种原因难以被大致准确估算的时候，最稳妥的资本配置方式就是直接分红，反之，则可以留在公司进行资本配置。

以两家公司为例，第一家是某电信运营商，这家公司有着清晰可见的未来，不再需要投入大量的资本。管理层判断没有更好的投资方向，就实施加大分红力度、股票增持等一系列政策。公司股价从 2021 年开始有了很好的表现。

第二家是某石油开发商，这家公司有着很强的成本控制能力，并且在前几年判断出未来石油价格还会保持在较高位置运行，这时候公司投入资本能够带来极高的 ROI。对比分析桶油成本和油价，若投入资本开支完全战胜了股权成本，这个资本配置行为就是有经济意义的。这家公司选择不加大分红力度，股价同样表现非常好。

第二，如果非限制性收益留在公司，应当基于什么样的原则进行配置？

其一，非限制性收益用于回购，还是投资、并购，公司内在价值与市场价值的关系是重要的考量因素。

回购实质上是一种公司投资自身股票的行为，如果公司的市场价值明显被低估，那么回购公司股票是一个不错的选择，而如果公司市场价值基本合理反映了其内在价值或存在较高溢价时，回购注销就是毁灭公司内在价值的选择，此时并购优质且低估值的资产或者投资回报率更好的项目将是更好的选择。

其二，机会成本原则。

管理层需要具备在多个备选项目里面甄别出投资风险收益最好的项目，并且进行资本配置的能力。这里面要注意一个关键词：机会成本。

价值投资者把生意大致分为三种：第一种是不需要动用很多资本进行再投资，依然可以带来很高的收益率；第二种是如果需要实现增长，需要很多的再投资，收益率也不错；第三种是收入增长虽然迅速，但需要巨大投资来维持，过后又赚不到多少，甚至可能没钱赚。

价值投资者强调的是，如果一元钱的投入没能产生大于一元钱的内在价值，那么最后的成长是毁灭价值的。前文提到过的 ROIC 指标，是机会成本筛选中一个非常不错的工具和一项重要的判断指标。

第三，对于大型集团公司，如何在企业内部进行有效的资本配置？

对那些拥有众多子公司的大型集团公司而言，管理层还面临一个挑战，那就是，要将资本在集团下属不同子公司之间进行重新分配。

如果子公司的增长不需要通过加大资本开支实现，就可以选择分红到母公司，通过母公司调配到其他的项目上，从而减少外部银行利息支出，实现资源内部优化，实现集团整体利益最大化和股东利益最大化。

○伯克希尔－哈撒韦公司 2012 年致股东信节选

伯克希尔的一部分股东（包括我的一些好朋友）希望伯克希尔支付现金分红。令他们不解的是，我们对从伯克希尔拥有的大多数股票中获得的分红津津乐道，但自己却从不支付分红。因此，让我们来研究一下什么时候分红对股东有意义，什么时候没有意义。一家盈利的公司可以通过各种方式分配其收益（这些方式相互之间并不矛盾）。在这种情况下，一个公司的管理层应该首先研究其当前业务提供的再投资可能性——提高效率、扩大商业版图、延伸和改进产品线，或以其他方式扩大公司与竞争对手之间的经济护城河。我要求伯克希尔子公司的经理们，永远都要首先关注扩大护城河的机会，而他们的确也找到了许多创造经济效益的机会。但有时我们的管理者会犯错误，而导致失败的常见原因是，他们先选定了想要的结果，然后倒过来寻找支持性的理由。当然，这个过程是下意识的，这就是它的危险之处。尽管过去的确发生过类似的失误，伯克希尔对现有资金处置的首要任务永远是研究它们是否能在我们的各项业务中得到更合理的部署。伯克希尔在这方面具备得天独厚的优势，因为我们的业务涉及众多经济领域，我们的选择范围远比大多数企业广泛。在决定做什么的时候，我们可以优中选优，而不是矮子里拔将军。即使在进行了大量现有业务投资后，伯克希尔依然能产生大量的富余现金。因此，我们的下一步就是寻找与我们现有业务无关的收购项目。我们的检验标准很简单：我和查理是否认为，完成的某一笔交易能够让我们的股东在现有基础上变得更加富有。另外的资金使用方式（回购）对于一家公司来说，在公司的股票以明显低于其内在价值的方式出售时，是有意义的。事实上，严格遵守标准的回购是使用资金最明智的方式。当你能以 80 美分或更低的价格购买 1 美元时，是很难出错的。但千万不要忘记：在回购决策中，价格是最重要的。当回购的价格高于内在价值时，就是在毁灭价值。

第五节　现金分红：直接提升投资者获得感

上市公司股利分配方式及股利政策类型

有华尔街教父美誉的本杰明·格雷厄姆曾说："分红回报是公司成长

中最为可靠的部分。"市场越来越青睐能够带来稳定现金收入的确定性资产。

A股上市公司股利支付主要有两种方式。一种是现金股利，即用现金支付的股利。作为股东投资回报的重要组成部分，现金股利是上市公司将利润分配给股东的直接体现，是股利支付的主要方式。

另一种是股票股利，是上市公司以增发股票的形式支付股利，不涉及公司的现金流量。股票股利不直接增加股东的财富，不会带来公司资产的流出或负债的增加，但会引起所有者权益各项目结构发生变化。发放股票股利后，公司股数增加，会降低每股收益和每股股价（假设市盈率不变）。但由于股东所持股份数量增加及比例不变，每位股东所持有股票的市值保持不变。

上市公司在实施利润分配方案时，有时会同时实施资本公积转增股本的方案。股东可以按照所持有股份的比例获得相应的资本公积转增股本的股份，与股票股利一样，也属于公司所有者权益项目之间的调整，不会增加股东持有股份的价值。

A股上市公司在实施利润分配方案时，可以是单独发放现金股利或股票股利，也可以现金股利与股票股利组合实施，或者同时实施资本公积转增股本。

由于股票股利与资本公积转增股本的上述特性，下文仅分析现金股利。

现金股利分配与公司的资本结构相关，而资本结构又由上市公司投资所需资金决定，因此现金股利政策受到投资机会及资本成本的双重影响。现金股利分配的核心问题是如何平衡股利支付与未来增长之间的关系，以便实现公司价值最大化。

A股上市公司主要采用以下四类现金股利政策。

第一类股利政策是剩余股利政策，是上市公司根据目标资本结构，测算出投资所需的权益资本后，将剩余的盈余作为股利分配给股东。例如，海峡股份（002320.SZ）的现金股利政策就为剩余股利政策。

剩余股利政策的执行分为三步。第一步，上市公司设定目标资本结构，确定权益资本与债务资本的比率，在此资本结构下，加权平均资本成本将达到最低水平。第二步，上市公司根据目标资本结构确定投资所需的权益资本金额，最大限度地使用保留盈余来满足投资所需的权益资本金额。第三步，投资所需权益资本已经满足后若有剩余盈余，上市公司将盈余作为现金股利发放给股东。

第二类股利政策是固定股利或稳定增长股利政策，是上市公司将每年派发的股利固定在某一特定水平，或维持某一固定增长率，从而实现逐年稳定增长。其中，固定股利政策在较长的时期内保持不变，只有当公司认为未来盈余会显著且不可逆转地增长时，才会提高股利发放额。例如，科翔股份（300903.SZ）现金股利政策为稳定增长股利政策。

固定股利或稳定增长股利政策，可以消除投资者内心的不确定性，增强投资者对公司的信心；有利于投资者安排股利收入和支出，特别是对那些对股利有很高依赖性的股东来说，更是如此。但该股利政策下的股利支付与上市公司盈余脱节，上市公司不能像剩余股利政策那样保持较低的资本成本；当盈余较低时仍需支付固定或稳定增长的股利，可能导致上市公司资金短缺，财务状况恶化。

固定股利或稳定增长股利政策适用于成熟的、盈利充分且获利能力稳定的、扩张需求减少的公司。处于稳定增长期的公司可采用稳定增长股利政策，处于成熟期的公司可采用固定股利政策。

第三类股利政策是固定股利支付率政策，是上市公司确定一个股利占净利润的比率，长期按此比率支付股利。例如，科拓生物（300858.SZ）、海容冷链（603187.SH）的现金股利政策为固定股利支付率政策。

固定股利支付率政策能使股利与公司盈余紧密地配合，体现多盈多分、少盈少分、无盈不分的原则。但若公司各年的股利变动较大，则容易造成公司经营不稳定的表象，对稳定上市公司股票价格不利。

第四类股利政策是低正常股利加额外股利政策，是上市公司每年只支付固定的、数额较低的股利，在盈余较多的年份，再根据经营情况发放额外股利。但额外股利并不固定化，不意味着公司提高了规定的股利支付率。例如，恩捷股份（002812.SZ）、濮阳惠成（300481.SZ）现金股利政策为低正常股利加额外股利政策。

采用低正常股利加额外股利政策的上市公司的财务灵活性较大。当公司盈余较少或投资需用较多资金时，可维持设定较低但正常的股利，而当盈余有较大幅度增加时，则可适度提高股利。

上述四类股利政策各有所长，上市公司在分配股利时应借鉴基本决策思想，制定适合自己实际情况的股利政策。

上市公司股利分配的基本程序是：公司董事会制定股利分配方案，提交股东大会审议，股东大会审议通过后生效，生效后两个月内完成股利派发。

股利支付过程中的四个重要时间节点如下。

其一，股利宣告日，即董事会将股东大会通过利润分配方案的情况以及股利支付情况予以公告的日期。公告中将宣布每股派发股利、股权登记日、除息日、股利支付日以及派发对象等事项。

其二，股权登记日，即有权领取本期股利的股东，其资格登记的截止日期。只有在股权登记日登记在册的股东才有资格领取本期股利，在股权登记日之后登记在册的股东，即使是在股利支付日之前买入股票，也无权领取本期分配的股利。

其三，股利支付日，是公司向股东正式发放股利的日期。

其四，除息日，也称除权日，与股利支付日是同一日，是指股利所有权与股票本身分离的日期，将股票中含有的股利分配权利予以解除，即在除息日当日及以后买入的股票不再享有本次股利分配的权利。

以南京证券（601990.SH）2023年度利润分配为例，介绍上述重要时间节点。南京证券于2024年4月25日召开董事会，审议通过《公司2023年度利润分配预案》，并公告了《2023年度利润分配方案公告》。利润分配预案确定了每股派发现金红利0.08元，具体日期将在权益分派实施公告中明确。2024 年 6 月 22 日，南京证券召开 2023 年度股东大会，审议通过了《公司 2023 年度利润分配方案》。2024 年 8 月 13 日，南京证券公告《2023 年度权益分派实施公告》，确定了如下具体实施日期，具体参见表 2-2。

表 2-2　南京证券 2023 年度权益分派实施日期

股权登记日	除权（息）日	现金红利发放日
2024 年 8 月 19 日	2024 年 8 月 20 日	2024 年 8 月 20 日

上市公司股利政策的影响因素

在本小节，我们把现金股利更多的作为一种价值创造策略，而不是作为价值经营战略进行分析。

采取何种股利政策虽然是由上市公司决定的，但决策过程中会受到诸多主观与客观因素的影响，上市公司股利分配是在下列三项因素的制约下进行的。

第一，为了保证上市公司长期稳定发展，监管对公司的股利分配做出如下限制：

其一，公司不能用股东投入发放股利，股利的支付不能减少法定资本，包括股本和资本公积。

其二，公司不能任意支付股利，税后利润必须先提取法定公积金，只有当提取的法定公积金达到注册资本的 50% 时，才可以不再提取，鼓励提取任意公积金。提取法定公积金后的剩余利润才可以用于支付股利。

其三，公司以前年度亏损必须足额弥补，累计净利润为正数时才可以发放股利。

其四，基于对债权人利益的保护，如果一个公司已经无力偿还负债，或股利支付会导致其失去偿债能力，则不能支付股利。公司的债务合同，特别是长期债务合同，可能有限制公司现金支付程度的条款，这使上市公司只能采取低股利政策。

第二，上市公司的经营情况和经营能力会影响公司的股利政策。

公司能否获得长期稳定的盈余，是股利决策的重要基础。收益稳定的公司面临的经营风险和财务风险较小，筹资能力较强，这些都是股利支付能力的保障，这样的公司具备较高的股利支付能力。例如，一些消费行业的上市公司具有稳定的销售收入和持续盈利能力，适用高分红方式提高投资者回报。一些银行和非银金融公司经营业绩稳健，资产质量较好，分红意愿较强。

较多地支付现金股利会减少公司的现金持有量，使公司的流动性降低，满足财务应付义务的能力随之减弱。公司保持一定的流动性，不仅是公司经营所必需的，也是在实施股利分配方案时需要权衡的。

具有较强举债能力的公司能够及时地筹措到所需的现金，有可能采取高股利政策；而举债能力弱的公司需要多保留盈余，往往采取低股利政策。

有投资机会的公司，需要有强大的资金支持，往往少发放股利，将大部分盈余用于投资。缺乏良好投资机会的公司，因为保留大量现金会造成资金的闲置，所以其倾向于支付较高的股利。正因为如此，处于成长中的公司多采取低股利政策，处于经营稳定或收缩中的公司多采取高股利政策。例如，部分煤炭、石油石化等资源型上市公司，拥有宝贵的自然资源，行业进入壁垒高，具有持续高额利润和稳定现金流，一般处于稳定期或衰退期，适用高分红方式提高投资者回报。

例如，我国最大的生猪养殖与育种企业之一的牧原股份（002714.SZ），2021年前一直处于产能快速扩张阶段，资本开支较大，公司按可供分配利润的20%左右进行现金分红。2021年后，公司从快速发展期进入稳定发展期，资本开支也有一定幅度的减少。为确保股东的长期投资回报，现金分红成为公司的首选方案。公司希望做到股东回报稳定、可预期、可持续，同时与公司的发展阶段相适应。2025年3月，公司董事会审议通过了《2024年度利润分配方案》，拟现金红利30.83亿元，2024年现金分红总额将达到 75.88 亿元，加上 2024 年度股份回购金额 10 亿元，公司 2024 年度现金分红和股份回购总额高达 85.88 万元，占公司年度净利润的 45.38%。

与发行新股相比，保留盈余无筹资费用，是一种比较经济的筹资方式。所以，从资本成本考虑，如果公司有扩大生产的资金需要，应当采取低股利政策。

具有较高债务偿还需求的公司，可以通过借新还旧、发行新股等方式筹集资金以偿还债务，也可以用经营积累偿还债务。如果公司认为后者适当的话，比如前者资本成本高较或受其他限制难以进入资本市场，将会减少股利的支付。

第三，公司的股利政策最终是由股东大会决定的，股东的要求不可忽视。股东从自身利益需求出发，会对公司的股利分配产生以下影响。

一方面，上市公司分红能够提高其股票对部分投资者的吸引力。一些股东买入上市公司股票的原因，是上市公司对股息（即持续收益）的隐含承诺。这些股东收入的主要来源是股利，往往要求上市公司支付稳定的股利，他们认为，上市公司通过保留盈余带动股价上涨而获得资本利得的操作是有风险的。若公司留存较多的利润，就会剥夺这些股东的利益，将受到这些股东的反对。相反，一些边际税率较高的股东出于避税的考虑，往往会反对公司发放较多的股利。

另一方面，公司支付较高的股利，会减少留存盈余，加大将来发新股的可能性，而发新股可能稀释大股东的控制权。因此，若大股东拿不出资金认购新股，宁可不分配股利或分配较少股利。

现金股利是检验上市公司经营业绩的试金石

在上市公司内部，股票的内在价值理论上就是未来现金股利的贴现，股利贴现模型（DDM）更能体现股票的内在价值，现金股利是股票内在价值的基础。

现金分红不仅是对股东的回报，也是公司良好现金流和盈利能力的一种体现。持续稳定的现金分红，需要上市公司稳健的经营业绩支撑，通常表明公司具有良好的盈利能力和健康的财务状况，有利于向市场传递积极信号，提振投资者信心，吸引投资者持股。

中国神华（601088.SH）是上市公司持续分红的优秀案例。2007年上市以来连续17年进行现金分红，累计现金分红超4 160亿元。2013年公司规定每年以现金方式分配的利润占归母净利润的比例不低于35%。在未来经营现金流较好的预期下，公司加大对投资者的回报，2017年派发特别股息499.23亿元，自此中国神华的股价一路攀升。2020年，公司又将2019～2021年度现金分红比例提高至50%。近10年来中国神华市值不断增长，截至2024年9月30日，其收盘价达43.63元，长期收益率超500%。中国神华总市值及股价走势详见图2-3。

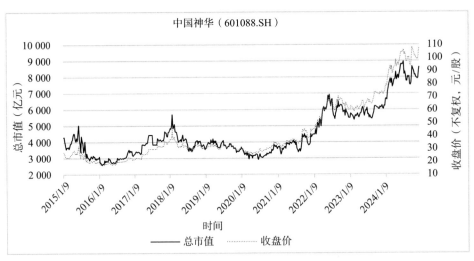

图 2-3　中国神华总市值及股价走势图

资料来源：Wind。

在上市公司外部，相当长的一段时间内，A股上市公司现金分红率不高，甚至部分上市公司多年未现金分红；投资者对现金分红也不是很关心，导致现金分红对上市公司市值的影响不够明显。但随着 A 股市场的日渐成熟，机构投资者占比逐步提升，并开始掌握市值话语权，长期投资和价值投资理念逐渐主导资本市场的长期发展趋势。高股息分红、经营业绩稳健、抗风险能力较好的标的蓝筹股，越来越多受到机构投资者追捧，正成为机构投资者理想的配置对象。

国内最大的电力上市公司之一长江电力（600900.SH），在 2015 年资产注入时，承诺长达 10 年的现金股利分配方案，"十四五"期间又承诺每年分红比例不低于当年净利润的 70%。2024 年，在用电需求增加叠加资金追捧高股息资产的背景下，公司机构调研数量及持股基金数量扎堆，仅 7 月就有近 100 家机构参与调研；公司也成为成分股中唯一一只持股基金数量超 500 只的个股，截至二季度末超过 700 只基金持有公司股份，其中华夏上证 50ETF 等 7 只基金持股市值超 10 亿元；华泰柏瑞沪深 300ETF 等 9 只基金二季度增持公司股份超 1 000 万股。2024 年 10 月电力股价处于相对高位，公司后复权股价自上市以来累计涨幅近 17 倍。公司近 10 年总市值及股价走势详见图 2-4。

图 2-4 长江电力总市值及股价走势图

资料来源：Wind。

近年来，A 股上市公司的分红规模和数量逐年提升，分红体量较大，但持续性和连续增长性有待提高。如何在公司发展、投资者回报、现金股利政策上做均衡抉择，已经成了优秀上市公司市值管理规划必不可少的内容。

上市公司实施现金分红的政策要求

上市公司现金分红监管原则分为两派。一派以美国等成熟资本市场为代表，认为现金分红属于公司经营事项，应当以市场化思路来考虑公司分红问题，监管部门不能过多干预公司分红这类经营问题。例如，美国采取"事前股利分配标准＋事后中小股东救济"现金分红制度，事前股利分配标准是设置一定的财务标准用以判断公司现金分红在财务上是否可行，如果可行，公司可以自主决策是否分红。为避免因为不分红损害中小股东利益，赋予中小股东诉讼救济等权利。

另一派以巴西等非成熟资本市场为代表，认为应当规定硬性的分红比例，符合条件的上市公司必须进行分红，这样才能改善证券市场的投资环境，吸引更多的资本参与上市公司投资。例如，巴西公司法直接设置了强制分红条款，以解决其市场长期存在的控制人掠夺公司和小股东利益受损问题。

A 股现金分红为上市公司自主经营决策事项，监管导向以市场化为原则，以政策鼓励为主，没有设置过多的硬性要求，仅以增加信息披露的方式引导上市公司分红行为，同时发挥声誉约束机制的作用，约束和引导上市公司的现金分红行为。一方面，鼓励上市公司在条件允许的情况下增加现金分红比例，便利现金分红条件，对于不分红、少分红的上市公司则通过信息披露予以规制。另一方面，对于大比例分红，特别是可能涉嫌违规大比例分红的，重点关注公司持续经营能力，进而限制大股东通过现金分红形式来"掏空"上市公司。

2023 年 12 月，中国证监会及交易所分别修改了上市公司现金分红制度，形成了以《上市公司监管指引第 3 号——上市公司现金分红》（简称《现金分红指引》)、沪深交易所《股票上市规则》(2023 年 8 月)为主的上市公司现金分红监管格局。2024 年 4 月，国务院出台新"国九条"，新"国九条"提出要强化上市公司现金分红监管，对多年未分红或分红比例偏低的公司，限制大股东减持、实施风险警示，多措并举推动提高股息率、推动一年多次分红、预分红、春节前分红。这些文件提出了以下导向性的要求。

第一，鼓励增加现金分红频次。《现金分红指引》明确鼓励上市公司实行现金分红，提高分红水平，并对不分红的公司加强披露要求等制度约束。鼓励上市公司在符合利润分配的条件下增加现金分红频次，形成中期分红习惯，稳定投资者分红预期。

第二，简化中期分红程序，允许上市公司在年度股东大会上审议批准下一年中期现金分红条件和上限，以提升分红频次。目前已有上市公司在审议年度利润分配方案时，同步审议提请股东大会授权董事会进行中期分红的议案。

第三，明确信息披露要求。上市公司应在年度报告中详细披露现金分红政策的制定及执行情况，并对相关事项进行专项说明，确保分红信息的真实性。

第四，对违规的上市公司采取监管措施及风险警示。

中国证监会将对未按规定制定明确股东回报规划、未履行必要决策程序、未详细披露现金分红政策等情形的上市公司采取监管措施。

最近一个会计年度净利润及未分配利润为正值的公司，其最近三个会计年度累计现金分红总额低于年均净利润的 30%，且累计分红金额低于 5 000 万元，将被实施其他风险警示（ST 风险警示）。上市公司回购股份并注销的，纳入现金分红总额；公司将最近一个会计年度未分配利润全部分配后，仍出现分红不达标情形的，不会被实施 ST 风险警示。

分红不达标实施其他风险警示（ST），而不是退市风险警示（*ST），主要是为了提示投资者关注公司的风险，如仅因此原因被实施 ST 风险警示，不会导致退市。

第五，分红不达标的上市公司，限制大股东减持。上市公司最近三个年度报告的会计年度未实施现金分红或者累计现金分红金额低于同期年均净利润的 30% 的，上市公司控股股东、实际控制人不得披露减持计划，不得通过交易所集中竞价交易、大宗交易方式减持股份，但净利润为负的会计年度不计算在内。

第六，现金分红是再融资审核的重点关注事项，现金分红不达标会对上市公司再融资产生影响。

第七，加强对超出能力分红情形的约束。上市公司若存在最近一个会计年度被出具非无保留意见或带有与持续经营相关的重大不确定性段落的无保留意见的审计报告，且实施现金分红的；或报告期末资产负债率超过 80% 且当期经营活动产生的现金流量净额为负，现金分红金额超过当期净利润 50% 等情形，需要根据公司盈利能力、融资能力及其成本、偿债能力及现金流等情况披露现金分红方案的合理性，是否导致公司营运资金不足或者影响公司正常生产经营。

监管部门可通过上市公司以往披露的财务数据情况，以及本次披露的具体内容，进一步问询并判断是否有超过能力分红、损害持续经营能力的情形。

第八，通过现金分红方式给予投资者回报直接影响上市公司信息披露工作质量的评价。每年上市公司年度报告披露后，交易所会对上市公司投资者关系管理情况进行评价，重点关注方面之一为是否积极通过现金分红、股份回购等多种途径，提高投资者回报水平，该方面为信息披露工作计分标准中的加分项。

上市公司实施现金分红的注意事项

根据沪深交易所《上市公司自律监管指南》，上市公司确定股权登记日后，在股权登记日前 5 个交易日向中国证券登记结算有限责任公司（简称"中国结算"）申请权益分派事项，收到中国结算出具的确认书后，在股权登记日前 3 ~ 5 个交易日内披露权益分派实施方案，并于股权登记日 3 点半后在交易所业务专区填报除权除息数据。

上市公司应当按照法律法规和公司章程的规定，健全利润分配制度，积极回报股东。

上市公司应当综合考虑所处行业特点、发展阶段、自身经营模式、盈利水平以及是否有重大资金支出安排等因素，合理确定利润分配政策，保持政策的一致性、合理性和稳定性。

上市公司应当结合未分配利润、当期业绩等因素确定分红频次，在具备条件的情况下增加分红频次。实施中期分红的，在最近一期经审计的未分配利润基准上，合理考虑当期利润情况，稳定股东预期。

上市公司在制定现金分红具体方案时，董事会应当认真研究和论证公司现金分红的时机、条件和最低比例、调整条件及其决策程序要求等事宜。

监事会对董事会执行现金分红政策和股东回报规划以及是否履行相应决策程序和信息披露等情况进行监督。监事会发现上市公司存在未严格执行现金分红政策和股东回报规划、未严格履行相应决策程序或未能真实、准确、完整进行相应信息披露的，应当发表明确意见，并督促公司及时改正。

独立董事认为现金分红具体方案可能损害上市公司或者中小股东权益的，有权发表独立意见。董事会对独立董事的意见未采纳或者未完全采纳的，应当在董事会决议中记载独立董事的意见及未采纳的具体理由并披露。

上市公司应做好现金分红投资者沟通工作。股东大会对现金分红具体方案进行审议前，上市公司应通过多种渠道主动与股东特别是中小股东进行沟通，充分听取中小股东的意见和诉求，及时答复中小股东关心的问题。监管鼓励上市公司在年度报告披露后15个交易日内举行年度报告业绩说明会，对公司分红情况等投资者关心的内容进行说明。上市公司当年现金分红水平未达相关规定，需要说明原因的，公司应当按照有关规定召开投资者说明会。

为提高上市公司现金分红的透明度，上市公司应在年度报告、半年度报告中分别披露利润分配预案，在报告期实施的利润分配方案执行情况的基础上，还要求上市公司在年度报告、半年度报告以及季度报告中分别披露现金分红政策在本报告期的执行情况。同时，要求上市公司以列表方式明确披露前三年现金分红的数额与净利润的比率。如果本报告期内盈利但公司年度报告中未提出现金利润分配预案，应详细说明未分红的原因、未用于分红的资金留存公司的用途。

第六节　股份回购：提高股东投资回报的长期工具

什么是股份回购

股份回购（Share Repurchase）是上市公司利用自有资金或外部融资，以一定的价格从二级市场回购本公司发行在外的普通股，以达到合理配置公司资金、提高股东投资回报、优化公司资本结构、稳定公司股价、提升公司投资价值等目的。

股份回购有利于建立健全投资者回报机制，有利于上市公司的长远发展，是资本市场的一项基础性制度安排。

上市公司直接回报股东的方式通常有发放现金股利和股份回购两种。这两种都是公司将现金资产从公司层面转移到股东手中的方式，理论上投资者手中的资产总额保持不变，这两种方式都能提升股东手中每股现金含量的流动性，都是公司实现价值的途径。

股份回购较发放现金股利更具有灵活性，为上市公司提供了更多的财务和战略灵活性。发放现金股利通常会使股东对上市公司未来股利政策形成预期，这就要求公司有稳定的现金流。而股份回购是偶尔发生的，回购金额根据上市公司未来资金盈余测算，上市公司在股份回购方式下能够相对自由地选择回购的金额、数量、时间等，具有很大的财务灵活性。同时，相较向全体股东发放的现金股利，股东可以选择是否参加股份回购，股份回购为股东提供了一个实现收益的选择权。

股份回购作为提高股东投资回报的长期工具，有两层意思。第一层意思，其是上市公司直接回报投资者的手段。第二层意思，其实际是上市公司以购买自身股份的方式投资"自己"。上市公司投资"自己"除了本身就是在向资本市场宣示自身价值外，也是上市公司在其他投资机会和投资"自己"之间进行选择和配置之后的结果。投资"自己"是把握最大的投资，由公司掌控。其他资本支出活动需要跟回购股票的收益进行比较，这是一道最低的门槛。

上市公司进行股份回购的动因

上市公司进行股份回购的动因主要与其资本结构以及股利政策相关。

其一，基于信息不对称假设，上市公司股份回购是一项重要的积极信号，往往体现了公司对于盈利能力增长和盈利质量改善的信心，可以提振投资者对于公司后续发展的信心和预期，有助于维护公司价值。

其二，上市公司股份回购会影响股票供给，积极买入可以避免非理性波动，提供对股价的支持，尤其是在市场波动较大或公司股价下跌时可以减缓或遏制股价的下跌，保护投资者利益。

其三，上市公司自由现金流较为充裕时，除了保持业绩增长所需资金外，通过股份回购将现金返还给股东，合理安排公司资金，可以提高上市公司现金使用效率。2021～2023年度，沪深300指数成分股净资产收益率平均值为14.20%，中位值为12.18%，而目前持有现金的收益一般不到3%，持有现金收益率远低于上市公司净资产收益率。将现金返还给股东还可以降低管理层代理成本，减少委托代理风险。

其四，上市公司股份回购可以减少发行在外的流通股数量，在当期利润不变的情况下，将提升每股收益、净资产收益率等财务指标，从而提升上市公司股票的价格。回购后的库存股不参与利润分配，在分红总额不变的前提下，股份回购将提升每股股利。美股股份回购是股票收益的重要组成部分。

假设，公司股本10 000万股，每年盈利1亿元，PE倍数20倍，则公司市值为 20 亿元，股价为 50 元 / 股，股票的盈利收益率为 5%。若公司以市价回购 1 亿元的股票。回购后，仍持有股票的股东持股比例将增加 4.17%，即拥有公司净资本增加 4.17%。回购后，每股收益和净资产收益率增加，在其他条件不变的情况下，回购将使公司的每股收益增加 5.26%。

其五，股份回购将降低公司的净资产，提高公司的财务杠杆率，进而产生杠杆效应。对于财务杠杆率较低的公司，还可以通过债务融资方式回购股份，既能够优化公司资本结构，降低未来权益融资成本，有利于公司通过持续融资进行股本扩张；还能够利用融资利息费用带来的税盾效应实现公司价值的提升。

上市公司在实施股份回购的过程中，应加强与投资者之间的沟通，准确传达回购目的和预期效果，增强投资者信心，促进股价的稳定和长期增长。

成熟资本市场的股份回购

在 20 世纪 70 年代之前，进行股份回购的上市公司数量不多，且市场对股份回购效果持消极态度。当时普遍认为，股份回购表示上市公司缺乏内部投资机会，会被市场解读为上市公司虚弱的标志。股票回购领域的先驱者，特利丹公司时任 CEO 亨利·辛格尔顿对这一观点置之不理。随着公司可支配现金余额的增加和合适收购对象的缺乏，自 1972 ～ 1984 年 12 年间，特利丹公司以极低的市盈率开展了 8 次要约回购，回购了公司 90% 的流通股。在此期间，公司收入和盈利规模持续增长，叠加股票回购，公司每股盈余增长了 40 倍。查理·芒格对此回购评价说："从未有人如此积极地回购股票。"

美国市场股份回购也逐步形成了两种基本方法。

一种方法是，公司拨出一笔相对小比例的过剩资金，在几个季度内逐步从二级市场回购公司股票。这种方法谨慎、保守，如果没有意外的话，会对公司股票的长远价值产生有限的影响。这种持重、有序的回购被称为"麦秆吸管"（Straw）。

另一种方法便是由辛格尔顿首创，仅在股票价格低的时候进行大规模回购，通常在短时间内完成，且一般通过要约回购，有时会通过借债杠杆回购。这种集中、频率更低的回购被称为"胶皮吸管"（Suction hose）。

20世纪90年代，回购变得普遍起来。在美国等成熟资本市场，股份回购已成为上市公司回报股东的主要方式之一，也是一种常见的公司理财行为，回购规模大，运作模式成熟，主要表现在以下几个方面：一方面，美股上市公司回购规模已超过分红规模的一半，并且越来越多的上市公司倾向于股份回购。2014年至2023年10年间，标普500指数成分股累计回购金额为28 389.10亿美元，累计分红金额为47 299.09亿美元，回购金额已超过分红规模的一半。

另一方面，美股上市公司持续回购股票或助推市场指数持续攀升。以标普500指数为例，从2014年以来的季度回购规模来看，标普500成分股的回购规模与指数走势具有一定同步性，除2020年初疫情期间外，其他时间总体呈同步上升趋势，2022年一季度回购规模创历史新高，标普500指数也升至阶段性高点。

前文提到的美国高科技公司苹果公司非常注重使用回购工具进行市值管理，自2012年开始推出股份回购计划，持续通过减少市场上的流通股数，提高每股收益和净资产收益率。2018年税改政策后苹果公司开始大幅增加股份回购力度，2017年回购金额为321亿美元，2018年达到721亿美元，这一举动提振了投资者信心，苹果公司市值2018年8月首次突破了万亿美元。在积极的股份回购策略的推动下，苹果公司的平均ROE呈现出显著的上升趋势，苹果公司2023财年平均ROE超过170%，相较于2018年的49%有了显著的提升。苹果公司股份回购金额等指标及总市值、股价走势详见表2-3、图2-5。

表 2-3　苹果公司股份回购金额、现金分红金额等指标

年度	股份回购金额 （亿美元）	现金分红金额 （亿美元）	平均 ROE（%）	基本每股收益 （美元/股）
2014 年度	—	111.25	33.61	6.49
2015 年度	382.73	115.98	46.25	9.28

（续）

年度	股份回购金额 （亿美元）	现金分红金额 （亿美元）	平均 ROE（%）	基本每股收益 （美元/股）
2016 年度	336.59	121.16	36.90	8.35
2017 年度	321.01	127.64	36.87	9.27
2018 年度	721.36	137.75	49.36	12.01
2019 年度	757.13	138.86	55.92	11.97
2020 年度	770.76	139.15	73.69	3.31
2021 年度	802.45	143.59	147.44	5.67
2022 年度	896.59	146.68	175.46	6.15
2023 年度	781.80	148.99	171.95	6.16

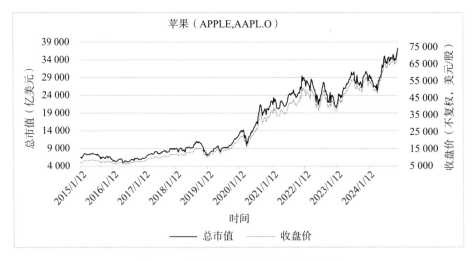

图 2-5　苹果公司总市值及股价走势

资料来源：Wind。

美股上市公司会利用宽松货币环境举债回购，为投资者创造惊人的投资回报。

全球最大的连锁快餐企业麦当劳（MCD.N）2023 财年净利润高达 84.69 亿美元，ROE 却为 −179.93%，ROE 为负值不是因为公司经营亏损，而且公司过去支付股息和回购股票的金额远超净利润，甚至 2016 年达到当年净利润的 3 倍，2014 ～ 2023 财年，麦当劳自由现金流为 484 亿美元，而回购和支付股息现金支出达到 798 亿美元，说明麦当劳在现金流充沛的基础上举债回购股份。

标普 500 成分股公司中有不少公司与麦当劳公司一样，是"资不抵债"的。这些公司的自由现金流创造力非常强，公司运用创造出来的自由现金流去回购股份，从而使得公司净资产为负值。

这些"资不抵债"的公司，融资性负债率大多还有大幅度提升的空间，这些公司可以将更多的自由现金通过回购股份或者分红的方式返还给股东，显著提升了股东回报，如果经营有现金需求，可以通过负债融资来支撑。

从公司能否创造自由现金流和现金增加值的视角，这些自由现金流创造力强且资不抵债的公司，实则是在创造正的经济增加值、创造正的现金增加值，并将自由现金通过分红或回购股份的方式及时返还给股东。

与美国等成熟市场相比，A 股上市公司对于股份回购的运用还不够成熟。市场有时将股份回购视为一种短期刺激股价的手段，期望其能迅速产生效果，这种认知与成熟市场的股份回购实践存在显著差异。同时，A 股股份回购的规模和频率相对较小，但增长速度较快。

一方面，A 股公司回购规模远低于美股。2014 年至 2023 年 10 年间，A 股公司回购总额为 5 707.64 亿元，远低于美股。标普 500 指数成分股仅 2023 年回购金额就高达 6 942.99 亿美元，其中，回购金额最高的苹果公司的回购金额就达到了 781.80 亿美元。

另一方面，A 股回购规模远低于分红。2014 年至 2023 年 10 年间，与回购总额 5 707.64 亿元相比，A 股公司分红总额高达 103 760.77 亿元。

上市公司实施股份回购的政策要求

2022 年证监会公布《上市公司股份回购规则》，对回购相关规则进行了整合。2023 年 12 月证监会修订发布《上市公司股份回购规则》，本次修订主要体现了尽可能提高回购便利度及进一步健全回购约束机制的监管理念，具体如下。

第一，尽可能提高回购便利度。

这一内容主要包括三个方面的要求。其一，放宽"为维护公司价值及股东权益所必需"回购的条件，将触发条件之一"连续20个交易日内公司股票收盘价格跌幅累计达到30%"调整为"累计达到20%"，降低触发门槛。

其二，增设一项"为维护公司价值及股东权益所必需"回购的条件，将"股票收盘价格低于最近一年最高收盘价格50%"作为触发条件之一，增加回购便利。

其三，取消禁止回购窗口期的规定，解决上市公司受制于窗口期无法回购的现实问题，减少回购区间限制，同时加强回购交易监控机制，加大事中事后监管力度，依法严厉查处内幕交易、操纵市场等违法行为。

第二，进一步健全回购约束机制。

这一内容包括三个方面的要求。其一，鼓励上市公司形成回购机制性安排，增加"鼓励上市公司在章程或其他治理文件中完善股份回购机制，明确股份回购的触发条件、回购流程等具体安排"的规定。

其二，明确为维护公司价值及股东权益所必需回购情形下的董事会义务，在触及相关条件时，"董事会应当及时了解是否存在对股价可能产生较大影响的重大事件和其他因素，通过多种渠道主动与股东特别是中小股东进行沟通和交流，充分听取股东关于公司是否应实施股份回购的意见和诉求。"

其三，严防"忽悠式回购"，增加"证券交易所可以按照业务规则采取自律监管措施或者予以纪律处分"的规定。

上市公司并非在任何情形下都可以实施股份回购，股份回购主要需要满足下列要求：公司最近一年无重大违法行为；回购股份后，上市公司具备持续经营能力和债务履行能力；回购股份后，上市公司的股权分布原则上应当符合上市条件等。

公司在减少公司注册资本、将股份用于员工持股计划或股权激励、将股份用于转换上市公司发行的可转债、为维护公司价值及股东权益所必需四种情形下可以回购本公司股份。

其中，第四种情形，即"为维护公司价值及股东权益所必需"，也称为上市公司"护盘式回购"。自 2023 年以来我国 A 股上市公司股价趋于价值回归，实施"护盘式回购"的上市公司逐渐增多。上市公司在实施"护盘式回购"情形下，除满足基本规范性条件外，还需要符合稳定公司股价之迫切需要，需要符合以下情形之一：公司股票收盘价格低于最近一期每股净资产；连续 20 个交易日内公司股票收盘价格跌幅累计达到 20%；公司股票收盘价格低于最近一年股票最高收盘价格的 50%；中国证监会规定的其他条件。

上述护盘式回购条件仅为触发条件，不代表触发后上市公司一定要实施回购。

"护盘式回购"的股份，上市公司应当在披露回购结果公告后 3 年内转让或者注销。上市公司未在回购方案中明确披露用于出售的，已回购股份不得出售；上市公司在回购方案中明确披露用于出售的，可以在披露回购结果公告 12 个月后采用集中竞价交易方式出售。

上市公司实施股份回购的操作细节

上市公司可以采用集中竞价交易方式或要约方式回购股份，因为要约方式需要按照《上市公司收购管理办法》关于要约收购的规定执行，目前 A 股公司回购均为集中竞价交易方式。美股部分公司采用要约回购方式，例如前文提到的特利丹公司在 1972 年至 1984 年期间开展的 8 次回购均为要约回购。

上市公司实施回购方案前，应当开立回购专用账户，该账户仅可用于存放已回购的股份。

上市公司回购的股份自过户至回购专用账户之日起即失去其权利，不享有股东大会表决权以及利润分配、公积金转增股本、认购新股、可转换公司债券等权利，不得质押和出借。

　　实施股份回购的第一步为回购提议人向董事会提议回购股份。上市公司股份回购提议人为享有提案权的提议人，包括董事会、监事会以及单独或者合并持有公司 3% 以上股份的股东。上市公司在收到提议人关于提议回购股份的函后，需要及时发布提示性公告。

　　上市公司触及实施"护盘式回购"情形的，提议人应自相关事实发生之日起 10 个交易日内向上市公司董事会提出，上市公司收到符合规定的回购股份提议后，应当尽快召开董事会审议，并将回购股份提议与董事会决议同时公告。

　　上市公司因"减少公司注册资本"情形回购股份的，应当由董事会依法做出决议，并提交股东大会审议，经出席会议的股东所持表决权的 2/3 以上通过，股东大会应当对回购股份方案披露的事项逐项进行表决；因除前述情形外的其他情形回购股份的，可以依照公司章程的规定或者股东大会的授权，经 2/3 以上董事出席的董事会会议决议。

　　信息披露方面，上市公司应当在董事会做出回购股份决议后两个交易日内，至少披露董事会决议和回购股份方案。回购股份方案须经股东大会决议的，应当及时发布召开股东大会的通知。

　　上市公司实施"护盘式回购"，回购期限自董事会或者股东大会审议通过最终回购股份方案之日起不超过 3 个月；因除"护盘式回购"情形外的其他三种情形回购股份的，回购期限自董事会或者股东大会审议通过最终回购股份方案之日起不超过 12 个月。上市公司回购期间，应当及时披露回购进展情况公告，并在定期报告中披露回购进展情况。

　　上市公司应当合理安排回购规模和回购资金，确保回购方案切实可执行。上市公司在回购股份方案中应明确拟回购股份数量或者资金总额的上下限，且上限不得超出下限的一倍。

　　上市公司可以使用自有资金，发行优先股、债券募集的资金，发行普通股取得的超募资金、募投项目结余资金和已依法变更为永久补充流动资金的募集资金，金融机构借款以及其他合法资金回购股份。部分上市公司在实施股份回购过程中存在"未按照回购股份报告书约定实施回购"的违规风险，包括未完成回购计划、回购股份金额低于约定回购资金总额下限、回购股份未按规定及时注销等情形。

虽然中国证监会取消了禁止回购窗口期的规定，但上市公司因实施"护盘式回购"而产生的回购股份采用集中竞价交易方式进行出售时，依然存在禁止窗口期交易的规定。

上市公司在回购期内发生派发红利、送红股、公积金转增股本等除权除息事项的，应对回购方案进行相应调整并及时披露。

第七节　合理开展上市公司再融资，助力价值创造

具备再融资能力，审慎使用再融资手段

再融资是上市公司在现金创造和管理的基础上，为满足资产配置需要，扩充公司资本来源或运用财务杠杆的过程，基本方式包括债权融资和股权融资。

其中：股权融资方式主要包括向特定对象发行、配股（详见本节之"股权工具：配股"）、公开增发、可转换公司债券（股债混合融资工具，详见本节之"混合工具：可转债"）、优先股等；债权融资渠道主要为内部贷款、银行贷款、发行债券（详见本节之"债权工具：公司债券"和"债权工具：非金融企业债务融资工具"）等。

融资功能是上市公司这一平台所具有的重要的资源配置功能，因此上市公司需要具备和持续保持再融资的能力。

再融资影响公司规模和业绩增长速度，通过再融资获得外部资金支持是公司资产规模和经营业绩快速增长的一个重要途径。优秀公司在资产规模、营业额、经营利润等财务指标增长的同时，往往都伴随着外部财务资源的有效支持。

再融资要匹配公司的发展战略规划，一方面融资金额要能够保证上市公司的发展需求，另一方面融资效率也至关重要，要争取在尽量短的时间

内完成再融资。

需要注意的是，硬币的两面性也同样体现在再融资上。在进行再融资时，不论采用股权融资方式还是债权融资方式都会产生融资成本，特别是股权融资还会稀释原股东持股比例。如果募集资金投资回报不佳，还会降低公司整体投资资本回报率，影响资本市场对上市公司的估值，因此上市公司在具备融资能力的同时也需要审慎启动再融资。

第一，股权是一种"珍贵"的资源，上市公司需要审慎使用股权融资方式。成熟市场中的公司对股权融资的真实成本有更好的理解，很少采用股权融资的方式进行融资。但是由于 A 股部分上市公司长期不发放现金股利或股利发放水平较低，使得公司股权融资"账面成本"显得较低，表现为股权融资成本小于债券及银行等债权融资成本，导致 A 股上市公司再融资具有强烈的"股权偏好"，从市值管理角度，这是一种不珍惜股权的行为。具体体现在以下三个方面。

其一，理论上，股东承担的风险高于债权人，股票发行费用高于其他证券，股利是以税后利润支付的，不具备利息费用那样抵扣所得税的作用，因此股权资本成本一般要高于债权资本成本。

但受限于会计准则，股权资本成本在财务报表净利润等指标中未体现。部分公司考虑到这一点，在评估业务部门和投资机会时，不仅依靠收入或账面利润等指标，而且会引入一个新的管理财务指标——税后净营业利润，即净利润减去为创造该利润所使用的股权资本的平均成本（债务成本已体现在净利润指标中）。这种评估方法会让公司剥离一些业务或终止新的投资机会，这些业务和投资机会的税后净营业利润低于其他业务，或财务盈利性低于资本成本。

其二，引入外部股东会降低原有股东的持股比例及控制权，并且如果是采取股权融资方式，会在一定期间内稀释公司每股收益等指标。股价＝每股收益 ×PE 倍数，许多公司寄希望于通过提高 PE 倍数来提高股价，而忽视了每股收益对股价的影响。虽然每股收益会因为外部市场波动和经济周期而变化，但一般认为，多年期的每股收益复合年均增长率（CAGR）

是衡量公司盈利能力的最佳方式，是成熟市场中投资者非常关注的一个财务指标。成熟市场的上市公司会谨慎开展股权融资，同时配合股份回购等方式，提高每股收益，以满足投资者对公司的要求。

其三，成熟证券市场中的投资者一般也都把上市公司进行股权融资视为公司经营不好的迹象，上市公司在公布股权再融资方案后往往市场表现不佳。

第二，上市公司也需要谨慎使用债权融资。债权融资到期需要还本付息，增加公司财务支出与压力。若杠杆水平过高，超过最优资本结构，会增加公司的财务风险，抬高公司融资成本。若债权资本的期限结构短于项目产生收益的建设期，意味着公司采取了较为激进的融资策略，会提高公司财务风险，对公司价值也会带来负面影响。

谨慎使用债权融资不意味不能使用债权融资。合理使用财务杠杆，可以显著提高公司价值。通过债权而非股权融资，筹集公司经营发展所需资金，可以减少上文提到的股权融资给公司价值带来的"损害"。更为重要的是，股权融资支付的成本，例如现金分红，均为上市公司税后利润，无法抵扣所得税。而债权融资支付的成本、利息支出，可以抵扣应纳税所得额，降低所得税。

第三，上市公司需要审慎使用再融资手段，还体现在上市公司要尽量避免过度依赖外部资本注入。

其一，上市公司要注重资本效率与 ROIC 的提升。资本效率与 ROIC 是衡量公司是否能够将资源投入到最具增值潜力领域的重要指标。如果上市公司能在不额外投入资本的情况下实现业绩增长，说明其内部资本配置效率较高，表明公司能够以较少的资本获得较高的利润。高的资本效率与 ROIC 能够吸引投资者长期持有公司股票。

其二，上市公司要提高抗经济周期性波动的能力。不过度依赖外部资本的公司往往具有较强的抗周期性波动的能力。在经济衰退或信贷紧缩时，这些公司可以依靠自身稳健的现金流而非外部融资，降低对外部环境的敏感性。

合理实施再融资的考虑因素

上市公司再融资投资方向需要与公司发展战略方向一致，围绕公司战略开展，要对公司发展战略形成有效的资金支撑，满足公司不同发展阶段的资金需求。

再融资投资项目的收益率是上市公司再融资考虑的重要因素。上市公司再融资投资项目收益率要高于公司融资成本，否则将损害公司价值。上市公司要具备"容资能力"，融入资金要能提升公司资本回报率，进而提升公司价值。公司要能够有效消化融入的资金，也要谨慎选择资本支出的用途，选择那些能够完善和提升公司核心竞争力的投资，使之与公司的核心能力相匹配。如果不能，盲目融资反而会降低公司资金运用的效率，降低投资回报率，损害公司市值。

如何获取充足且成本较低的资金，是公司进行再融资时需要关注的问题。不同的融资策略会对公司的资本结构和资本成本产生不同影响，进而影响公司价值。

股权资本成本是股东对其所提供资本的期望回报，还表现在股本增加对股权的摊薄、公司分配股利潜在义务的增加，以及股本变化后可能出现的公司治理结构等变化导致的公司经营风险。股权资本成本受无风险利率、市场风险溢价和风险系数等因素的影响。其中，无风险利率和市场风险溢价主要受外部宏观经济因素影响，而风险系数反映公司对系统性风险的敏感程度，主要由公司所处行业、发展阶段、经营规模、资本结构等因素决定。

股权资本是公司存续和债务扩张的基础，既是外部法律法规和监管的要求，也是公司内部最优资本结构管理和外部债权人的要求。股权资本的增加可以提升公司的资信水平，增强公司债权融资的能力。

债权融资效率高，不同次融资间不存在间隔时间要求。债权资本要求的回报低于股权资本要求的回报，不引入外部股东，不会降低原有股东的持股比例及控制权。

上市公司应结合目标资本结构，根据股权、债权资本成本及其对加权平均资本成本的影响，考虑公司所处的发展阶段、融资需求、市场环境、公司估值、投资者要求等，合理安排融资主体和融资方式，确定融资规模和方案。

再融资过程中，上市公司可参考"股权融资—债务扩张—投资扩产—股权融资"的循环进行再融资。

股权工具：定向增发

上市公司向特定对象发行股份，也称定向增发，是向符合条件的少数投资者非公开发行股份的行为，每次发行对象不超过 35 名。

定向增发可根据定价方式分成两种类型：第一类，询价发行项目，定价基准日为发行期首日；第二类，定价发行项目，定价基准日主要为董事会决议公告日，也可以选择股东大会决议公告日或者发行期首日。

定向增发发行价格不低于定价基准日前 20 个交易日公司股票均价的 80%，即定向增发发行折扣率不得低于八折，这被视为定向增发市场的温度计。

董事会召开时未确定全部发行对象的，只能选择询价发行；董事会召开时已确定全部发行对象的，且发行对象符合下文 18 个月锁定期的，可以选择询价发行或竞价发行。2023 年询价发行的项目占全年定向发行项目总数的 70%，定价发行占 30%。

除用于具体募投项目外，询价发行项目募集资金不超过 30% 的部分可用于补充流动资金或偿还贷款；定价发行项目募集资金可 100% 用于补充流动资金或偿还贷款，允许补流或还贷的金额上限要符合窗口指导的计算原则。

1. 定向增发的优势

第一，定向增发无财务门槛，仅规定消极条件，为股权融资中发行条件最低的融资品种。存在下列情形之一的，不得定向增发：擅自改变前次募集资金用途未做纠正；最近 1 年审计报告出具否定、无法表示意见，或出具保留意见且保留意见对上市公司的重大不利影响尚未消除；现任董监高最近 3 年受到证监会行政处罚，或最近 1 年受到交易所公开谴责；上市公司或现任董监高因涉嫌犯罪正被立案侦查或涉嫌违法违规正被证监会立案调查；控股股东、实际控制人或上市公司最近 3 年存在严重损害上市公司或者投资者合法权益的重大违法行为。

第二，定向增发在发行对象选择与条款设计等方面有一定的灵活性。公开发行股权融资工具仅能对老股东设置优先配售条款，定向增发在发行对象选择与条款设计等方面有一定的灵活性。

就定价发行而言，上市公司可以自由双向选择发行对象，发行对象只需符合战略投资的要求即可。就询价发行而言，虽然发行对象由询价结果确定，但上市公司可通过一定的条款设计实现差异化的目的。例如，大股东持股比例较低的上市公司进行询价发行，出于反收购的考虑，可以对发行对象认购数量上限进行规定，明确单个投资者认购股票数量的上限，以维持原大股东的控股地位。

定向增发是上市公司根据发展战略引入机构投资者、优化股东结构的优选方式。上市公司可以根据自己所处的发展阶段和现状，选择有理念、有资金、有技术、有市场的战略投资者，获得与上市公司在上下游业务协同、资源整合方面的战略支持，赋能上市公司，助力上市公司进一步发展壮大。

由于定向增发的上述优势，A 股再融资市场目前仍以定向增发为主，可转债次之，配股、优先股和公开发行等股权融资数量较少。

2. 定向增发的劣势

第一，定向增发募集资金规模及频次受限。定向增发拟发行的股份数量不得超过发行前公司总股本的 30%。定向增发与前次再融资需要距离 18 个月，前次再融资包括首发、增发、配股、定向增发。

第二，定向增发发行价格为准市价发行。对于询价发行而言，投资者在决策参与定向增发时，无法确定发行价格。投资者还可能面临一个两难的局面：如果市场看好本次定向增发，上市公司股价将大幅上涨，投资者要面临以高价参与认购的压力；如果本次定向增发不被市场看好，虽然股价没有上涨，但投资者会犹豫是否参与本次定向增发。

第三，定向增发有锁定期。定向增发的股份自发行结束之日起 6 个月内不得转让；若发行对象属于下列情形，自发行结束之日起 18 个月内不得转让：上市公司的控股股东、实际控制人或者其控制的关联人；通过认购本次发行的股票取得上市公司实际控制权的投资者；战略投资者。对于定价发行而言，要承担 18 个月的锁定期，可能对投资者的投资意向造成较大的打击。

第四，定向增发存在发行难度。由于上述第二点及第三点劣势，且定向增发属于非公开发行，需要上市公司自行寻找投资者，定向增发受市场环境影响较大，在市场情绪悲观的情况下，发行往往有一定的难度。上市公司需要选择在市场环境较好的时期推行定向增发。

一般的定向增发程序是，交易所自受理之日起 2 个月（不包含回复问询函时间）内形成审核意见并报送中国证监会，中国证监会在 15 个工作日内做出予以注册或不予注册的决定。为了进一步提高定向增发的便利程度，上市公司可以通过简易程序向特定对象发行股票，又称小额快速再融资，是定向增发的一种简易类型，审核流程较普通定向增发简单。交易所自受理之日起 3 个工作日内完成审核并形成审核意见，中国证监会在收到审核意见后 3 个工作日内做出是否予以注册的决定。

如果上市公司定向增发融资总额不超过 3 亿元，且不超过最近一年末净资产 20% 的股票，可以采用简易程序。小额快速再融资不能通过临时股东大会授权，只能通过年度股东大会审议授权，获得授权后，在此后的一整个报告期年度里，上市公司可以择机执行小额快速再融资，也可以根据情况不具体实施。

小额快速再融资本质上仍属于定向增发，要满足关于普通定向增发的发行条件。不同的是，小额快速再融资降低了部分门槛，破发、破净、经营业绩持续亏损的上市公司也可以小额快速再融资，而且可以在董事会审议定向增发前进行路演推介，即发行工作与申请注册可以同步进行，从而节省时间。

股权工具：配股

配股是指上市公司向股权登记日登记在册的股东，按相同配售比例发行新股、筹集资金的行为，属于向不特定对象发行证券。原股东可以选择认购或不认购新股。2023 年 A 股共有 5 家上市公司进行配股融资。

1. 配股的优势

第一，配股不会摊薄原股东持股比例，也不会因为折价发行影响原股东利益。股权融资由于要吸引投资者认购，通常发行价格会较市价有一定折扣，从而对老股东利益有所影响。但配股仅向老股东发行，如果老股东全额参与认购，折价发股就不会影响老股东利益，而且持股比例也不会被摊薄。

相反，配股在一定程度上能提升控股股东持股比例。无论配股方案如何设计，总有股东因为不知道、没有资金等原因放弃参与配股，因此控股股东在全额认配的情况下，持股比例会有所上升。如果选择较大折扣的配股价格，实际上是给了控股股东一次低价增持的机会。

第二，配股发行价格灵活度大。相关法规没有对配股价格确定做出限制性要求，上市公司可以自行定价，在净资产值与市价之间灵活选择。从市场实践来看，选择高折扣、低价配股可以吸引股东踊跃参与配股，通常发行价格在市价的 50% ～ 80%。而且，发行前仅列示定价原则，具体配股价格在启动发行时根据市场情况和当时的市价予以确定即可。

第三，配股募集资金投向灵活。与定价定向增发一样，配股募集资金除用于具体募投项目外，可以 100% 用于补充流动资金或偿还贷款，但允许补流或还贷的金额上限要符合窗口指导的计算原则。

第四，配股获得的股份没有锁定期。除受 6 个月短线交易限制的股东外，其他股东配股获得的股票没有锁定期限制。

2. 配股的劣势

第一，配股发行条件相对较高。配股属于公开发行，除满足公开发行所需条件外，主板上市公司配股还应当满足最近3个会计年度盈利的要求。

第二，配股融资规模与频次受限。配售股份数量不超过配股前公司股本的50%。由于配股规模受到限制，一般方案都顶格配股，也有少数规模较大的上市公司选择以较低的比例配股。2023年度5家配股公司中有4家上市公司顶格配股。与定增发行一样，配股与上次再融资需要距离18个月。

第三，配股认配股份总数不到70%或控股股东不履行认配承诺，均会导致配股发行失败。控股股东应当在股东大会召开前公开承诺认配股份的数量，如果控股股东不履行认配股份的承诺，或者代销期限届满，原股东认购股票的数量未达到拟配售数量70%的，配股均会失败。2023年配股的5家公司均有较高的认购比例，其中，最高为98%，最低为90%。要避免配股发行失败，最关键的两个因素在于：控股股东及其他主要股东的参与程度和配股价格的折扣力度。

第四，配股大股东资金压力较大。为了保证发行成功，大股东一般全额参与配股，就会面临一定的资金压力。如果上市公司大股东及其关联方持股比例较高，选择配股会导致来自外部市场的资金较少。

第五，配股价格折扣大，对每股收益等盈利能力指标摊薄效应较大。为了保证发行成功，吸引中小股东踊跃参与配股，同时给予大股东低价增持的机会，配股一般会选择较高折扣的低价配股方式。在这种情况下，在募集资金投资项目产生效益前，净资产收益率、每股收益等盈利能力指标将面临较大的摊薄效应。

第六，在市场整体环境较差的情况下启动配股，可能不受老股东欢迎，从而影响公司股价。配股虽然不对外发行，从而不摊薄老股东的权益，但在另一方面也意味着老股东面临被动认购。由于配股一般均有较大的折扣，老股东如果不参与，将可能面临除权损失。因此，老股东可能就会选择提前"离场"（出售股票），从而给公司股价带来较大压力。

与定向增发比较，配股除了有财务条件限制外，在其他方面其实都比定向增发更有优势，包括：配股认配股票没有锁定期，定向增发获得的股票有锁定期；配股可以全额补流或者还贷，定向增发只有定价方式的可以全额补流或者还贷；配股可以低价发行，定向增发不能低于八折发行；配股的发行审核效率、通过概率明显高于定向增发。

因此，在上市公司能够实现连续盈利的基本财务条件下，只要控股股东持股比例不是过高且愿意参配，不是为了引进特定的战略投资者，不是在明显二级市场弱势的情况下，配股是比定向增发效率更高的再融资方式。

混合工具：可转换公司债券

可转换公司债券，简称可转债，是指在一定期间内依据约定的条件可以转换成股份的公司债券。

可转债是一种混合型融资工具，兼具股票期权和债券的特性。其发行时为债券，转股期内可转债持有人可按事先约定的条件和价格将可转债转换为公司股份，转债余额相应减少。如果可转债全部转换为股份，则债券将不存在，上市公司也不再需要还本付息。如果没有转股或没有全部转股，则在债券存续期间，上市公司需要支付债券利息，可转债到期时上市公司需要偿还本金。

可转债的发行方式有两种：向不特定对象公开发行（公募发行）与向特定对象非公开发行（定向／私募发行）。目前 A 股公募可转债发行数量较多，募集资金总额也较大，为 A 股上市公司主要的再融资方式之一；定向可转债发行数量较少，总体规模也较小，目前只能用于重组支付方式及配套募集资金中。本小节主要介绍公募发行，私募发行将在本章第八节"核心交易条款：支付方式"小节介绍。

公募发行可转债除需满足相应的向不特定对象发行股票的条件，还需满足以下条件：主板上市公司最近 3 个会计年度盈利，且最近 3 个会计年度加权平均净资产收益率平均不低于 6%；发行完成后，累计债券余额不超过最近一期末净资产的 50%；最近 3 年实现的年均可分配利润不少于公司债券 1 年的利息。

对投资者而言，投资可转债相当于购买了"保底"的股票。股价下跌时，投资者基本不承担风险，股价上涨时却能获得与直接投资股票相似但有上限的收益，这样既可保底，又可实现高收益。

对上市公司而言，发行可转债相当于延迟转股的公开增发或低利率债权融资，而且基本没有发行风险。由于转股价格接近或高于公开增发的发行价，如果投资者转股，折价应对原股东股份摊薄的影响，小于定向增发；如果投资者没有转股，相当于发行了公司债券，但债券的利息成本却远低于普通的公司债券。

发行可转债还有以下优势。

第一，可转债是唯一不受再融资 18 个月时间间隔限制的产品。

第二，可转债对盈利指标的摊薄较为缓和。股权融资品种都面临发行后股本迅速扩大、立即摊薄每股收益和净资产收益率的问题。但可转债需要进入转股期才能转股，且转股会经历一个过程，因此无即时摊薄影响，且摊薄较为缓和。

第三，可转债发行风险小，基本不存在发行障碍。可转债由于兼具股权与债权的混合融资产品特性，兼顾了上市公司与投资者的诉求，投资者能够在风险极小的情况下享受上市公司股价上涨的收益，深受投资者欢迎。同时，属于公开发行，总体上，可转债发行风险极小，可以在各种市场环境中启动发行。

第四，可转债条款设计空间较大，可以满足上市公司更多诉求。相比其他再融资品种而言，可转债的条款选择与条款具体内容设计有更大的灵活性与适应性。设计并灵活使用回售权、赎回权、转股价格向下修正条款等能增加可转债本身的适应能力，既满足了上市公司更多诉求，也能满足了不同投资者的需求。

第五，可转债适合资产负债率不高的上市公司进行财务结构优化。可转债具有债券和股票的双重特征，可以成为上市公司财务结构的调整器，优化公司股权与债权结构。特别是对于资产负债率较低的企业而言，可转债在转股前体现为公司债券，可以提升公司杠杆率、优化财务结构。

可转债是兼顾股性与债性的混合融资品种，能够平衡投资者与发行人的利益。在具体条款设计时，也应该进一步贯彻与体现这一原则，包括三个方面的平衡：提高对投资者的吸引力与降低发行人筹资成本的平衡；保证发行人股权融资成功（转股）与维护现有股东关系的平衡；发行人取得最佳筹资质量与转股后摊薄效应的平衡。

基于以上考虑，按照债性条款、股性条款两个方面对可转债的主要条款进行介绍。

第一，可转债债性条款体现如下。

其一，票面利率。一般采用逐年递进式利率，例如，第一年0.5%，第二年0.8%，第三年1.1%，第四年1.5%，第五年1.6%，第六年2%。

其二，到期赎回。到期赎回是发行人的一种义务，到期可以由发行人按照还本付息方式赎回，是可转债作为债的体现。到期赎回价格是指债券期满后按可转债票面金额上浮一定比例（含最后一期利息）的价格，向投资者赎回全部未转股的可转债。该条款的设置是给予一直持股而未转股投资者的补偿（未转股的原因一般是市价低于转股价）。对于到期赎回价格的合理设计能够提升可转债的债券价值，提高其投资吸引力。

其三，附加回售条款。当出现募集资金投向变更等情况时，持有人可回售所持可转债，这是强制性规定。

第二，可转债股性条款体现如下。

其一，转股价格。转股价格不得低于募集说明书公告前20个交易日和前1个交易日股票均价。转股价格一般设置为上述均价，即底价转股。若上市公司对未来股价有信心，理论上也可以设置一定的转股溢价，从而进一步提高融资效率，降低未来转股的摊薄幅度。但溢价率越高，可转债隐含的期权价值就越小，相对应的债性要求就越强。

其二，转股期限。转股期限由公司根据可转债的存续期限及公司财务状况确定，一般设置为自发行后 6 个月开始转股。转股期越长，转股成功的可能性越大，可转债的期权价值越大，对投资者越友好。

其三，转股价格向下修正条款。这一条款是增强可转债股性、促进转股的重要条款。如果股价持续低于转股价格，发行人可通过向下修正转股价格，促进投资者转股，避免回售压力。此条款有利于发行人在股价低迷时实现股权融资的目的，避免投资者回售带来的资金压力。

但转股价格向下调整也意味着上市公司本次可转债可以转换的股份数量增多，上市公司面临业绩摊薄的压力，对上市公司原股东的利益也会造成影响。因此，转股价格修正方案须提交股东大会且须经出席会议的股东所持表决权的 2/3 以上同意（持有公司可转债的股东应当回避），而且修正后的转股价格不低于该次股东大会召开日前 20 个交易日和前 1 个交易日股票均价。

其四，有条件赎回（强赎）条款。存续期内，若股价持续高于当期转股价格的一定幅度，发行人可按约定价格将可转债提前赎回。与回售条款保护投资者不同，此条款主要是保护发行人利益，是发行人的一种权利。此权利与转股价格向下修正虽同属于发行人权利，但主要是应对公司经营状况良好及正股价格持续上涨的情形，促使可转债持有人转股，如果没有限制，会导致正股价格上涨越多，投资方获益的空间就越大，最终导致转股价可能会远低于正股价，对发行人原股东的权益损害较大。

其五，债券期限。主板债券期限最短为 1 年，最长为 6 年。由于投资者看重股性，投资者对可转债期限要求并不敏感，但对于发行人来说，可转债期限较长可以增加转股灵活性，提高转股概率。建议在规范允许的范围内，尽量发行较长期限的可转债。

其六，优先配售：可以全部或者部分向原股东优先配售，原股东放弃配售的部分，向市场公开发行。由于可转债受到市场欢迎，除受短线交易限制外，没有锁定期，相当于存在一定的无风险收益，因此，从维护现有股东利益的角度出发，一般采取全部或者以绝大比例对原股东优先配售的发行方式。

债权工具：公司债券

债权融资是上市公司获取发展所需资金的重要渠道，也是上市公司要优先考虑的融资方式。债权融资审核相对简单、融资速度快；债权融资产生的财务费用可能会影响公司经营业绩。

债权融资方式主要为内部贷款和银行贷款、发行债券等外部债权融资。

其一，内部贷款是调配内部资金余缺的一种有效手段，在安排债权融资时，从提高整体资金使用效率的角度，公司应优先考虑通过内部贷款来满足融资需求，不足部分再考虑银行贷款、发行债券等外部债权融资。

外部债权融资的方式更加多样，银行贷款和发行债券最为常见，此外，公司还可以采用商业票据、信托、租赁等其他债权融资方式。

其二，银行贷款一般是上市公司的主要外部融资渠道。相较债券而言，银行贷款的优势在于灵活度高、条款可商议，获取的周期相对较短，成本相对较低，且不需要公开公司的重要信息；劣势在于期限相对较短，且有财务指标约束等。在市场化程度较高、金融较发达的环境中，银行数量更多，银行产品更为丰富，贷款利率完全市场化，并且贷款协议和财务约束指标也更为复杂。

其三，发行债券是许多上市公司可利用的主要外部债权融资渠道之一。发行债券的优势在于融资金额较大，期限选择多，期限可以长达30年甚至无到期日（永久债），投资者范围广；但同时，发行债券也存在一些劣势，包括境内发债需要审批或备案、境外发债的成本较高以及信息披露的要求也会更高。由于债券比银行贷款期限更长的突出优势，一些项目投资期较长的公司会更倾向于采用发行债券的方式筹集资金。

公司在选择外部债权融资的具体方式时，应全方面考虑融资规模、利率、期限、币种、便利程度、费用、监管要求等因素，以综合融资成本最优为原则，确定合适的债权融资方式。

下面分别介绍交易所及银行两债券市场的主要融资品种：公司债券和非金融企业债务融资工具。

公司债券，简称公司债，是指公司发行的约定按期还本付息的有价证券。公司债券的发行和交易应当符合《中华人民共和国证券法》等法律、行政法规的规定。

公司债券的品种分类和特征对比参见表 2-4。

表 2-4　公司债券的品种分类和特征对比

品种分类	细分品种	主要特征
一般公司债券	大公募	信用等级高、融资成本低
	小公募	融资成本低，因不符合大公募条件，选择面向专业投资者发行
	私募债	审核效率高，财务指标限制少，实行负面清单制度
专项品种公司债券（应同时符合一般公司债要求以及特定品种公司债的特殊要求）	优质公司债券	知名成熟发行人。简化审核流程，审核时限原则上不超过 10 个工作日
	短期公司债券	期限不超过一年，募集资金不得用于长期投资需求
	可续期公司债券	负债计入权益，降低财务杠杆，有可续期选择权、利息递延支付、利率调整机制
	可交换公司债券	上市公司股东发行，兼具股、债特性
	绿色公司债券	募集资金应当 100% 用于绿色产业领域
	低碳转型公司债券	投向低碳转型领域的金额一般不应低于募集资金总额的 70%
	科技创新公司债券	投向科技创新领域的金额一般不应低于募集资金总额的 70%
	乡村振兴公司债券	用于乡村振兴领域的金额一般不应低于募集资金总额的 70%
	"一带一路"公司债券	募集资金用于"一带一路"建设项目
	纾困公司债券	主体信用评级达到 AA+ 以上，用于纾困用途的金额一般不应低于募集资金总额的 70%
	中小微企业支持债券	用于支持中小微企业的金额一般不应低于募集资金总额的 70%

公司债券可以公开发行，也可以非公开发行。以面向投资者的不同范围为标准，公司债券的发行可以分为三种方式，具体参见表 2-5。

表 2-5　公司债券三种发行方式

发行方式		面向投资者范围
公开发行	大公募	面向公众投资者公开发行
	小公募	面向专业投资者公开发行
非公开发行	私募债	面向专业投资者非公开发行

公司债券的审批程序相对透明和标准化，对受理和审批时间有明确的规定和要求，发行时间相对更容易掌控，有助于发行人根据自身资金需求快速募集资金。实际审批中大公募的发行时间基本控制在 2 个月左右，小公募一般需 1 个月左右，而私募债实行市场化的自律组织事后备案制度，发行速度更快。

存在下列情形之一的，不得公开发行公司债券：对已公开发行的公司债券或者其他债务有违约或者延迟支付本息的事实，仍处于继续状态；违反《证券法》规定，改变公开发行公司债券所募资金的用途。

大公募除满足公开发行条件外，资信状况还应符合以下标准：发行人最近 3 年无债务违约或者延迟支付本息的事实；发行人最近 3 年平均可分配利润不少于债券 1 年利息的 1.5 倍；发行人最近一期末净资产规模不少于 250 亿元；发行人最近 36 个月内累计公开发行债券不少于 3 期，发行规模不少于 100 亿元等。

债权工具：非金融企业债务融资工具

银行间市场非金融企业债务融资工具，简称债务融资工具，是指具有法人资格的非金融企业在银行间债券市场发行的，约定一定期限内还本付息的有价证券。

债务融资工具可以面向银行间市场机构投资者发行（简称公开发行），也可以定向发行。公司存在债务融资工具等公司信用类债券违约或者延迟支付本息的事实，仍处于继续状态的，不得公开发行债务融资工具。

债务融资工具在交易商协会注册。

公开发行实行注册会议评议制度，由交易商协会注册会议决定是否接受债务融资工具发行注册。注册会议对注册文件的完备性进行评议，不对债务融资工具的投资价值及投资风险做实质性判断。

交易商协会注册办公室为符合要求的定向发行注册文件办理接收程序，并对注册材料进行形式完备性核对。

交易商协会接受注册的，出具《接受注册通知书》，注册有效期 2 年。

发行债务融资工具应由金融机构承销，发行方自主选择主承销商，需要组织承销团的，由主承销商组织承销团。

企业发行债务融资工具实行分层分类注册发行管理。根据企业市场认可度、信息披露成熟度等，债务融资工具注册发行企业分为第一类、第二类、第三类、第四类企业，其中，第一类和第二类为成熟层企业，第三类和第四类为基础层企业。

至少同时符合以下条件的企业，为成熟层企业，不符合相关条件的为基础层企业：第一，经营财务状况稳健，企业规模、资本结构、盈利能力满足相应要求，具体要求详见表 2-6；第二，最近 36 个月内，累计面向银行间市场机构投资者发行债务融资工具以及公开发行其他公司信用类债券不少于 3 期，发行规模不少于 100 亿元。

表 2-6　成熟层企业相关要求

行业分类	资产规模（亿元）	资产负债率（%）	总资产报酬率（%）
电信业务，公用事业，交通运输，能源	＞1 000	＜85	＞3
IT，大型制造业，纺织服装与消费品，金属，汽车与汽车零部件，医药，原材料	＞1 000	＜80	＞3
酒店、餐馆与休闲、旅游、媒体与文化，农、林、牧、渔，批发和零售贸易	＞800	＜75	＞3
土木建筑，基础设施建设，综合及其他类	＞1 200	＜85	＞3

成熟层企业可就发行超短期融资券、短期融资券、中期票据等产品编制同一注册文件，进行统一注册，也可就发行各品种债务融资工具编制相应注册文件，按产品分别进行注册。

债务融资工具品种分为基础品种和专项品种。主要基础品种定义与产品要素，具体参见表 2-7。

表 2-7　债务融资工具主要基础品种定义与产品要素

名称	定义	产品要素
短期融资券（CP）	在 1 年内还本付息的债务融资工具	资金用途为补充营运资金、偿还金融机构借款

（续）

名称	定义	产品要素
中期票据（MTN）	按照计划分期发行的，约定在一定期限内还本付息的债务融资工具	期限为1年以上，通常为3年、5年 资金用途为补充营运资金、偿还金融机构借款、项目建设资金
超短期融资券（SCP）	期限在270天以内的短期融资券	期限常为90天、180天、270天 资金用途为补充营运资金、偿还金融机构借款
非公开定向债务融资工具	向银行间市场特定机构投资人发行，并在特定机构投资人范围内流通转让的债务融资工具	发行期限根据企业需求确定 资金用途为偿还银行借款、补充营运资金
资产支持票据（ABN）	发起人采用结构化方式，通过发行载体发行的，由基础资产所产生的现金流作为收益支持的证券化融资工具	期限设计灵活，根据基础资产现金流回流情况设计 通过内部或外部信用增进措施
资产支持商业票据（ABCP）	单一或多个发起机构把自身拥有的、能够产生稳定现金流的应收账款、票据等资产按照"破产隔离、真实出售"的原则出售给特定目的载体（SPV），并由特定目的载体以资产为支持进行滚动发行的短期证券类货币市场工具	发行期限为单期期限短于1年 增信措施以以外部增信为主，通常在资产池和证券层面设置外部增信

主要专项品种定义与产品要素，具体参见表2-8。

表2-8　债务融资工具主要专项品种定义与产品要素

名称	定义	产品要素
创投债务融资工具	创业企业在银行间市场发行的债务融资工具	发行人应为在主管部门进行过备案登记、主体评级AA及以上的创投企业 募集资金可用于补充企业营运资金、偿还银行借款、补充创投基金资本金及股权投资（仅限于非上市公司股权投资），不可用于上市公司股票投资
绿色债务融资工具	募集资金专项用于节能环保、污染防治、资源节约与循环利用等绿色项目的债务融资工具	发行人应将绿色债务融资工具募集资金全部用于绿色项目的建设、运营及补充配套流动资金，或偿还绿色贷款
碳中和债务融资工具	募集资金专项用于具有碳减排效益的绿色项目的债务融资工具，属于绿色债务融资工具的子品种	拟投资项目应为满足《绿色债券支持项目目录》要求的经营性项目
保障性安居工程债务融资工具	募集资金直接或间接用于保障性安居工程项目的债务融资工具	资金支持范围包括但不限于公共租赁住房、廉租住房、经济适用住房、限价商品住房等保障性住房项目，以及各类棚户区改造项目

（续）

名称	定义	产品要素
扶贫票据	募集资金用于精准扶贫的债务融资工具	募集资金投向精准扶贫项目，应坚持商业可持续性原则，具有市场化的投资收益机制 扶贫票据支持的项目类型包括基础设施建设类、产业扶贫类及其他类型
双创专项债务融资工具	募集资金通过投债联动的模式用于支持科技创新企业发展的债务融资工具	募集资金用于偿还银行贷款、补充营运资金、项目建设等，同时应将一定比例的资金以股权投资或基金出资等形式支持科技创新企业发展
住房租赁债务融资工具	募集资金专项用于符合国家有关文件要求的所开发建设、运营的租赁住房项目的债务融资工具	租赁住房项目在当期债务融资工具存续期间不用于销售，且符合法律法规和国家政策要求
城市更新债务融资工具	募集资金专项用于城市更新项目建设或偿还城市更新项目相关有息债务等用途的债务融资工具	发行主体应取得项目所在地的城市更新有关政策文件规定的批复文件
乡村振兴票据	募集资金用于乡村振兴的债务融资工具	募集资金支持项目类型包括农民就业增收、农业现代化、乡村建设等与乡村振兴有关的项目
革命老区振兴发展债务融资工具	募集资金用于革命老区振兴发展经营性项目的债务融资工具	募集资金应同时满足下述要求：支持区域相关要求，用于革命老区区划范围内的建设发展；支持领域相关要求，投向符合条件的革命老区振兴发展领域，用于具有市场化收益的经营性项目
中小非金融企业集合票据	2～10个具有法人资格的企业，以统一产品设计、统一券种冠名、统一信用增进、统一发行注册方式共同发行的债务融资工具	任一企业募集资金金额不超过2亿元，单支中小集合票据注册金额不超过10亿元
境外非金融企业债务融资工具	在中国境外合法注册成立、具有独立法人资格的非金融企业在交易商协会注册发行的债务融资工具	募集的资金应根据相关法律法规及监管要求使用。募集资金的账户开立、跨境汇拨及信息报送等事宜，应符合中国人民银行及国家外汇管理局的有关规定
高成长型企业债务融资工具	市场竞争优势突出、具有良好发展前景的成长创新型企业在银行间市场发行的债务融资工具	试点期间，高成长债项下目前设有科技创新主题，发行人应具备较强的科技创新能力，拥有核心技术
永续票据	不规定到期期限、发行人可赎回本金和递延支付利息的含权债务融资工具	除可用于偿还债务、补充流动资金、项目建设外，在满足合法合规、风险可控的条件下，允许可计入权益的永续票据募集资金用于项目资金

（续）

名称	定义	产品要素
项目收益票据	募集资金用于项目建设且以项目产生的经营性现金流为主要偿债来源的债务融资工具	重点支持领域包括但不限于市政、交通、公用事业、教育、医疗等与城镇化建设相关的、能产生持续稳定经营性现金流的项目以及纳入财政预算支出安排且未来有稳定回款的民生工程类项目
可持续发展挂钩债券	债券条款与发行人可持续发展目标相挂钩的债务融资工具。挂钩目标包括关键绩效指标（KPI）和可持续发展绩效目标（SPT）	募集资金用途无特殊要求。但如与绿色债务融资工具、乡村振兴票据等创新产品相结合，募集资金用途应满足专项产品的要求，用于相应领域

股东的融资工具：可交换公司债券

可交换公司债券（Exchangeable Bond，EB），简称可交债或交债，是指持有上市公司股份的股东发行的，在一定期限内依据约定的条件，可以交换成该股东所持有上市公司股份的公司债券。可交债是一种公司债券，其发行人需要具备公司形态，自然人股东不能发行可交债。

可交债与可转债都是股债混合融资工具，区别主要在于：可转债是由上市公司发行的，投资者转股后上市公司股本将增加，原股东的持股会被摊薄，是单纯的公司债券＋转股期权。可交债是由上市公司股东发行的，投资者换股后上市公司股本不变，该股东所持的上市公司股份将减少，其他股东的持股不会被摊薄，是有股票担保的公司债券＋换股期权。

上市公司获得股权融资是发行可转债的主要目的，而发行可交债则呈现出更为多样的目的，这两者虽然都存在转股（换股）、赎回、回售、向下修正转（换）股价等基本条款，但可交债因其发行目的的差异而呈现出更加多样的特点。

可交债分为公募与私募品种。公募可交债要求发行人最近一期末的净资产额不少于 3 亿元、最近三年平均可分配利润足以支付公司债券一年的利息。如果发行人最近三年年均可分配利润不少于债券一年利息的 1.5 倍，且债券信用评级达到 AAA 级，就可以申请发行面向所有投资者的大公募 EB，否则只能发行面向合格投资者的小公募 EB。

可交债，特别是私募可交债，由于其条款的灵活性，可以实现多种功能。

第一，可交债具有融资功能。通过发行可交债来融资，相对于股票质押贷款，在融资额度、融资成本等方面具备一定的优势，具体体现如下。

其一，可交债杠杆比例（即质押率、折扣率）高。目前，公募可交债的折扣率为 7 折，私募可交债最高可达 100%，均远高于一般股票质押融资的 3 ～ 5 折的折扣率。

其二，可交债融资利率低。因嵌入转股期权，可交债的发行利率相对股票质押贷款利率更低。股票质押贷款由于股票折扣率低、设置预警线、平仓线等，其还款保障主要来自被质押的上市公司股份本身，贷款利率水平也主要取决于市场利率，与借款人本身信用水平关系较小。可交债的发行利率则要受到发行人资质、折扣率等因素的影响。

其三，可交债期限更灵活。股票质押贷款期限一般为 1 年，最长不会超过 3 年。可交债的期限则可以灵活选择，公募可交债期限可以在 1 ～ 6 年之间选择，私募可交债没有年限上限规定。

可交债的融资功能相比股票质押贷款有以下劣势：股票质押贷款程序简单、操作时间快。而发行可交债由于要通过审核，程序较为烦琐，且对发行人本身的资质有一定要求。相比股票质押贷款的质押股票仅作为还款保障不同，用于发行可交债的股份可以被换股，可能导致可交债发行人持股下降。

综合起来看，在持有同等上市公司股权数量的情形下，通过发行可交债募集的资金规模要大于股票质押融资方式，且一般利率更低、期限更灵活。

第二，可交债具有减持功能。当投资者选择换股时，相当于发行人以所持有的上市公司股份偿还了对可交债投资者的负债，即上市公司股东实现了减持上市公司股票的目的。

利用可交债进行股票减持具有以下优势。

其一，可交债减持为有序减持，可减少对二级市场的冲击。可交债进入换股期后可以换股，且换股会持续一段时间，投资者换股时间不同，换股后的卖出时间也不一致，可以避免相关股票因大量集中抛售导致股价受到冲击。

其二，可交债可以避免股东折价减持，股东通常平价或溢价减持。上市公司通过竞价或者大宗交易减持股份时，可能存在一定的折价。但通过可交债减持，由于可交债具有"保本＋期权"的特性，换股价格通常设置为平价甚至溢价。而且，与大股东公告减持计划一般会冲击股价不同，当大股东准备发行可交债时，反而存在给予市场反向信号，特别是换股价有一定溢价时，市场通常理解为大股东有"做高"股价的动力，从而实现相对高价减持的可能。

其三，可交债可以提前获得减持资金。私募可交债在发行时，用于质押的股票是可以处于限售或者锁定状态的，标的股票仅需满足在交换起始日为非限售股即可。

其四，可交债减持受大股东减持相关规范的影响较小。尽管可交债换股也需要遵守相关针对减持的明确规定，但上市公司大股东因为私募可交债换股而发生的减持是一种不受大股东控制的"被动减持"行为，遵守相关规定有现实的难度，监管部门也缺乏明确细则。因此，当前可交债依然按照既往的规则进行换股和相应减持操作，并未受到减持规定的影响。

可交债减持相较传统的减持方式也有劣势。例如，虽然只要发行成功就可以获得资金，但实现减持（即换股）需要一个过程。因此，对于希望通过减持获得会计上的投资收益或者希望通过减持股份来灵活调节自身利润的发行人来说，可交债减持就不能很好地满足其需要。

第三，可交债具有员工激励功能。通过向类员工持股计划发行可交债并设置一定的考核条款，可以实现员工激励的目的。

第四，可交债具有并购重组的支付工具功能。在上市公司并购中使用可交债作为支付工具，可以平衡收购方与出售方的利益。

如果发行人发行可交债的目的主要是融资，而非减持，则可以考虑以下条款设计。

一是在条款设计时提高转股价的溢价比例，增大转股的难度。但这样设计的结果会导致可交债债性增强、股性减弱，会提升发行利率、增加融资成本。

二是由于股价走势难以预料，以融资而非减持为目的的发行人需要预留一定的安全边际，以避免因投资者转股而导致控股股东丧失控制权的极端情形发生。

第八节　并购：通过外延扩张提升公司价值

并购交易关键环节及核心要素概述

以并购促增长的做法虽然已相当普遍，但很多并购活动仅仅源于在非正式商业往来中发现的某一个"机遇"，或是由中介机构牵线搭桥，或是以其他方式草率启动。并购决定应该是持续战略过程的结果，而不是出于应激状态下的一时兴起。

上市公司在面对并购机遇时，需要采用以公司战略规划为起点的主动性方法，从前端产业逻辑、中端交易安排、后端整合运行全链条出发，对交易方案中的关键环节及核心要素做出合理安排。

一是交易目的。并购重组交易的目的主要包括产业整合、进入新领域、资产剥离和重组上市等。交易目的详见本节之"通过横向和纵向并购实现产业扩张""通过跨界并购实现第二曲线发展或产业转型"小节。

二是标的质量。标的资产质量是并购重组交易取得良好成效的根本保证。对重组标的质量进行判断，一方面要关注重组标的资产规模、业绩表现等基本面数据；另一方面要关注标的资产是否符合公司战略、是否匹配交易目的，关注与公司现有业务的协同效应如何，以及后续对标的资产的整合管控安排等。综合研判相关交易是否有助于提高上市公司质量。

三是评估作价。标的评估作价作为并购重组方案的核心要素，是交易各方博弈的焦点。评估作价详见本节之"核心交易条款：估值定价"小节。

四是支付安排。一方面，需要关注不同支付方式可能存在的风险隐患；另一方面，对价支付方式涉及各交易对方利益诉求的平衡。支付安排详见本节之"核心交易条款：支付方式"小节。

五是承诺安排。业绩及补偿承诺作为风险对冲工具，在并购重组交易中被广泛使用，用以保证交易公平性，消解信息不对称性，降低交易风险。承诺安排详见本节之"核心交易条款：业绩承诺及补偿安排"小节。

六是交易对方。交易对方的身份及利益安排是重组方案设计时需重点考虑的因素。合理设置收购交易对方及收购股份比例，对后续整合管控计划的顺利推进存在较大影响。

七是整合协同。上市公司在并购后对标的能否实现有效整合，是影响并购重组交易实施成效的重要因素。整合协同详见本节之"从事后整合到全流程贯彻整合思维"小节。

通过横向和纵向并购实现产业扩张

上市公司前期有产业发展需求，自身业务链条需要进一步拓展。此阶段，上市公司通常面向行业中定位不同的公司开展横向并购，整合资源、提高组织能力，扩充产品线、业务领域，接触新客户，提高盈利能力，从而实现公司战略和明确市场定位。

与此同时，公司逐渐向产业链上下游延伸，进行纵向并购，以此提高生产效率，降低生产流程各环节成本。

上市公司此阶段的并购需要重点关注：其一，双方业务的协同性，对方业务是否能助推上市公司业务的横向拓展和纵深发展。例如，能否补强技术短板、扩大产品目录。其二，市场及客户资源的互补性。比如产品有一定的差异化竞争力，能够满足现有客户对其他细分领域的需求。其三，产品研发及闭环能力等。

在行业竞争激烈时期，上市公司可以并购同行业中利润或市场占有率有优势的公司，依靠横向并购提升产业集中度，消除竞争，快速提高公司的利润水平和市场地位。对与下游客户联系紧密、更换供应商成本偏高的行业来说，上市公司通过收购同行业公司，能够快速获得产品、市场及客户资源的补充，提升市场地位及竞争优势，并通过规模化降本实现盈利结构的改善。

在成熟期，通过并购与公司现有业务有互补或协同作用的业务，可以快速获取新业务资源，完善产业链的垂直布局，向上下游产业链纵向拓展，使资源得到更好的配置，提升自身的技术与效率水平，从而创造更大的价值。

上市公司并购具有良好的商业模式且与公司现有业务可以很好融合的公司，可以实现商业模式的优化。

跨境并购是公司获取国际市场资源、技术和品牌的重要手段，上市公司可借助被收购的本土品牌、渠道实现海外市场突破，推进公司国际化战略。在地缘政治下，跨境并购也是国内上市公司降低关税风险、推进全球化模式的有效途径，本地生产及近岸外包成了全球业务发展的趋势。

2024年9月，中国证监会发布《关于深化上市公司并购重组市场改革的意见》（以下简称"并购六条"），其中第二条提出：鼓励上市公司加强产业整合。资本市场在支持新兴行业发展的同时，将继续助力传统行业通过重组合理提升产业集中度，提升资源配置效率。传统行业通过并购重组，与同行业或上下游上市公司强强联合所形成的"龙头企业"，在快速改写产业竞争格局、加速产业转型升级的进程中发挥着重要作用。

通过跨界并购实现第二曲线发展或产业转型

非主业并购，又称跨界并购，新业务与上市公司现有主业的相关性较弱。理性的跨界并购有助于公司寻找新的增长点，对冲行业周期风险。

一方面，传统产业公司为实现公司的再次增长，需要新的业务增长点，可以通过并购新兴成长领域业务，向新兴产业转型。上市公司在面临外部环境变化或内部发展瓶颈时，可以通过跨界并购进行战略转型，获取新技术或新业务，步入新发展阶段。

"并购六条"的第一条提出：支持上市公司向新质生产力方向转型升

级。积极支持上市公司围绕战略性新兴产业、未来产业等进行并购重组，包括开展基于转型升级等目标的跨行业并购、有助于补链强链和提升关键技术水平的未盈利资产收购，以及支持"两创"板块公司并购产业链上下游资产等，引导更多资源要素向新质生产力方向聚集。

另一方面，部分上市公司在原有产业发展良好时，需要提前规划，进行第二曲线发展，使原有产业和新产业齐头发展，让新产业成为行业龙头，市值也大幅增长。

聚焦"光伏＋农牧"两大主业的通威股份（600438.SH），2014 年前是一家水产饲料企业。2015 年，公司收购以开展"渔光一体"光伏电站建设运营业务的通威新能源、以多晶硅为发展重点的永祥股份。2016 年，继续收购太阳能电池片生产企业合肥通威。至此，通威股份逐步构建起"光伏＋农牧"两大主业。

2023 年，通威股份在农业方面，水产饲料创造收入 354.9 亿元、在总收入中占比 23%。在光伏方面，高纯晶硅、太阳能电池产品出货蝉联全球第一，组件出货居全球前五，创造收入 1 161.5 亿元、在总收入中占比 77%。凭借双主业产业，2023 年相较 2014 年，公司营业收入提高了 10倍，净利润由 3 亿元提高到 136 亿元，经营活动现金净流入由 6 亿元增长到 307 亿元。

跨界并购具有两面性，应该避免非主业并购和盲目跨界收购。对于非主业并购，上市公司对新行业的了解与认识不足，无法准确判断市场需求和风险；缺乏相关资源、运营经验、人才储备和整合能力；仅注重通过财务性并购扩大自己的盈利规模，盲目追求通过跨界实现快速发展和增长，可能为未来发展埋下隐患。对于盲目跨界收购，不仅短期存在较大的炒作风险，长期还可能面临标的失控、业绩承诺无法兑现等风险，甚至导致上市公司自身经营质量下降。

运作规范的上市公司可以围绕产业转型升级、寻求第二增长曲线等需求开展符合商业逻辑的跨行业并购。同时，监管部门对于规范程度相对较差、交易执行能力较弱的"壳公司"的盲目跨界并购交易要从严监管，严厉打击"借重组之名、行套利之实"等市场乱象。

核心交易条款：估值定价

一项重组交易协议中，涉及估值定价、标的公司治理安排、原职工安排、支付安排、过渡期损益安排、违约责任等十几项，甚至几十项交易结构条款。其中，估值定价条款是交易方案的基础，支付安排条款是交易双方博弈的重点，业绩承诺及补偿安排是保证交易安全的重要手段。这三项条款合理设计并有效执行是上市公司成功实施并购的重要保证。

合理的估值与定价是兼顾各方利益的最优估值与定价，是交易方案的基础。

估值定价分为估值与定价两步。估值是标的公司的内在价值，是定价的依据。定价取决于标的公司的估值和交易各方对交易条款的博弈，同时还需要考虑市场和监管机构对定价的认可程度。

估值定价的第一步是估值。A股重组市场一般以评估结果作为定价依据，少部分交易以估值结果作为定价依据。估值结果只能在标的公司存在第三方公允价格的情况下采用，比如A股公司吸收合并A股或H股公司。

A股重组定价依据主要为资产评估机构出具的资产评估报告。常见的评估方法有三种：资产基础法（成本法）、收益现值法和市场比较法，而大部分是采用收益现值法。

其一，资产基础法，是从企业资产重置的角度衡量企业价值，基本假设前提是替换法则，基本思路是按现行条件重建或重置标的资产。重资产行业生产设施投资占总资产比例较大，采用资产基础法可以更为合理地通过资产再取得途径，反映企业现有资产的重置价值，因此重资产行业一般选用资产基础法作为评估方法。

资产基础法作价有时利于挤出标的公司"估值水分"。

　　华凯易佰（300592.SZ）于 2024 年 7 月收购华鼎股份持有的通拓科技股权。本次交易评估采用资产基础法，评估结果 7 亿元，相比此前华鼎股份 2018 年收购标的公司时的 29 亿元估值缩水了 70%，算是挤出了估值"水分"。

　　部分行业认为资产基础法未能包含难以辨认的人力资源、客户资源，独特的盈利模式和管理模式以及商誉等资产的价值，且以企业资产的再取得成本为出发点，有忽视企业整体获利能力的可能性，这也是收益现值法作为主要定价依据的原因。

　　其二，收益现值法，是指将评估对象预期收益资本化或者折现，确定评估对象价值的评估方法。收益现值法是从资产的预期获利能力的角度评价资产，能完整体现标的公司的整体价值。

　　其三，市场比较法，是指将评估对象与可比上市公司或者可比交易案例进行比较，确定评估对象价值的评估方法。市场比较法是在成熟市场最常见的估值方法，在 A 股市场的使用也开始增多。

　　市场比较法需要根据资本市场和股权交易信息，找到足够的与标的公司所在行业、发展阶段、资产规模、经营情况等方面类似或可比的上市公司，或者收集到评估基准日近期发生的可比上市公司股权交易案例，再进行多方比较。

　　关于估值，除评估本身，上市公司也需要从其他角度印证估值。例如，标的资产在历史沿革中的历次作价情况；本次评估值与可比案例是否可比；如果存在二级市场价格的，比较本次评估值与二级市场价格的差异。

　　交易双方应根据标的公司的实际经营情况做出合理估值，过高或不符合标的公司经营情况及有悖行业周期和基本情况的估值，虽然短期内能够换取较大的利益，但对上市公司和标的交易对方来说，都存在着较大风险。

　　"并购六条"提出进一步提高监管包容度。中国证监会在尊重规则的同时，尊重市场规律、经济规律、创新规律，对重组估值、业绩承诺等事项，进一步提高包容度，更好地发挥市场在优化资源配置中的作用。

在完成对标的公司的合理估值后，第二步便是定价。部分重组失败案例中仅交易对方能够获利，而上市公司获利较少，导致这一问题的一个主要原因是，上市公司支付了一笔远高于标的公司价值的价格，以至于并购后即使有效协同、整合，上市公司也难以收回投资成本，无法弥补定价"错误"，市场也会发现这个错误并通过股价变化做出回应。

各行业价值关键影响因素不同，某些影响因素容易进行量化和评估，评估时已纳入评估范围，例如标的公司的固定资产、流动资金、盈利状况等硬性因素。某些影响因素难以评估但又对标的公司经营成败至关重要，应为定价时予以考虑的软性因素，例如标的公司品牌名称、专业知识、客户关系、技术储备等软性因素，往往是上市公司对其并购的主要动因，也是交易双方对于交易价格产生分歧的主要原因。

在标的公司定价协商过程中，不仅需要考虑对标的资产的内在价值，同时也要考虑其他交易条款。如支付方式选择股票还是可转债（详见本节"核心交易条款：支付方式"介绍），股票发行价格和可转债转股价也是双方重点考虑的问题。上市公司股价随时处在波动过程中，股价目前是否在合理范畴内，在法定条件下选择何种价格，都会直接影响到交易对方获得股票对价的实际价值。其他交易条款的设置也会影响定价，例如，设置对赌条款的对价会高于不设置对赌条款的对价，长股票锁定期的对价会高于短股票锁定期价格，全现金支付的对价要低于股票支付的对价。

影响定价的重要交易条款之一是上市公司发行股份购买资产的价格，法规规定不得低于市场参考价的80%。市场参考价为第一次董事会决议公告日前20、60或120个交易日的股票交易均价之一。在价格差异不大的情况下，因为股份发行数量较上市公司股本总额一般较小，为了促成交易，通常选择较低的发行价格，这样对上市公司原股东股份稀释的影响差异也不大。但在股价发生比较大的波动时，这三个市场参考价会存在较大的差异，如果选择较低的发行价格，上市公司原股东股份会稀释较多；如果选择较高的发行价格，一旦股价下滑，交易可能无法达成。所以在综合考虑市场因素和个股因素的情况下，选择一个交易各方认为比较稳妥的价格是后续项目能够顺利推进的一个重要保障。

为了应对股市波动，董事会可以设定发行价格调整机制，以促成交易。首次董事会决议可以明确，在中国证监会核准前，上市公司的股票价格相比最初确定的发行价格发生重大变化的，董事会可以按照已经设定的调整方案对发行价格进行一次调整。

除了上述交易价格本身决定因素外，各方完成交易的紧急程度和感兴趣程度，各方为实现战略有哪些备选方案，一方对另外一方战略和执行的欣赏程度等因素，也都会影响到各方的议价能力。

上市公司管理层有时迫于快速完成交易的压力，有时因即将掌控更大的公司而自我膨胀，或者认为对本次重组交易志在必得，这些都会导致管理层难以对标的公司进行客观分析，无法缜密、冷静地思考交易价格，难以接受本可放慢谈判或终止这一过程的不同意见，以至于得出草率的结论，最终导致上市公司付出过高的并购溢价。

核心交易条款：支付方式

支付方式是交易双方重点博弈的问题。支付方式一般为股份、定向可转债或现金，可以单独使用，也可以组合支付。

在确定支付方式时，交易对方一般希望尽快取得交易对价，支付对价无附加义务。上市公司除了考虑自身的筹资能力和现金支付能力外，还会重点考虑通过支付条款，既能满足交易对方需求，从而锁定及完成交易，同时又能降低交易风险。

第一种，全现金支付方式，即以全现金的方式支付交易对价。全现金支付方式占比逐渐越来越多。使用全现金支付方式具有程序简单、不需审核或审核压力相对较小、不新发股份从而摊薄每股收益、不稀释大股东股权等好处。标的公司的股东也能及时拿到交易对价，且无须承担上市公司股份日后波动的风险。

全现金支付的缺点也显而易见：其一，会给上市公司带来较大的资金压力，或将影响公司的正常运作。其二，无法像股票支付方式那样锁定交易对方，不利于业绩对赌的履约保障。其三，无法将对方收益与上市公司的长远利益绑定，交易对方也无法享受上市公司未来股价上涨的收益。其四，现金支付会给交易对方带来较重的所得税负担。

为了更好地发挥全现金交易的优势，降低全现金交易给上市公司带来的风险，对全现金交易可以做分期支付安排或要求交易对方用交易价款增持上市公司股份，具体操作如下。

其一，分期支付交易对价款。可以根据标的公司业绩完成的进度，分期支付对价款，若未实现业绩则及时调整支付进度。对一些无业绩对赌的案例，可以尽量延长现金支付的时间，减少上市公司应对现金支付的时间压力，降低上市公司的风险损失。

其二，交易对方使用部分对价增持上市公司股份。可以从二级市场直接增持，好处是不会引发大股东套现的质疑和降低大股东的持股比例，不利之处在于二级市场的股价是变动的，如果交易刺激公司股价大幅上涨，将会影响交易对方的持股成本。也可以与大股东进行协议转让或大宗交易，但会稀释大股东的控制权，可能会被质疑大股东借机套现，而且减持新规对大股东减持限制也较多。

第二种，股票支付方式，即上市公司以增发股票的方式支付对价。相比全现金支付，股票支付可以避免上市公司大量现金被占用，降低公司资金压力和运营风险。通过股票锁定期控制交易对方获得对价的实际进度和实际价值，同时将标的公司核心人员与上市公司的未来发展紧密结合在一起，保证标的公司按照承诺业绩履约。交易对方可以适用所得税处理的优惠政策，缓解税负压力。

但股票支付方式也有以下缺点：其一，增发股票将改变上市公司的股本结构，稀释原股东的控制权，对一些控股权比例低、标的公司体量又很大的交易，控制权稳定性容易发生变动。其二，增发新股程序复杂、耗时久，容易使上市公司错失并购最佳时机，从而增大并购失败的风险。其三，在市场不景气的情况下，交易对方更想要落袋为安，即使有一定的支付期限，全现金支付方式也比股票支付方式的波动风险低一些。

所以，现在有不少案例基本上是现金与股票共同作为支付方式。

第三种支付方式，上市公司使用定向可转换公司债券支付对价，简称定向可转债。定向可转债既可以作为重组支付手段，也可以作为重组配套募集资金工具。可转债详见本章第七节之"混合工具：可转换公司债券"小节。

可转债具备债性、也具备股性，能够满足交易各方的风险偏好与权益要求，越来越受到交易对方的青睐。中国证监会 2023 年 11 月发布《上市公司向特定对象发行可转换公司债券购买资产规则》（简称《定向可转债重组规则》），定向可转债重组从试点正式转为常规。

定向可转债受到再融资和重组两方面的规定。定向可转债的发行条件不适用本章第七节介绍的关于公开发行可转债的要求。转股价格与上文支付方式中发行股票的定价一样，即市价的 8 折。定向可转债的存续期应当覆盖业绩承诺期和锁定期，且不得短于业绩承诺期结束后 6 个月。与公募可转债一样，定向可转债票面利率、担保、评级可以根据市场化协商确定，一般利率较低，且不做担保和评级。

2023 年 6 月，铜陵有色（000630.SZ）用发行股份、可转债及支付现金购买资产，并发行可转债募集配套资金。其中：以发行股份方式支付交易价格 567 226 万元，占比 85%；以发行定向可转债方式支付交易价格 33 366 万元，占比 5%；以现金方式支付交易价格 66 733 万元，占交易价格的 10%；定向可转债配套募集资金 214 600 万元。本案例介绍的以股份、可转债两种支付方式及定向可转债配套募集资金，具体参见表 2-9 至表 2-11。

表 2-9　铜陵有色重组支付方式中发行股份情况

股票种类	人民币 A 股普通股	每股面值	人民币 1.00 元
定价基准日	董事会决议公告日	发行价格	2.70 元 / 股，不低于定价基准日股票交易均价的 90%
发行数量	21.46 亿股，占发行后上市公司总股本的比例为 16.90%（未考虑配套融资，假设交易对方持有的可转债未转股）		
锁定期安排	自发行完成日起 36 个月内不得转让		

注：全面注册制后，发行价格已调整为不得低于定价基准日交易均价的 80%。

表 2-10 铜陵有色重组支付方式中发行可转债情况

证券种类	可转换为上市公司普通股 A 股的公司债券	每张面值	人民币 100 元
票面利率	1.00%/年	存续期限	自发行之日起 6 年
发行数量	333.67 万张	评级情况	不适用
初始转股价格	2.70 元，不低于定价基准日股票交易均价的 90%	转股期限	自发行结束之日起满 6 个月至到期日止
是否约定赎回条款	是		是
锁定期安排	可转债及可转股股份，自发行完成日起 36 个月内不得转让		

注：关联交易，锁定期 36 个月。

表 2-11 铜陵有色重组发行可转债募集配套资金（铜陵定 02）情况

每张面值	人民币 100 元					评级情况	不适用
募集配套资金金额	214 600 万元					发行对象	不超过 35 名特定投资者
票面利率	第 1 年	第 2 年	第 3 年	第 4 年	第 5 年	第 6 年	存续期限	自发行之日起 6 年，2023 年 9 月 21 日至 2029 年 9 月 20 日
	0.10%	0.60%	1.10%	1.60%	2.10%	2.60%		
	到期赎回价 110%（含最后一年利息）							
初始转股价格	3.38 元，不低于认购邀请书发出前 20 个至前 1 个交易日股票交易均价					转股期限	自发行结束之日起满 6 个月起至到期日止

募集配套资金用途	项目名称	金额（万元）	占比
	支付标的资产现金对价	66 732.51	31.10%
	标的公司偿还借款	144 175.17	67.18%
	支付交易的税费及中介费用	3 692.32	1.72%
	合计	214 600.00	100.00%

是否设置转股价格调整条款	由董事会在发行前与主承销商协定，不得向下修正
是否约定赎回条款	是
是否约定回售条款	是
锁定期安排	自发行结束之日起 6 个月内不得转让，所转换股票自发行结束之日起 18 个月内不得转让

交易各方如何在上述介绍的三种支付方式中进行选择，主要考虑以下因素。

第一，交易规模、交易目的、交易标的的性质及交易对方的身份和需求。一般来讲，小规模并购通常使用现金，大规模并购通常使用股票或者混合支付方式。全现金交易在不构成借壳的情况下无须中国证监会审核，时间历时较短，程序简单；采用发行股份或者可转债购买资产的存在中国证监会审核风险，且审核时间较长。

第二，交易对方不同，选择的支付方式也不一样。交易对方一般分为两类，一类是创业团队，包括实际控制人和管理层团队，另一类是财务投资者。相较而言，实际控制人和管理层团队更容易接受股份，这是上市公司绑定标的公司管理层的重要手段；同时，如果标的公司注入后发展情况良好，创业团队除了目前出售标的所获得的收益外，还有获得股票日后增值的收益。财务投资者的基金是有存续期限的，不允许退出后仍被长期锁定、无法变现，导致产品到期无法兑付，跟财务投资者所处行业的运作模式有关系，财务投资者更多的希望拿到现金作为交易对价。

第三，采用股票支付的交易对方可以适用"财税2014〔116〕号"文或"2009〔59〕号"文关于所得税处理的优惠政策，较大程度上缓解并购双方的税负压力。

第四，上市公司股权结构及控制权状况。如果控股股东持股比例高且本次交易不是向控股股东发行股份购买资产，上市公司倾向于使用股票支付。如果上市公司控股股东持股比例不高，或上市公司市值本身不大，但标的公司体量相对较大，在保持控制权不变的情况下，现金支付比例需要比较高，避免触发借壳上市。

第五，上市公司资本结构、资金充裕程度和融资能力。股票支付可以避免上市公司大量流动资金被占用，有效减轻上市公司资金压力，降低营运风险。上市公司资金紧张或融资能力弱时，没有现金支付能力，对外想要获得银行借款也比较难，此时上市公司倾向于采用股票或可转债支付方式。

第六，上市公司股价及市盈率情况。上市公司估值高时，更倾向使用股票支付，以较少的股份收购标的公司；而交易对方更倾向于接受现金。反之亦然。

核心交易条款：业绩承诺及补偿安排

业绩承诺及补偿安排是上市公司保证交易安全的重要抓手条款，是交易双方可能出现激烈博弈的环节，部分项目申报前的谈判和申报后的审核要求均可能在此处发生重大分歧。

A股并购交易一般选取收益现值法作为定价参考依据，通过对标的公司未来收益的折现计算交易价格。预测具有不确定性，为了避免上市公司可能出现的损失，上市公司一般要求交易对方对标的公司做出业绩承诺及补偿安排，即业绩对赌。

业绩对赌实质上是一种估值调整机制，是交易双方对标的公司未来经营业绩不确定性的一种保护机制。

不是每笔交易都必须设置业绩对赌条款，只有同时满足下列两点的交易才属于法定要求的业绩对赌：第一，交易对方为上市公司控股股东、实际控制人或者其控制人的关联人；第二，采取收益现值法等基于未来收益预期的方法作为定价参考依据。其他交易是否设置业绩对赌条款无强制性要求，交易各方根据市场化原则协商确定即可。

针对上述第一条，收购标的为第三方持有，虽然法规不强制要求业绩对赌，但增加业绩对赌可能会更容易取得监管部门及上市公司中小股东的认同，提高审核通过率。针对上述第二条，如果资产基础法中对于一项或几项子资产采用了收益现值法估值，若交易对方为控股股东，则交易对方也应就此子资产部分进行业绩补偿。

在境外成熟资本市场的控股权交易中，交易对方很少做出业绩承诺。就算在A股重组交易，只要涉及境外资产和交易对方，也很少设置业绩对赌条款。主要原因为，与IPO前大股东与机构投资者对赌不同，重组后标的资产理论上已被上市公司控制，若要让标的公司原股东进行业绩对赌，就需要给原股东独立经营权。这样可能违背并购中的基本商业逻辑：

对赌情况下，将影响标的公司与上市公司协同效应的发挥；重组初期属于"蜜月期"，"蜜月期"不整合，对赌期结束后再整合难度可能更大；对赌承诺往往诱发"高承诺、高估值"的定价模式，会给上市公司带来高商誉；部分上市公司会以对赌代替风险判断，不利于上市公司提高价值判断能力进而形成并购选择能力，也容易让并购陷入短期利益导向。

现行规则下，交易各方要摒弃"高承诺、高估值"的定价模式，结合标的资产经营业绩、核心竞争力、未来规划安排等，根据市场化原则自主约定是否需要设置承诺安排，并可根据并购目的，采用多元化财务或非财务指标进行承诺。

法定情况下，业绩承诺期为重组实施完毕后的三年。协商补偿业绩承诺期较为灵活，1~3 年为常见的对赌期限。部分行业具有特殊性或交易本身存在特殊性，如跨界收购且标的的估值 PE 倍数很高，或标的公司未来盈利不确定性较强，交易方案可能会延长期限。

一般情况下由全体交易对方进行业绩对赌，以保证上市公司的利益，降低日后风险。但实际执行过程中各个交易对方的诉求不同，可能会出现部分交易对方不进行对赌的情况。比如，基金股东的投资产品存在存续期到期退出要求，且承担或有义务不符合基金股东的经营逻辑，因此一般情况下，基金股东一般不参与业绩对赌。

如业绩承诺方拟在承诺期内质押重组中获得的、约定用于承担业绩补偿义务的股份，即质押对价股份，业绩承诺方需要就对价股份优先用于履行业绩补偿承诺，不通过质押股份方式逃废补偿义务。实务操作中，较少有机构可以接受质押对价股份进行质押。

上市公司重大资产重组中，也可能设置净利润之外的核心关键指标作为业绩对赌指标。不同行业关键指标可能不同，如应收账款回收时间和回收率、客户拓展指标以及业务市场占比等。

从事后整合到全流程贯彻整合思维

并购发生的频率较低，可预见性较弱，上市公司难以积攒丰富的经验形成应对并购活动的机制。并购形式具有异质性，并购行为与并购结果无清晰的因果关系可循。由于以上诸多因素的存在，并购被视为是一种复杂的战略活动，也成为最具挑战性的管理任务之一。

上一轮"并购潮"中，部分上市公司重组后出现"并而不整""整而不合"等问题，甚至出现收购标的"失控"的情形。为避免该等情形发生，上市公司需要制定并购全流程总体框架，实施并购过程一体化价值创造模式。提前制订并购计划，应对谈判和整合等阶段的各类挑战，从而减轻并购的不确定性。

并购全流程可以划分为四个相互关联的阶段：第一阶段，规划和战略管理；第二阶段，谈判（含尽职调查等）；第三阶段，执行；第四阶段，反馈与调整。上述四个阶段间相互关联，在规划和战略管理阶段，应考虑谈判、实施、调整等环节，而谈判阶段又提供了有关尽调、实施和标的公司战略等重要信息，这些信息有助于规划工作的开展，从而影响实施过程。

第一阶段，规划和战略管理阶段。

上市公司确定了并购策略后，就需确定并购计划，设定候选对象筛选标准，形成一个全面比较的筛选体系，以便确定最佳的并购方案。

筛选标准可以是并购的经济价值和成本；可以是收购协同效应水平，实现协同效应面临的障碍，比如知识转让的障碍，文化差异带来的障碍；可以是整合两家公司的难度。

除了对标的公司的价值进行财务评估外，还需要进行战略评估。战略评估涉及以下方面：收购的协同潜能、收购对公司实现战略目标的积极作用、通过规划后续的组织整合过程来实施收购的方法等。这一评估对于标的公司筛选和排序过程极其重要。有时谈判确定的价格可能高于财务评估的价格，也是可以接受的，因为战略评估得出了一个合理的溢价水平。反之，尽管谈判确定的价格低于财务评估的价格，但战略评估和整合规划阶段显现出交易实施的难度，也会促使交易双方放弃这一收购方案。

即使上市公司认为已经找到最佳的并购标的，也应制订若干替代性的战略方案，并将其排序。替代性方案能帮助上市公司从另一个维度估计标的公司的价值，以及发现其他与价格非直接相关的重要问题，从而在谈判中发挥作用。

第二阶段，谈判阶段，需要在最大程度上保证各方都可以从本次交易中获益。

并购失败风险部分源于谈判过程。在谈判过程中，双方可能没有产生好感，也没有达成行动计划共识，这些谈判问题均有可能导致并购失败。

谈判过程中，如果双方在维护自身利益的同时也维护对方的利益，最终结果对双方都有利，会实现双赢的局面，这种收购更容易取得成功。并购应当能够通过合作创造协同效应，双方共享创造力和协同工作能力，从而"将蛋糕做大"，实现并购双赢的目标，而不是去担心谁能比对方分得更大的一块蛋糕。

谈判各方不应预先设定一成不变的谈判立场，应基于目标和各种备选方案进行谈判，以使谈判过程富有灵活性。在谈判时，各方不妨对可能达成的谈判结果预先设定一个可接受的变通范围，设想到最好的（上限）和最坏的（下限）谈判结果，制订出谈判最佳备选方案。

谈判应按计划进行，以使重组有效推进，实现谈判的战略目标。谈判过程不应仅关注对方财务和法律事项，那样交易将仅仅围绕各种合同和数据进行，侧重的只是技术评估和收购本身，而忽视在谈判中建立伙伴关系以实现共赢这一重要目标。

谈判过程要尊重文化差异，探讨文化差异，而不是将其掩盖或模糊处理。承认文化差异，便能够避免猜忌，有助于消除误解，利用文化差异来促生创造力。

谈判应由团队而非个人掌控，负责交易的团队都应参与谈判过程。团队能够集体思考、组织、消化并采取新的行动方向，团队能够听到、看到个人不易了解的情况，团队比个人有优势，这正是谈判所需要的。

并购谈判是一个复杂、敏感的过程，每次都要拿出极高的热情、投入度、透明度和信任度。同时，不要在少数几次谈判后就试图让双方达成一致意见。谈判需要时间，一旦缺乏耐心，议价能力就会减弱。

58 同城（WUBA.N，退市）和赶集网合并前，基本上瓜分了国内分类信息市场。2015 年 4 月，58 同城和赶集网合并。58 同城股东之一赛富基金合伙人羊东在合并后接受采访时被问到一个问题：双方谈判很艰难吗？羊东说：是一次马拉松式的谈判，最长的一次，姚劲波和杨浩涌谈了超过 20 个小时。谈不下去的情况也有，但一直没有放弃过。被问到的另一个问题：比较艰难的议题包括哪些？羊东说：从股东的层面来看，估值、公司发展，都是股东们最关心的话题。从管理层的角度，具体的管理问题、公司的发展前景，是关注度比较高的话题。

第三阶段，执行阶段，需要高度重视管理层和员工，进行深度整合。

并购的价值是通过整合两家公司创造出来的，上市公司需要对并购项目或公司进行文化和管理平台输出，不能实行放养式管理。

在交易达成前，上市公司需要摸清与整合有关的成本，以及实现协同效应会面临哪些挑战，这些信息是谈判过程的一部分，对是否收购标的公司决策会产生直接影响，如果整合的难度、不确定性和成本过高，应当考虑是否放弃本次收购。这些挑战和成本也直接影响支付价格、支付方式和支付节奏等交易条款。

中国无菌包装市场份额主要由四大巨头占据，其中纷美包装（0468.HK）绑定蒙牛，新巨丰（301296.SZ）绑定伊利。2023 年 1 月，上市仅 4 个月的新巨丰收购第一大股东持有的纷美包装 28.22% 的股份。收购过程中，纷美包装董事会以可能损害客户利益从而导致客户与市场流失为由，从规则、业务和权益层面采取措施阻止本次交易。虽然最终新巨丰艰难地成为纷美包装第一大股东，但收购后新巨丰两次董事提名被否，在纷美包装董事会的抵抗下，新巨丰至今未能参与到纷美包装的决策及经营中，这与新巨丰当初战略投资的设想并不相符。

　　2024年6月，新巨丰拟通过自愿全面要约的形式进一步收购纷美包装已发行股份。本次收购若能顺利实施，纷美包装将成为新巨丰控股子公司，新巨丰被"拒之门外"的局面将得到扭转。但本次收购的交易难度比前次收购高出许多，随着交易从两家公司之间的竞争外溢至客户之间的竞争，双方的攻防或许将继续上演。

　　上市公司和标的公司在管理和组织文化上的差异，是影响标的公司管理团队和员工在重组过程中的表现的主要因素。标的公司的管理团队和员工可能有意识或潜意识地排斥重组事实，这会带来巨大的整合成本。上市公司需要预先计划并考虑好新组织的结构问题，消除标的公司与上市公司之间的文化差异。

　　企业间的文化差异、对标的公司管理层自主权的剥夺，以及面对并购走向的不确定心理，也会导致标的公司员工在工作态度、合作度以及忠诚度方面产生负面情绪，这些负面情绪会致使标的公司管理层怠于合作，在整合过程中忠诚度降低。而忠诚度的降低又会导致标的公司管理层和专业人才的高流失率。上市公司可以采取积极主动的沟通策略。可以采用系统化的沟通及专业化的干预机制，打消标的公司管理层及员工的不确定心理。标的公司管理层及员工只要认清形势，便会将更多的精力放在手头的工作上。

　　第四阶段，反馈与调整阶段，需要采用正式的程序，评估、控制和改进整合过程。

　　并购情况各异，难免会有随意性和不确定性。在并购过程中有许多机制、程序会影响并购绩效，在实施阶段也会有很多环节会面临问题。并购过程中需要管理大量复杂的活动，而且会发生很多难以预料的突发事件，整合进程动辄就会偏离正轨。系统化、持续化的评估和改进是并购成败的关键因素，上市公司需要依据具体并购情况制定并更新适当的方法、程序和体系，从而减少在决策、行动和绩效上的随意性和不确定性。

　　上市公司需要事先界定好四个领域中控制和评估的方法和标准，例如操作标准、整合标准、文化转变标准，以及必要的财务绩效标准。借助这些标准和指数，上市公司才有可能对所规划的进程进行核查，并在绩效未达到界定标准时进行必要的修正。

既要会"买"，也要会"卖"

随着外部环境、市场条件以及内部管理能力等因素的变化，上市公司各类业务的回报、增长及风险等价值驱动因素也会发生变化。因此，上市公司的发展战略也需要适时调整，以优化资产配置，这样才能持续实现价值创造。

上市公司通过对存量业务价值进行分析、评估，可以识别出一些与公司现有业务战略匹配度低、协同效应小、未来回报与增长改善空间不大的低效或非核心资产。对于这些资产，公司可以在适当的时机、以适当的价格处置，一方面可以提升公司资产组合的回报，另一方面可以集中资源以支持战略匹配度高或回报更高的业务的发展。

通用动力公司（General Dynamics，GD.N）为全球性的航空航天和防务公司。2023年度，公司净利润及经营活动现金流量净额分别为230亿美元、330亿美元，年末货币资金余额135亿美元，拥有较强的盈利能力及较高的盈利质量。但历史上，公司也曾深陷债务危机。1990年新上任CEO比尔·安德斯采取措施，在三年时间内使公司摆脱债务危机，并产生了50亿美元现金盈余。其主要实施了两方面的变更：一方面，压缩经营活动范围，加强成本费用管控，提高经营活动现金流。另一方面，剥离战略框架中的非核心业务，处置盈利能力弱的业务，并通过收购扩大公司的主营业务。有趣的是，同行对"买"的兴趣大过于"卖"，总是乐意出高价，公司通过将一系列带来很高增值效应的资产剥离，回笼了大量现金，缩减了经营范围，提高了盈利能力。

资产转让、资产置换是资产处置中最为常见的方式。其一，资产转让即转让部分或全部待处置业务，对于增长放缓但回报较高的业务，可全部转让或者出让部分股权作为财务投资。对于回报较低的业务，可考虑全部转让。其二，资产置换是通过业务的互换或以待处置业务资产换入受让方资产等方式实现业务资产的置出。当资产无法在市场上直接出售，或作价与估值有较大折让，或现金交易承担较大所得税等税务负担时，若受让方持有合适置入的资产，可以采用资产置换的方式，但要关注置入资产的价值情况以及置入和置出资产的估值。资产处置的其他方式还包括委托处置、无偿划转、资产清算等。

为使资产处置收入最大化，上市公司可在资产转让前对标的公司的资本结构和股权架构进行调整，并进行适当的业务安排与会计处理。

标的公司可通过增加外部债权资本以置换控股股东的贷款。标的公司存在未分配利润时，可考虑先分派股息，当标的公司负债水平较低时，在不影响作价的情况下也可通过增加外部债权资本派发股息。为充分体现控股股东的控制权溢价，可考虑在转让前归集少数股东权益。

贝斯美（300796.SZ）2023年10月公告拟向上海俸通及上海楚通捷支付现金购买其持有的捷力克80%的股权，交易作价为34 800.00万元。2023年上半年，标的公司向各股东现金分红7 300万元，这是标的公司常见的被收购前现金分红的操作。

标的公司可采用适当的交易主体及股权架构，以简化审批流程、加快交易进度并简化信息披露。标的公司应综合考虑标的公司的股权架构、股权价值增值幅度以及交易架构，进行税务筹划，以减少应税收入额。

前文提到的捷力克2022年前由3位自然人持股。2022年，其中2位自然人股东将其持有的股权转让给上海俸通，第3位自然人股东将其持有的捷力克股权转让给上海楚通捷，作价依据为以母公司财务报表净资产折算，两位新股东均为新成立的主体。标的公司持股股东由自然人变更为合伙企业，可以合理利用税务筹划，降低交易对方实际税负。

标的公司可考虑在合理范围内，加快对销售收入确认、资产减值冲回等方法提高待处置资产的盈利水平。可考虑在合理范围内，采用调整固定资产和无形资产的折旧摊销年限、压缩或延迟销售费用、豁免内部财务费用、减少总部费用分摊等方式，降低待处置资产的成本费用。考虑通过压缩库存、加强应收与应付账款管理以及通过压缩经常性资本支出等方法提升经常性自由现金流。

第九节 股权激励既是员工激励工具，也是市值管理工具

什么是股权激励和员工持股计划

前文提到，股权是一种珍贵的资源，上市公司要谨慎使用。但也有一个显著的例外情形：为员工提供股权激励。资本市场上有一句名言：想让员工像股东一样思考，最好的方式是让他们成为股东。股权激励以及与之相关的员工持股计划，就是实现这一方式的最佳途径。

股权激励是上市公司以公司股票为标的，对其经营者与员工进行的长期性激励，是一种重要的现代企业管理激励模式。

在经营者与员工收入结构中，一般薪酬支付方式为工资、奖金等，这属于短期性激励、货币性激励；股权激励是通过股权、期权等形式来实现，为长期性激励、股权性激励。股权激励把经营者、员工追求自身利益最大化与企业价值最大化捆绑在一起，在一定程度上解决了经营者、员工与所有者的利益冲突问题。

股权激励是重要的市值管理工具，不仅在于其能够直接激励经营者和员工，还在于其被市场投资者所看重。当一个上市公司的高管和核心员工有股权激励时，意味着他们会十分关注公司的经营业绩和市值表现。因为只有实现了经营业绩的考核目标，他们的股权激励才能够被兑现；而公司

的市值表现直接决定了他们的收益。在这种情况下，市场投资者，特别是机构投资者会认为，这家上市公司、经营者、员工的利益与投资者是一致的。或者说，既然他们（上市公司所有成员）会更努力，我们（资本）就"搭个便车"。这符合金融行为学的原理，因为多方形成了相向而行的利益共同体。

上市公司狭义的股权激励方式为限制性股票、股票期权和股票增值权，广义的股权激励方式还包括员工持股计划。

第一种方式：第一类限制性股票。激励对象按照股权激励计划规定的条件，获得转让等部分权利受到限制的上市公司股票。当激励对象完成预先设定的考核任务后，激励对象可出售限制性股票。限制性股票在解除限售前不得转让、用于担保或偿还债务，即授予日激励对象取得股票所有权，解除限售后方可出售，授予日与首次解除限售日之间的间隔不得少于12个月。

第二种方式：第二类限制性股票。符合股权激励计划授予条件的激励对象，在满足相应归属条件后分次获得公司的股票，授予日与首次解除限售日之间的间隔也不得少于12个月。在2019年推出科创板、2020年推出创业板注册制改革后，这两个板块的上市公司引入了第二类限制性股票激励工具，其融合了第一类限制性股票和期权两个工具的优势，成为重要的激励工具选择。

同样是限制性股票，第一类在授予日即启动登记程序并登记在激励对象名下，但此时股票处于锁定状态不能卖出，激励对象需等待至少12个月，并满足相关的考核条件后方可解除限售。第二类则在授予日不登记，待满足归属/考核条件后进行归属登记，若归属条件包括任职12个月以上，则登记后不设限售期，登记后即可卖出。与第一类相比，第二类有以下优点：

其一，减少亏损发生的可能。第一类在股价持续下跌的行情下，一年后解除限售，卖出时仍可能亏损。而第二类激励对象有更大的选择权，在归属时若股价倒挂，则可以选择放弃归属。

其二，缩短资金占用的时间。第一类在授予时需要出资完毕，但不能立即卖出，需要 12 个月以上的限售期。第二类则仅需在满足归属条件后出资，若归属条件包括任职 12 个月以上，归属后可以立即卖出，大大缩短了资金被占用的时间。

其三，归属 / 考核条件未达成的处理。第一类若未达到解除限售条件，股票由于已经登记在激励对象名下，需要回购后注销。第二类在考核条件成就前股票尚未归属，直接作废即可，省去了回购、注销等程序，操作更为简便。

其四，减持对启动股权激励计划时间的影响。基于短线交易的限制，第一类授予日即视同买入，因此在授予日前 6 个月作为激励对象的董事、高管以及持 5% 以上股份的股东不得存在减持行为。而第二类在归属日才视同买入，在归属日前 6 个月内不存在减持行为即可。在两创版块上市公司准备启动股权激励前，若作为激励对象的董事等刚完成减持行为，需要等待 6 个月方可启动第一类，第二类则可以立即启动。

第三种方式：股票期权。上市公司授予激励对象在未来一定期限内以预先确定的条件购买本公司一定数量股份的权利。激励对象有权选择行使或放弃该权利，但不得用于转让、质押或偿还债务。

与第二类限制性股票一样，股票期权在授权日仅授予权利，在等待至少 12 个月且待条件成就后，激励对象才可以选择行权并立即卖出。不同的是，第二类价格原则上不低于市场参考价的 50%，在合理说明的情况下甚至还可以低于五折；而股票期权的行权价格为不得低于市场参考价，即不能打五折。

第四种方式：员工持股计划。员工持股计划旨在激励员工取得股票，按计划解锁。员工持股计划是一种向员工提供股票所有权的机制，上市公司根据员工意愿，由公司内部员工个人出资认购本公司部分股份，并委托专门的机构，如职工持股会或信托机构进行集中管理，股份权益按约定分配给员工，使员工以劳动者和所有者的双重身份参与企业生产经营管理的企业内部股权形式。

第五种方式：股票增值权。股票增值权是基于未来增值价差的现金型激励。上市公司授予激励对象在一定的时期和条件下，获得规定数量的股票价格上涨所带来的收益的权利。激励对象不拥有这些股票的所有权，常用于对外籍员工的激励。股票增值权和股票期权类似，股票期权在行权时需要先购买约定数量的股票，待卖出后才能获利，股票增值权在行权时不用买卖公司股票，由公司将行权时股票实际价格与授予的行权价格之间的差价直接支付给激励对象。支付的方式可以是现金、股票或"现金＋股票"的组合。

基于市值管理的股权激励设计原则

在"第一章　第二节 市值的自我诊断"小节中提到，股东结构中是否有公司管理层团队及核心技术人员持股是影响市值的一个重要指标。上市公司是否推行股权激励（含员工持股计划，下同），资本市场对公司的期待值和认可度并不一样，体现在以下三点：

其一，股权激励可以改善上市公司股权结构及治理结构，解决经营者、员工和股东利益不一致的问题。股权激励将员工的利益与公司的利益紧密结合在一起，使员工更加关注公司的长期发展，增强员工的归属感和忠诚度。

其二，股权激励可以优化考核与激励机制，吸引、留住及激励人才，提升公司的核心竞争力。与传统的薪酬制度相比，股权激励更是一种市场竞争性报酬。实施股权激励，有利于公司形成开放式股权结构，可以不断吸引和稳定优秀人才。真正具备企业家才能、对自己的才能有信心的经理人会被股权激励制度所吸引，他们会主动地选择股权激励占薪酬较大比重的报酬方案，将自己的利益和企业的利益、股东的利益捆绑起来。

其三，通过股权激励，上市公司可以向外部传递管理层和核心骨干员工看好公司的未来，愿意将自己的未来利益和公司进行捆绑等非常清晰的信号，增强投资者的投资信心，从而对公司股价产生一定的正向影响，提高公司市值。

基于市值管理，股权激励方案设置有以下三项原则：

原则一：股权激励的切入点为考核条件（含归属条件、行权条件），设计科学合理的业绩考核条件是股权激励设计的核心要求。

实施股权激励，上市公司不担心管理层及核心员工拿高额的报酬，而在意支付的业绩条件，也就是上市公司设计股权激励计划的业绩基础和业绩指标要科学、合理，需要准确考核管理层及核心员工的努力和贡献。

其一，在设计考核时，目前一般选取核心财务指标作为考核指标。上市公司可以将历史业绩或同行业绩作为对照依据，选取包括净资产收益率、每股收益等反映股东收益和企业价值创造的综合性指标，以及净利润增长率等能反映企业盈利能力和市场价值的成长性指标。

其二，除选取核心财务考核指标外，不少上市公司相继引入战略考核指标。战略指标可以定性或者定量考核，在科技创新、转型升级、结构优化、市场开拓等方面进行设置，更加直观、清晰地明确上市公司发展的核心任务，有助于提升上市公司竞争力。

例如，圣湘生物（688289.SH）主要提供集试剂、仪器、第三方医学检验服务等。2023年国内外公共卫生防控政策变化，新冠核酸检测试剂及仪器需求急剧下降，导致公司营业收入及净利润大幅降低。根据行业发展趋势，公司制定了布局化学发光领域的未来发展战略。为保证战略落地，公司2023年4月推出股权激励计划，选取化学发光领域相关目标作为考核指标。其中，第一个归属期考核目标为：2023年设立化学发光领域的技术平台，并通过合作或自主研发设立2条具备合法销售资质的化学发光领域重点产线。第二个归属期考核目标为：2023年至2024年建设完善化学发光领域的技术平台；通过合作或自主研发设立3条具备合法销售资质的化学发光领域重点产线，在化学发光领域新增产品不低于40项。

不同行业、市场、规模、发展阶段的上市公司的战略定位有所差异，设置战略考核需与上市公司的战略定位相适应，合理、准确把握战略指标，做出相应的经营计划。

其三，在A股市场逐步转向"以投资者为本"的过程中，股权激励若只有公司内部人员获益，可能会引起投资者的不满情绪。除了上述财务类、战略类指标，目前，越来越多的 A 股上市公司像美股、港股上市公司一样，选择市值指标作为考核指标。部分美股、港股上市公司股权激励计划考核指标选取情况，详见表 2-12。

表 2-12　部分美股、港股上市公司股权激励计划考核指标选取情况

公司	激励工具	行权/解锁条件
奈飞[①]	股票期权	股价自授予日上涨 40% 后可行权
苹果	限制性股票	40% 部分，以任职时间长度解锁 60% 部分，以中长期（1 年到 3 年）期间内综合股东回报率（total shareholder return，TSR）达到标普 500（SPX.GI）的前 1/3 分位，兑付 100%
微软	限制性股票	未来 3 年业绩均值 × TSR 相对系数达到考核要求；TSR 相对系数仅当 TSR 超过标普 500 的 60 分位时算作加成，可加成 1～1.5 倍
建发物业	限制性股票	除经济增加值 (EVA) 及营业利润指标外，以 2022 年总市值为基数，2024～2026 年总市值增长率分别不低于 3%、6%、9%，且不低于同行业均值或对标企业 75 分位值；或以 2022 年营业收入为基数，2024～2026 年营业收入增长率分别不低于 5%、10%、15%，且不低于同行业均值或对标企业 75 分位值

① 奈飞公司是世界领先的娱乐服务公司之一，在 190 多个国家拥有超过 2.6 亿个的付费会员，2024 年 11 月，市值高达 3 500 亿美元。

由表 2-12 可以看到，美股与港股上市公司激励的考核指标采用较多的是 TSR。TSR 是衡量企业在一定时期内为股东创造价值的财务指标，包括股价的增长和股息收益。它能够综合反映企业的财务表现和市场表现，是评价企业绩效和治理效果的重要工具，对 TSR 指标的考核，可以更好地帮助投资者实现投资的价值增值。

A 股上市公司也开始尝试将市值作为股权激励的考核指标之一。例如，获得国家集成电路产业投资基金二期战略投资的科创板上市公司佰维存储（688525.SH），2024 年 2 月推出限制性股票激励计划。激励计划各年度业绩考核目标，详见表 2-13。

其中：各年度营业收入及总市值业绩完成度 A ≥ Am，则公司层面归属比例为 100%；若 An ≤ A < Am，则比例为 50%；A < An，则比例为 0%。

表 2-13　佰维存储限制性股票激励计划的各年度考核目标 (A)

归属期	触发值（An）	目标值（Am）
第一个归属期（2024 年度）	营业收入不低于 45 亿元，且总市值任意连续 20 个交易日达到或超过 180 亿元	营业收入不低于 50 亿元，且总市值任意连续 20 个交易日达到或超过 200 亿元
第二个归属期（2025 年度）	营业收入不低于 60 亿元，且总市值任意连续 20 个交易日达到或超过 200 亿元	营业收入不低于 65 亿元，且总市值任意连续 20 个交易日达到或超过 250 亿元
第三个归属期（2026 年度）	营业收入不低于 75 亿元，且总市值任意连续 20 个交易日达到或超过 250 亿元	营业收入不低于 80 亿元，且总市值任意连续 20 个交易日达到或超过 300 亿元

尽管市值指标的引入面临着较多不可控因素，但这种做法有助于推动公司管理层和核心骨干追求股东价值最大化的经营理念，为股权激励考核的一种趋势。

其四，创新方面可以设置不同的考核/行权条件。

上市公司可以差异化设置考核指标。可以根据岗位与职能的不同，为激励对象归类，在考核分数计算方式设置中做差异化考量，为各类激励对象设置不同考核指标。例如，在子公司任职的激励对象突出其子公司经营业绩的表现，更强调个人能力的技术研发人员则突出其个人贡献等。又例如，汽车零部件制造公司万向钱潮（000559.SZ），2024 年 6 月推出股票期权激励计划。根据公司层面业绩考核、业务板块/子公司层面考核及个人层面绩效考核等，确定考核总分值（T）。考核总分值（T）计算方式详见表 2-14。

表 2-14　万向钱潮股票期权激励计划考核总分值（T）的计算方式

适用激励对象	公司考核分（B）	总分值（T）
上市公司董事、高级管理人员	公司层面业绩指标完成率（A/Am）×1，且完成率需要≥50%	$T=B \times 0.5+S \times 0.2+P \times 0.3$
母公司部门经理及负责人、一般管理人员	公司层面业绩指标完成率（A/Am）×1，且完成率需要≥50%	$T=B \times 0.5+S \times 0.1+P \times 0.4$
各子公司部门经理及负责人、一般管理人员	公司层面业绩指标完成率（A/Am）×0.5+子公司层面业绩指标完成率（C/Cm）×0.5；且 A/Am 需要≥50%，C/Cm 需要≥80%	$T=B \times 0.5+S \times 0.1+P \times 0.4$
技术研发人员	公司层面业绩指标完成率（A/Am）×1，且完成率需要≥50%	$T=B \times 0.3+S \times 0.3+P \times 0.4$

其中：重大贡献分（S）由提名与薪酬委员会考核评分，个人考核分（P）为个人绩效考核分。

若各考核年度考核总分数 $T \geqslant 90$，则各考核年度对应行权比例 $M=100\%$；若 $60 \leqslant T < 90$，则 $M=T\%$；若 $T < 60$，则 $M=0$。

原则二：货币性薪酬、股权性薪酬结构比例合理，体现长期性、递延性报酬特征。

管理层及员工报酬由三部分组成：基本工资、年度现金奖金和股权激励。基本逻辑是，基本工资一般采用市场平均水平，年度现金奖金按照工作时限分配与确定，股权激励和公司市值增长相关。

长期激励性报酬的本质是递延性。在使用递延报酬形式中，被递延支付的报酬是一种履行业绩目标的"保证金"。为了将来获得这些保证金，管理层及员工需要努力工作，防止被解雇和短期行为的发生。

部分公司实施长期激励计划时，公司管理层不拿年度现金奖金，长期激励奖励100%是股权激励。其他管理人员可以适用不同的股权激励占比，级别越高，其股权激励占比就越高。这样可以让领导团队与公司利益紧密结合，解决部分公司高管为追求短期回报而忽视长期回报的问题。

原则三：考虑激励对象的支付能力、风险承受能力及工作年限等。

其一，管理层与员工对待风险一般都属于厌恶型，承担风险的能力较弱。在股权激励方案设计中，要求激励对象支付一定对价，目的是让管理层与员工承担公司未来发展的一定风险，但这个风险不能过大，否则股权激励计划就有可能失败。

其二，管理层与员工支付能力及风险承受能力也是不同的。针对各类激励对象可以设置不同的授予价格，这可以提高激励计划的针对性和精准度。向薪酬水平相对较低的非高管人员予了更大的激励价格折扣，这样既能降低其出资认购压力，还有助于充分调动上述人员的工作热情与主动性，有更好的激励性和吸引力，使得经由管理层传递下来的经营决策与行动计划得到更好的贯彻落地。同样地，公司董事、高管及核心管理团队获授激励计划的价格相对较高，会有强约束性。

其三，上市公司在方案设计与激励对象选取过程中可将司龄与岗位职级纳入考量因素。司龄越长、岗位职级越重要，该激励对象的权重分也应相应提高，可以对其授予更高的价格折扣以提升激励性，也可反之提升约束性。方案设计实践中还要结合激励目的、其他要素安排以及员工参与意愿和经济水平等诸多因素进行调整与补充。

需要注意的是，上市公司实施的股权激励计划并非都有激励作用。部分激励计划的考核目标宽泛不清，无清晰的业绩导向；激励对象未经筛选而直接涵盖全体员工；部分激励计划业绩考核条件太高、难以完成，空有激动人心的刺激性；或是激励计划与公司实际发展战略规划路径不符。

上市公司实施股权激励设置考核指标时，应当以可持续发展、提高市场竞争力为主旨，综合考虑宏观经济环境、行业发展状况以及自身战略规划等相关因素后予以明确，增强激励对象对公司经营发展的可理解性；同时，应当兼顾可行性与挑战性，从而调动激励对象的工作积极性与创造性，形成良好的激励与约束机制，确保公司未来发展战略和经营目标的实现，为股东带来更高效、更持久的回报。

在实际执行过程中，上市公司需要注意两方面的问题。

一方面，激励计划无法兑现的风险。上市公司推出股权激励计划后，受到公司自身经营发展或二级市场走势的影响，部分上市公司实际业绩远低于考核业绩要求，或上市公司股价远低于期权行权价，使得员工无法行权或放弃行权，激励计划终止，不能达到激励计划设计的初衷。

另一方面，行权价格如果过低，则可能给上市公司利润带来巨大的压力，部分公司因股权激励费用使得净利润由正转负。如果行权条件设置得过低，则激励效果和向市场传达的信号均较弱。

因此，上市公司在制订激励计划时，根据多方面因素，科学评估行权条件及行权价是股权激励实现价值的关键。

股权激励方案的要素和主要条款设计

上市公司实施股权激励主体资格需要满足一定的要求。存在下列情形时，上市公司不得实施股权激励：最近一个会计年度财务报告或内部控制报告被出具否定意见或者无法表示意见；最近36个月内出现过未按规定进行利润分配等情形。

股权激励的激励对象包括上市公司的董事、高管、核心技术人员或者核心业务人员，以及对公司经营业绩和未来发展有直接影响的其他员工。外籍员工也可以成为激励对象。但是，与员工持股计划不同的是，下列人员不得成为激励对象：独立董事和监事；单独或合计持有上市公司5%以上股份的股东或实际控制人及其配偶、父母、子女等。

规模上限方面，股权激励存在总额10%及单一对象激励1%的上限限制。总额方面，全部在有效期内的股权激励计划所涉及的股票总数，累计不得超过公司股本的10%，科创板上市公司累计不得超过20%。单一激励对象方面，任一激励对象在有效期内通过股权激励计划获授的公司股票，累计不得超过公司股本的1%。

上市公司在推出股权激励计划时可以设置预留权益，预留比例不得超过拟授予权益数量的20%。在股东大会审议通过后12个月内，需要明确预留权益的授予对象，超过12个月未明确的，则预留权益失效。

股票来源方面，与员工持股计划不同，股权激励的股票来源主要为向激励对象定向发行股份；部分上市公司以回购的股份作为股票来源。两种股票来源简单对比如下：

其一，定向增发会在一定程度上稀释实际控制人的控制权，股份回购则对实际控制人的控制权没有影响。

其二，回购股份需要占用上市公司的现金，财务成本相对较高，影响公司现金流。定向增发则不会产生现金流出，不占用公司的现金，而且可以为公司带来增量资金，补充公司流动资金。

其三，公司在二级市场回购股票，向投资者和市场传递出上市公司股价被低估的信息，减少了二级市场公司股票的供给，对上市公司股价是一种利好（详见"第二章　第七节　合理实施再融资的考虑因素"）。

按照首次实施公告日，A 股上市公司 2024 年实施的股权激励计划共670 例。激励类型及股票来源情况，具体参见表 2-15。

表 2-15　A 股上市公司 2024 年实施的股权激励类型及股票来源情况

股权激励类型 / 股票来源	第一类限制性股票	第二类限制性股票	股票期权	股票增值权
定向增发股票	109	154	102	
回购股票	63	21	9	
两种来源结合使用	34	150	22	
小计	206	325	133	6
总计	670			

资料来源：Wind。

授予价格 / 行权价格方面，限制性股票与股票期权差异较大。限制性股票的授予价格不得低于下列价格较高者：草案公布前 1 个交易日股票交易均价的 50%；草案公布前 20、60 或者 120 交易日股票交易均价之一的 50%。科创板、创业板上市公司限制性股票的授予价格，可以突破上述不得低于 5 折的要求。而股票期权没有五折的优惠，行权价格不得低于下列价格较高者：草案公布前 1 个交易日的股票交易均价；草案公布前 20、60 或 120 个交易日的股票交易均价之一。

这意味着，激励对象取得限制性股票的成本较股票期权更低，对应地，上市公司承担的因授予限制性股票带来的股份支付费用一般高于股票期权。

资金来源方面，与员工持股计划不同，上市公司不得为激励对象提供贷款以及其他任何形式的财务资助，包括为其贷款提供担保。股权激励计划经股东大会审议通过后，上市公司应当在 60 日内授予权益。上市公司未能在 60 日内完成授予权益的，需要终止实施本次股权激励计划。

部分上市公司因激励对象资金筹集困难，无法在规定的 60 日内完成授予工作，导致股权激励计划终止。上市公司在设计股权激励方案时，应充分考虑拟激励对象的出资压力和所承担的风险大小，选择合适的激励工具；同时，应提前提示员工通过多种渠道筹款，避免因筹资困难问题导致公司无法在规定时限内完成授予登记工作。

员工持股计划的主要条款设计

员工持股计划相较于股权激励计划在规则层面更具有灵活性。目前法规未对员工持股计划实施主体及参与对象的范围提出具体要求。只要符合一定要求的公司员工都可以作为参与对象，包括公司实际控制人、董事、监事或高级管理人员。实际操作过程中，对于控股股东、监事等身份相对敏感的对象参与员工持股计划，不得向其变相输送利益。

相关规则也未对员工持股计划的股份来源做出限制。实际操作中，股份来源主要为二级市场回购，也有来源于集中竞价、大宗交易、协议转让、定向发行、股东赠予等情形，灵活性较强。

员工持股计划作为认购对象参与上市公司定向发行是股份来源之一。定向发行需要交易所审批、证监会注册且认购的股份需要满足再融资限售期要求，会造成员工持股计划时间周期较长，员工资金成本较高。这使得定向发行方式主要适用于员工对上市公司发展前景较乐观的情形。

股东赠予也是来源之一。这是由公司股东作为结算方，换取员工为公司提供服务，但上市公司与员工同样分别涉及股份支付费用和个人所得税，较其他股票来源没有明显的优势，且特定股东还要承担股票成本，实践中也较少采用。

员工持股计划的资金来源主要可以分为自筹资金（员工的合法薪酬）、杠杆融资和业绩奖励基金三种方式。自筹资金为激励对象以自有资产或个人借款方式筹集认购资金；杠杆融资为员工持股计划以激励对象自筹部分为基础，通过金融市场进行总体配资，从而扩大持股计划资金规模。业绩奖励基金为公司通过设立奖金池的方式转化为员工持股计划的购股资金。上述三种方式经常组合使用。

资金来源是股权激励与员工持股计划的一个重要区别点，也是员工持股计划给员工带来的一个风险点。股权激励的激励对象只能自筹资金，没有杠杆效应；而员工持股计划可以采用财务杠杆融资。杠杆融资会增大员工持股计划所持股票波动的损益风险，如股价上涨则放大收益，如股价下跌则放大损失。一般员工对待风险都属于厌恶型，风险承受能力相对较弱，如果股价下跌、损失放大，员工持股计划的作用就会适得其反。针对该风险，大股东一般会提供兜底承诺。

目前，杠杆融资倍数受到法规的限制，外部融资金额不得超过员工自筹资金（含业绩奖励基金）1倍，即杠杆倍数不得超过1:1。例如，东方盛虹（000301.SZ）2023年6月通过设立集合资金信托计划推出员工持股计划。持股计划总额不超过12.8亿元，其中员工自筹资金6.4亿元，金融机构融资6.4亿元。公司控股股东为融资提供连带担保、追保补仓，并给激励对象提供托底保证，保证员工出资部分的年化收益率不低于8%。

作为资金来源之一，不少上市公司纷纷推出业绩奖励基金计划。业绩奖励基金计划作为上市公司薪酬管理的重要组成部分，能够有效降低激励对象参与员工持股计划的出资压力，从而达到激励目的。业绩激励一般以增量业绩考核为主，匹配相应的提取规则。

例如，国内首家专注于环卫领域的主板上市公司福龙马（603686.SH），2022年8月推出2023～2025年业绩奖励基金管理方案。业绩奖励基金用于激励对象认购公司员工持股计划份额的资金来源。业绩奖励基金包括固定部分和浮动部分。其中：固定部分以净利润为基数，若当年净利润较上一年度净利润减少时，按净利润0.5%的比例计提；若当年净利润较上一年度净利润增加时，采用超额累积且分段计提的方式。浮动部分以净利润增加额为基数，采用超额累积且分段计提的方式。

现行法规未对员工持股计划受让上市公司股份价格做出具体规定。上市公司一般从自身经营情况、优化公司人才结构、实现员工激励目的等角度，结合公司未来经营发展规划、所处行业特征及宏观经济状况等多种因素，确定员工持股计划受让股份的价格，具有一定的灵活性及适配性。部分员工持股计划或是零对价，或是象征性以1元受让上市公司股份，但可能会被监管部门发函要求说明受让价格的合理性。

上市公司可以自行管理员工持股计划，也可以将员工持股计划委托给信托公司、证券公司及基金管理公司等具有资产管理资质的机构管理。

员工持股计划在股东大会上以普通决议的方式表决，为普通决议议案，只需要经出席股东大会的股东所持表决权的过半数通过即可。

上市公司实施员工持股计划时，需要遵守证监会关于信息敏感期不得买卖股票的规定。以回购股份为股票来源的员工持股计划，将回购专户的股票非交易过户至员工持股计划证券账户时，因为是非交易过户的方式取得股票的，不会对二级市场股价造成波动，故非交易过户不需要特别避开窗口期。

员工持股计划持有的标的股票受到宏观经济、国家政策、行业板块、二级市场交易价格、公司经营状况及其他不可控因素的影响，在锁定期及存续期内参与对象需承受公司股票下跌所带来的波动风险。参加对象需要先出资认购并承担流动性风险，只有在相应考核目标达成后，持股计划才能解锁，对应的收益才可能兑现，反之则无法兑现。员工持股计划所持股票能否解锁及获利情况均存在不确定性。

第三章 价值传播

第一节 通过价值传播实现和提升公司市场价值

什么是价值传播

价值传播本质上就是公司向资本市场营销自己，让市场看到公司、理解公司并最终认可公司，愿意为公司"买单"（投资公司）的过程。

这个传播的过程中有以下三个重要原则。

第一，让资本市场能看懂。

企业登陆资本市场一定要有一个非常清晰准确的战略定位，也就是要有一个投资者能看得懂的"标签"。所以公司要能够向资本市场简单、清晰、直接地传递这个"标签"，这对上市公司的市值呈现非常重要。我们常说"物以类聚，人以群分"，公司亦然。公司传递给市场什么"标签"，就会在市场上吸引什么样的投资者。上市公司需要把公司的技术语言翻译成业务语言，把业务语言表达成财务语言，最后将业务语言和财务语言整合成资本市场的语言，来回应资本市场，形成资本共识。但上市公司也不能乱贴"标签"。长期来看，故弄玄虚玩概念和炒作的公司只能吸引投机者，而不能吸引真正的价值投资者，最后出现公司股价涨跌无序、一地鸡毛的情况。例如，一家生产机顶盒的公司把自己描述为基于5G通信技术，使用人工智能和大数据算法，抢占家庭娱乐消费场景的高科技企业；又如，贸易平台公司把自己包装成产业互联网的概念。这些都是市场的反面典型。

第二，让资本市场能接受。

上市公司首先要做到能被资本市场看懂，这是前提。但在被看懂后可能会有两种情况：市场对公司认可并投资，或者市场对公司不认可且不投资。这其实就是上市公司做市值战略时，解决了被看懂的问题后，如何赢得资本青睐的问题。

这就需要两个逻辑达成共识，即业务逻辑和估值逻辑，也就是从三个层面达成共识：我怎么做我、我怎么看我以及资本市场怎么看我，正如本书"第一章　第一节　资本市场如何产生市值"所说，资本市场有自己的认知逻辑和估值逻辑，企业也往往有自己在产品市场积累的业务逻辑，我们如何有效地将企业的业务逻辑和资本市场的估值逻辑达成共识，以及达成共识的点、逻辑和自洽程度，都非常重要。这需要企业在资本市场上充分与投资者对话，充分传递企业的成长逻辑，也充分吸收市场反馈的估值逻辑。

第三，让资本市场能"买单"。

上市公司通过价值传播形成了资本市场的预期，这个预期需要通过公司的经营成果去印证，把预期落到实处。这就是前文说的，实现基于"现金回报"的预期管理。只有持续给预期并持续落实预期，才能赢得资本市场的信任，在资本市场成为品牌，然后真正实现销售，让资本真金白银买公司股票。

价值描述是价值传播的前提和基础

价值描述是价值传播的前提和基础，是自我认知、总结和定位的重要环节（"贴标签"的环节）。这个环节需要回答几个问题：我是谁？我要做什么？我的优点是什么？我的缺点是什么？我面临的机遇和挑战是什么？现在的我是什么样的？未来的我可能是什么样的？

价值描述是将公司作为一个产品，公司在向市场进行自我营销时的产品说明书和推介手册也就是公司的"简历"。上市公司需要有一个逻辑自洽且可实现的价值创造主线，通过提炼，清晰、简洁地阐释公司的成长幅度、资源配置、发展节奏等价值主张和目标，以获得资本市场对其投资价值的关注与认可。

价值描述的关键在于一定要贴近投资者，用投资者能听得懂的语言，站在投资者的角度，解答投资者关心的问题，以获得投资者的理解。

这里需要注意一个问题，公司理解的对自己的投资价值和资本市场投资人理解的公司的投资价值是不一样的。

以一家建筑行业龙头上市公司为例。市场看这家公司时会认为建筑行业正处在下行周期通道，虽然你是龙头上市公司，你的基本面很好，但是我可能觉得下行周期的龙头上市公司受到周期的打击和冲击会更大，所以我的钱要远离你。这就是资本市场对这家公司的一般认识。

如果这家建筑业上市公司与市场沟通时仅仅强调我是龙头、是大蓝筹、是国家的基本盘、是成分股的代表之一，那么它是很难打破市场对它一般认识的。这个时候就需要公司换种描述。第一，说明行业的确处于下行通道，但我是有独特竞争力的龙头，我的抗风险能力比市场看到的更强，我能够保证经营稳健；第二，在这个时候我愿意进行更多的分红和回购。我愿意减少资本开支，将资本更多地配置到回购和现金分红上，让投资者直接感受到可以实现预期的回报。那么市场对公司就可能形成一种"稳健经营，持续回报"的印象。这样就有可能吸引到一部分投资者。

通过这个例子，大家就容易理解：为什么上市公司仅做好价值创造是远远不够的，还得做好价值传播。换句话说，上市公司得用资本市场听得懂的语言向市场解释业务、财务、技术、商业模式。

价值传播包括信息披露和与资本市场沟通

价值传播就是公司将总结提炼的价值描述向外界进行传播，以获得外界认可的过程。举个例子，摆摊卖货，吆喝很重要。在资本市场，酒香也怕巷子深。卖股票，就是价值传播的过程，也可以形象地称为吆喝的过程。怎么吆喝，向谁吆喝，吆喝什么，这些很重要。

价值传播是消除资本市场中各类主体与上市公司之间的信息不对称、避免公司价值被低估的重要环节，也是整个公司对外形象的展现。

过往的价值传播更多是一种应付式传播、被动传播、敷衍传播，其作用是，首先是满足监管的信息披露要求或考核要求，其次是处理舆情危机公关。而市值管理所需要的价值传播则是主动传播、主动发声、主动引导市场，协助市场对公司价值形成合理的判断。价值传播已从原来的以满足监管为导向转变为现在的以市场和投资者为导向。

在 A 股市场，投资者结构中以散户居多，市场容易被投资者情绪所影响，而投资者情绪又很容易受到媒体舆论的引导，所以区别于其他以机构投资者为主的市场，A 股市场除了要与专业机构、监管机构沟通，对媒体公关和舆论的引导也非常重要。

如前文所说，价值描述是将公司作为一个产品，在向市场进行自我营销时的产品说明书和推介手册也就是公司的"简历"。价值传播就是公司这个产品的营销策划方案，即我们的客户是谁，我们需要通过什么渠道让他们看到，他们怎么理解我们，我们需要他们怎么理解我们，这中间有什么理解偏差是需要消除的，怎么消除这种理解偏差，如何让他们看到产品的价值，给产品一个合理的心理估价。这个环节非常重要，就是所谓的得销售者得天下。

在价值传播过程中，资本市场各投资者的心理历程大致是：接收公司传达的信息、判断和评价、认同公司过往和现在取得的成果、期待公司未来的发展。我们之前说过，公司的内在价值是未来现金流的折现，公司现在的市值是资本市场对公司未来发展前景认可度的指标，所以在价值传播中，是否能直达投资者最后的心理预期环节并在这个环节取得良好的评分，就显得至关重要。所以，价值传播的终极目的就是管理市场预期，落实到具体方法上就是对围绕信息披露展开的资本市场各种关系的管理。

价值传播的原则在于三点：其一，合法合规；其二，基于事实；其三，策略灵活。

价值传播的过程就是与市场各种力量展开公平和市场化的博弈的过程。无论何种方式和原则，上市公司都要旗帜鲜明地披露公司的市值战略发展规划或资本战略规划，以此让资本市场理解、接受、认可相关的发展逻辑和节奏等。并且，在与市场沟通的过程中，不能一味地模糊"画饼"或描绘公司产品种种"性感"概念。不能这么做有两方面原因：一方面，容易踩监管红线；另一方面，投资者面对虚无缥缈的、难以证实的逻辑，往往并不会给予较高预期。

价值传播的重要组成包括信息披露及充分有效的市场沟通。信息披露是上市公司与投资者间的桥梁，是联通上市公司与投资者的重要沟通渠道。信息披露之后，如何协助投资者对信息进行解读和促进价值传播，同时收集投资者反馈信息进行分析，找到对公司感兴趣的投资者类型，就需要上市公司与资本市场进行充分及有效的市场沟通。

第二节 信息披露：上市公司面向资本市场的"整合营销"

假设在一个强势有效的资本市场里，上市公司的市场价值在理论上应该等同于其内在价值，而资本市场是不是强势有效，核心在于上市公司的信息是否能向市场所有主体全部公开、透明、实时、无差异地披露。

所以，信息披露是上市公司与投资者间非常重要的沟通桥梁，也是上市公司市值管理中的关键要素。上市公司不要将"信息披露"视作负担，而是要将其当成难得的向资本市场进行"整合营销"的机会。就像在产品市场上公司需要向顾客销售产品一样，上市公司必须将投资者当成"上帝"，向"上帝"营销公司。上市公司为了吸引投资者购买公司的股票，会尽可能多地披露完全、真实、及时、充分和有效的信息。如果投资者能够以低成本的方式获取信息，投资者就可以在事前进行合理的判断，事后进行良好的监督，投资者就可以选择到合适的投资或融资项目，而上市公司也可以得到所需的资金。因此，此时上市公司的信息披露已经不再是单纯地披露信息，而是一个整合营销的过程。

依法依规高质量完成法定披露

合规完成法定披露是对上市公司信息披露的最基本要求，也是最重要的要求。前文说过，资本市场的预期管理一定要配合投资者回报的实现，投资者持续给予上市公司的估值，在某种程度上也是给予上市公司的长期信任。可以理解为预期的形成是以上市公司的信誉为背书的，信息披露既是公司向资本市场的推介，也是获得资本市场信任的重要途径。上市公司的信息披露是否依法依规，是否真实、准确、完整与及时，直接关系着上市公司在投资者心中的信誉度。如果一个上市公司连现状都不愿意坦诚披露，谁愿意相信其描画的未来。在市值管理方面，如果一个上市公司经常被处罚，通常市值表现都不会太好呢。经统计，最近一年（2023 年 9 月至 2024 年 9 月），涉及信息披露被处罚的上市公司约 600 家，处罚次数在 6 次以上的上市公司，剔除 2 家金融机构后，平均市值在 50 亿元左右，过半公司股价破净，接近 90% 的公司 PE 为负值。

法定披露一般在年报、半年报、季报中进行披露。披露定期报告需要关注以下四个方面：一是公司的财务指标及对业绩的解读，尤其是与盈利能力最为相关的营业收入、毛利率和净利润等指标；二是公司对自身行业的描述，包括行业的发展趋势、关键竞争要素等；三是公司对战略的描述，包括公司现有的发展模式和未来的发展规划等；四是公司对自身核心竞争力的描述。

　　毋庸置疑，在上述定期的信息披露文件中，公布年报是上市公司法定披露中非常重要的一个环节，也是每年固定的环节，需要高度重视。上市公司的年报具有关注度高和信息量大的特点，它既是对公司过往一年经营成果的总结回望，也是一个重要的向市场投资者阐述公司的管理、模式和未来增长逻辑的契机。对于投资者而言，年报是上市公司对整个报告期内生产经营、财务状况、投资发展、治理内控等情况的总结分析，也是投资者获取公司信息的重要来源以及投资决策的重要依据。

1. 年报中的致股东信

　　在这里，重点强调年报披露中的一个特殊部分——董事长 / 总裁的致股东信。董事长一般从外部商业环境、行业趋势上谈公司的发展战略，总裁在战略基础上，会具体描述实现战略的清晰路径。通过致股东信，向投资者说明和描述公司未来的战略规划、成长空间、实现目标和执行路径，不仅可以起到高瞻远瞩、画龙点睛，加强公司在资本市场上的形象和被认知的作用，还可以消除投资者对公司未来不确定性的担忧，坚信公司未来具有持续成长性，给投资者较大的想象空间。

　　沃伦·巴菲特是股东培养的创始人，也是致股东信的撰写者的最佳模范。从 1956 年开始，巴菲特在经营自己的合伙企业时，就有意识地接受了通过致股东公开信进行企业宣传的做法。从 20 世纪 70 年代他执掌伯克希尔·哈撒韦公司后，就对此投入了大量精力。1978 年的致股东信是他的第一个杰作，从那时起一直到现在，巴菲特的年度致股东信一直都是同类信件的标杆，并最具行业影响力。亚马逊创始人杰夫·贝佐斯，除了成功打造了一个商业帝国，他每年都发布的致股东信也成了商业史上极为经典的教材和案例，贝佐斯的致股东信被看作与巴菲特的致股东信齐名。

　　被称为巴菲特"御用"编辑的劳伦斯·A. 坎宁安（Lawrence A. Cunningham）曾在其书中提道："我从 1987 年开始研究各家公司的致股东信，了解得越多，越意识到这些信函是了解一家公司历史和故事的最佳渠道。通过阅读一家公司在不同时期的致股东信，公司的发展历史和故事就会像一幅脉络清晰的画卷呈现在眼前。通过阅读一家公司的致股东信，我能够了解其企业文化以及领导人的不同风格和个性。除了将其视为企业信息筛选的渠道，经验丰富的投资者还会利用公司的致股东信筛选潜在的投资对象。与上市公司按规定披露的所有内容和信息不同的是，致股东信不是必须披露的内容，且其内容不受监管。事实上，公司定期提供的报告中，包含的所有信息基本上都依据一般会计准则和证券法规来撰写，其内容和形式均须符合法律要求。反观致股东信，后者具有很大的灵活性，使公司管理者可以个性化地传达信息，阐明公司的价值观。因此，经验丰富的投资者会仔细研究这些书面材料，以寻找潜在的商机，以及学习杰出领导者的机智、智慧和远见。""最好的致股东信实际上是商业写作中最优秀的作品，其涵盖了从领导力到管理和资本分配以及企业管理等方面的信息，这些均是来自权威首席执行官自身披露的一手信息。"

在优秀的致股东信中，通常会包括以下主题：公司历史——文化、宗旨、战略、"护城河"；着眼长期——无季度指南；资本分配——股票回购、股息分红和投资；执行——补偿、内部股权、继任；管理——质量、信任、保守主义；衡量指标——杠杆率、流动性、价值。

但是，目前大多数 A 股上市公司还没有意识到董事长或总裁致股东信是市值管理的重要手段。根据年报公告统计，2022 年、2023 年年度报告里有致股东信的公司分别是 146 家、144 家。在目前 A 股 5 000 多家上市公司中占比不到 3%。这些公司所处行业主要是金融业和高端制造业，80% 以上的公司市值规模超过了 100 亿元，市值 500 亿元以上的接近一半。可见，越是大市值公司越重视与股东的沟通与交流。

创始于 1968 年的美的集团（简称美的），经过半个世纪的发展，从一个小型的塑料瓶盖生产厂发展成为一个覆盖智能家居、楼宇科技、工业技术、机器人与自动化和数字化创新业务五大业务板块的科技帝国。伴随着公司的发展，美的在资本市场上从未止步，上市、整体上市、A+H 上市、分拆上市，不断通过并购扩大产业版图，目前已成为总市值超 5 000 亿元的家电龙头公司。美的的重大资本运作及并购事件梳理见表 3-1，美的的市值走势图见图 3-1。

表 3-1 美的重大资本运作及并购事件梳理

首次 IPO	1993 年 11 月，美的电器正式在深交所上市，简称"粤美的 A"，股票代码为 0527，后于 2004 年变更股票名称，简称"美的电器"
股权分置改革	2006 年 3 月，美的电器召开股东会议审议通过了公司股权分置改革方案，何享健对美的电器实现绝对控股
重大并购： 荣事达	2006 年 12 月，美的电器完成对合肥荣事达洗衣设备制造有限公司等三家荣事达公司股权收购，将主营业务向冰箱、洗衣机业务横向延伸。此次收购后，美的电器构筑起较为完整的空调、冰洗产业链，白色大家电布局进一步得到完善
重大并购： 小天鹅	2008 年 2 月，美的电器受让无锡市国联发展（集团）有限公司持有的无锡小天鹅股份有限公司 24.01% 的 A 股股票。通过本次收购，美的电器洗衣机产品规模与综合技术能力得以大幅提升
重大并购： 华凌	2008 年 3 月，美的电器受让母公司美的集团有限公司持有的合肥华凌股份有限公司等三家公司股权及华凌商标等知识产权，受让母公司持有的重庆美的通用设备制冷有限公司股权。通过本次收购，美的电器进一步完善在空调、冰箱业务的产能布局
整体上市	2013 年 9 月，美的集团以发行股份换股吸收合并美的电器的方式实现整体上市，股票简称"美的集团"，股票代码为 000333。美的集团有限公司的小家电、机电及物流等资产被注入上市公司，美的集团成为 A 股最大的白色家电公司
重大并购： 东芝	2016 年 6 月，美的集团收购东芝家电业务主体"东芝生活电器株式会社"股权，并获得 40 年东芝品牌全球授权及超过 5 000 项专利技术。通过与东芝的优势互补与协同，有力提升了美的集团的全球影响力与综合竞争实力
重大并购： Clivet	2016 年 10 月，美的集团完成对意大利著名中央空调公司 Clivet 的股权收购，进一步提升在欧洲及全球市场大型中央空调的市场占有率，并获得了完整的大型中央空调的生产线与技术协同
重大并购： 库卡	2017 年 1 月，美的集团完成对全球领先的机器人及自动化生产设备和解决方案的供应商德国库卡集团的收购，美的集团成为全球机器人及自动化领域的领军科技公司
重大并购： 高创	2017 年 1 月，美的集团完成对以色列高创公司（Servotronix）的收购，完善机器人产业平台布局
重大并购：吸收合并小天鹅	2018 ~ 2019 年，美的集团完成对小天鹅的吸收合并，全面整合洗衣机板块内部资源
重大并购： 合康新能	2020 年 5 月，美的集团收购合康新能，进入工业控制和新能源领域，同时进一步加强工业自动化与电力电子软件驱动领域的产业布局
分拆上市： 美智光电	2020 年 7 月，美的集团启动分拆美智光电科技有限公司至创业板上市的工作。美智光电主营业务为照明及智能前装电气产品的研发、生产及销售
重大并购： 菱王电梯	2020 年 12 月，美的集团收购菱王电梯及佛山朗越投资有限公司的部分股权，正式进军电梯业务，打造面向未来的智慧楼宇解决方案
重大并购： 万东医疗	2021 年 5 月，美的集团收购万东医疗，数字化创新业务板块新增影像类医疗器械产品和相关服务

（续）

重大并购： 科陆电子	2023 年 5 月，美的集团认购科陆电子股权，科陆电子成为其子公司。美的集团进入具有巨大市场潜力的储能行业
分拆上市： 安得智联	2023 年 7 月，美的集团启动分拆安得智联至深交所主板上市的工作。安得智联为科技创新型供应链管理公司，为客户提供端到端数智化系统解决方案
A+H 发行上市	2024 年 9 月 17 日，美的集团完成 H 股股票发行，在香港联交所主板挂牌并上市交易，股票代码为"0300"

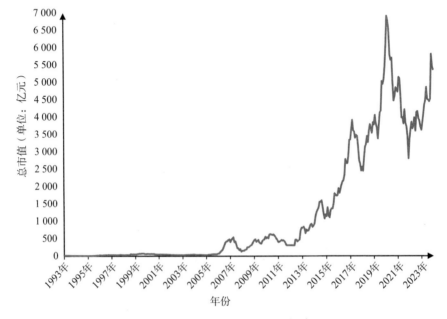

图 3-1　美的集团的市值走势

注：1993 年 11 月至 2013 年 8 月为美的电器市值；2013 年 9 月至今为美的集团市值。
资料来源：Wind、上市公司公告。

接下来，我们来看看美的集团 2023 年年度报告中的致股东信。

○ 美的集团 2023 年年度报告中的致股东信

致股东

2023 年，市场环境继续发生着深刻的变化，面对巨大的挑战和困难，美的有效贯彻"稳定盈利，驱动增长"的年度经营原则，坚持在漫长的周期里做确定的事情，书写了历史上最好的经营业绩。2023 年，美的营业总收入达到 3 737 亿元，净利润达到 337 亿元，经营活动现金流突破 579 亿元。2023 年，美的位居《财富》世界 500 强榜单第 278 位，并入选《财富》中国 ESG 影响力榜及最受赞赏的中国公司榜单，被《福布斯》评为中国可持续发展工业公司行业标杆。感谢全体美的人纵情向前的努力与付出，一路披荆，却毅然前行，身处泥泞，却从容不语，平凡岗位上的不凡努力，渗入成长基因里的企业家精神，都是美的生生不息的根本力量，这些力量像阳光一样，在美的每一个角落、每一天都温暖的存在。感谢全体股东的坚守陪伴，市场动荡起伏，总有彷徨相伴，但股东的信任是我们坚持长期价值成长，确保长期股东回报，不断推动美的前行的动力与基石。

（开篇是对公司 2023 年经营成果的汇报，展现企业文化，引导股东坚持长期价值投资。）

我们站上了一个新的高度，让我们可以去重新审视、认知更为广大的世界，曾经我们的经营像登山一样，什么时候可以到达山顶，能不能登上山顶只是能力问题；而目前公司的经营像冲浪，一波又一波，动荡而不确定。没有所谓的来日方长，听到最多的是突如其来的骤然离场，曾经的辉煌公司黯然落幕，明星公司跌入谷底，即使是巨无霸公司也面临着调整，公司换代速度加快，清洗和出清成为常态，世界的规则正在被重写，公司的范式正在转移，我们被困在前所未有的结构之中，各行各业都一样，每个个体也是如此。我们必须告别幻想，告别上一个周期，告别过去的思维模式，自我反思、自我否定，内心要更加坚韧，行动要更加坚决。

在全球低增长的环境下，美的如何实现增长？在技术浪潮和商业模式剧变的冲击下，美的如何形成新的竞争能力？在海外挑战重重的背景下，我们如何进一步加快全球业务布局？在经济结构和增长方式调整的焦虑和迷茫中，我们如何突破，穿越周期？

这些对美的而言都是巨大的考验，对我们公司治理体系、合规体系、运营体系、快速反应体系都是巨大的挑战。这个世界没有所谓的悲观主义、乐观主义，只有现实主义。正如《权力的游戏》所说，"混乱不是深坑，而是一把梯子"，没有命运，只有选择。在新的变化不断涌现的年代，关键看我们如何做确定的自己。何谓确定性？超越时间和空间的规律、常识和方法的总结，就是确定性。成本效率的优势，技术进步的力量，从低端到高端，从低附加值到高附加值，不断攀爬产业阶梯，实现产业升级，归根结底就是要不断发挥创新和创造性的力量。伟大的公司就在于把常识做到了极致，做正确的事情，做有原则的公司，再大的风浪就可以经历与坦然面对。困住我们的从来不是时间和环境，而是我们的心智模式，我们需要刀尖向内，直面问题，到中流击水，我们拿什么去对抗风高浪急甚至惊涛骇浪，驶向未知的海域，我们手里并没有指南针，但我们有常识和勇气。

（真诚、坦诚地回应市场关注的问题，直面企业经营中遇到的困难与挑战。）

2024 年美的的经营重点就是全价值链运营提效和结构性增长升级。世界曾发生过多次经济危机，所有公司应对危机与市场下行最关键的因素是保持了足够的现金资源与流动性，保持了低成本、高效率的卓越运营优势，保持了核心业务竞争性，美的必须坚定推动业务模式升级、结构升级与产业升级，以战略上的确定性应对不确定的环境与变化。

业务模式升级：坚持中国市场 DTC(Direct To Customer) 与海外 OBM优先战略。DTC 的核心就在零售，将用户放在首位。全球突破是当下最核心的战略之一，国际化的根本是本土化，总部国际化，将异乡变作家乡，继续加大海外的售后服务、物流、品牌等基础设施建设，敢作敢为。

结构升级：以用户为中心，加大研究一代、储备一代、开发一代三个一代能力的构建，加大全球领军人才、专家、科学家等优秀人员的引入，推进技术进步与技术创新，把握结构升级的机遇，成为勇立时代潮头的公司。

产业升级：继续推动 ToC 和 ToB 业务均衡发展，B 端业务发展需要更长周期与时间，保持战略耐心与定力，持续投入，逐步构建美的长期穿越周期的能力的形成。

（以上向投资者阐释企业的发展战略、实现策略与核心竞争力。）

没有时间的朋友，只有趋势的朋友。一个时代的终结必将是又一个时代的开始，每一次产业的兴衰、每一次经济危机，成功的公司永远都是少数，此消彼长的过程就是新旧公司交替的过程。要做趋势的朋友，在激荡的时代面前，不只有迷茫，还有勇敢。过去的 55 年，美的在每个时代都顺应了时代浪潮，经历了不同时代浪潮的冲击，而不被时代所淹没，是什么力量让美的跟上了一波又一波的时代浪潮，渗入美的成长基因里的企业家精神是美的生生不息、持续向前、不断发展的根本所在。这是美的的传承、企业家精神的传承，美的要提供英雄不问出处、机会平等、培育企业家精神生生不息的土壤，美的要寻找敢于奔赴世界所有码头的水手。美的已经形成了智能家居业务、商业及工业解决方案双轮驱动的广泛业务布局，要敢于迭代、敢于进化，在广阔业务前景的江河湖海中，奔腾翻涌，中流击水。

没有人可以预测美的的未来，正如 2014 年不可能预测到 2024 年的美的是今天的这个模样；也正如 2022 年年底，我们不可能预测到 2023 年的沧桑巨变一样。但是美的的未来就在那里，那些我们未触及的市场、区域、国家是美的的未来，那些未触及的领域是美的的未来，那些没有达到的高度是美的的未来，那些未书写的篇章都是美的的未来。正如《繁花》剧中所言，做公司就是跳到大海里，就是要不停地划、拼命地划，划到哪里算哪里。美的必须有中流击水的勇气，要沿着目标纵情向前，直到视野变得开阔，海水变得蔚蓝，那就是美的抵达大海的时刻，那就是一片新的天地。

期待与各位股东一起继续见证美的成长盛开的力量。

（以上向投资者展示公司的格局、眼界、雄心、勇气、能力与情怀，给投资者无限的预期与企盼，真情实意文采斐然。）

美的集团股份有限公司董事会

2024 年 3 月

注：括号中内容为本书作者解释性内容。

2. 重视年度股东会和年报的披露与沟通工作

（1）年度股东会。

年度股东会，是管理层对过去一年的经营成果进行总结汇报、对未来发展进行展望的重要会议，也是连接公司与中小投资者的重要桥梁。年度股东会例行议案一般包括年度报告、财务决算、董监事会工作报告、利润分配议案等重大事项。中小投资者参加年度股东会，不仅能与公司董监高面对面交流，直观判断其履职状态，而且可以现场行使质询权、建议权和表决权等股东权利，了解公司经营与风险情况，表达意见和建议，强化对管理层的监督，促进上市公司健康持续发展。

所以上市公司要高度重视年度股东会，从以下四个方面充分保障年度股东会的规范性与有效性：一是要充分保证股东参会的便利性，比如在报名登记、时间和地点设置、召开方式等上兼顾中小股东参会的便利性；二是要充分保障股东建议质询权，公司参会人员要在会上对股东的质询做出解释和说明，不能限制投资者行使权利；三是要细致耐心地回复投资者的提问，不能敷衍、回避或流于形式；四是可以采用现场参观、座谈交流等多样化的互动方式，方便股东了解公司情况。

（2）年报的披露与沟通。

年报是上市公司业绩成果的展现，也是帮助投资者理解公司业务的主要来源。年报的最基本要求是真实客观地反映公司的经营情况，考虑到年报的受众广泛，报告内容应当尽量平实，易于理解，与过往披露内容保持延续性，并在此基础上，贴合公司实际情况，突出"专属"核心竞争力的表述，舍弃模板式的描述。此外，除了根据监管要求披露相关信息及数据，年报在财务表现既定的情况下，还可以通过行业观察、战略规划、产业和业务、经营模式、业绩驱动因素、核心竞争力、报告期内经营情况、面临的调整和公司应对策略、未来展望等全方位塑造公司的优良形象。

在近几年披露的年报中，越来越多的上市公司不再拘泥于简单的数据介绍，更非一成不变的模板化输出，而是根据公司自身的业务特点，通过翔实的分析说明、丰富的图示图例、创新的展现形式，为投资者勾勒出生动、准确的公司发展历程和产业特征，使年报可读性更强的同时，也更容易获得投资者的关注。比如通过产品示例图向投资者直观展示公司的产品和业务，通过业务流程图帮助投资者厘清公司产品和业务的直接关系，通过公司实景图拉近投资者与公司的距离等。图文并茂的年报更能吸引读者的眼球，更符合大众审美，不易产生视觉疲劳。插入图片后图片与年报中的文字相互印证，使文字内容更加直观，表述更加清晰，且更具有可读性。同时，设计感强的年报还可以体现公司风格，向投资者传播公司文化。

在年报的格式化披露后，上市公司需要重视采用可视化信息披露方式加强与市场的沟通，帮助投资者理解公司年报。在可视化信息披露方面，上市公司主动发布"一图读懂年报"已成常规操作。通过用一张文图并茂的长图展示公司一年的业绩及取得的成果，使年报更清晰易懂，便于投资者转发分享，有效提升其可读性和传播性。除长图外，上市公司也可选择H5、短视频、情景剧等形式对公司业绩进行解读。多样化的传播形式不仅丰富了信息披露的方式，同时也提升了与投资者间的沟通效率，可以多样化地展示公司在资本市场的形象。

此外，在年报披露后，上市公司需要根据公司股东的构成，区分投资者的类型，以采取不同类型的沟通宣传方式，将公司年报情况向机构投资者和个人投资者进行宣传和答疑。比如可将提前准备的年报亮点发送给行业分析师及关注公司的媒体记者，使关键信息准确、及时地传递，这有利于提升外部资源与外部关系的利用效率。此举既可使其关注到公司的业绩和表现亮点，也可帮其节省阅读梳理年报的时间。卖方分析师的年报点评及媒体深度解读文章的传播，可以提高市场关注度，使公司价值得到投资者的认可，增进外界对公司经营业绩、核心优势、发展战略的了解，为看基本面的投资者提供了重要参考。

3. 重视业绩说明会

根据交易所相关规定，创业板、科创板、北交所上市公司，以及主板里沪深300指数公司、"A+H"上市公司、央企控股上市公司在年报披露后必须召开业绩说明会，其他公司不做强制规定。季度业绩说明会非强制性，是否召开看公司意愿。但从市值管理角度看，业绩说明会是年报宣传和沟通的重要方式之一。一方面可以帮助投资者全面、客观、准确地理解定期报告披露的重要信息，避免投资者对公司产生误解，增强市场认同，稳定市场预期，吸引投资，提升价值；另一方面，在与投资者零距离互动沟通中，上市公司可以获得投资者对公司发展的意见和建议，协助公司进一步提升公司价值。在全球各成熟市场上，上市公司在定期报告发布后召开业绩说明会是普遍、通行的做法。

（1）业绩说明会的召开方式。

业绩说明会可以采取线上或线下的方式，最好是线上加线下的方式，这样参与方式更灵活，投资者覆盖面更广。特别是对于中小投资者来说，受成本等因素限制，他们一般没有能力专程去上市公司进行调研活动。在这种情况下，通过线上方式参加业绩说明会就是一个性价比较高的了解上市公司的途径。

线上方式可以采用电话会议方式，也可以采用网络会议方式，包括语音和视频。当然，最好是多种方式并行，以最大限度地满足投资者参会需求，提高会议效果。市场上主流的线上路演平台包括：上证路演中心、全景网"投资者关系互动平台"、中国证券网、中证网中证路演中心平台及上市公司自身平台等。

（2）业绩说明会的召开流程。

业绩说明会常规分为"前、中、后"三个阶段：前期主要是会议筹备，确认召开的方式、时间、参与人员、流程，明确说明会的主旨、市场关注的问题及回复人员分工，准备会议资料（推介材料、邀请函等）及会场设备，以及发布召开业绩说明会的公告；中期是按照流程召开业绩说明会；后期是对会议的记录、公告及总结复盘。

公司应编制投资者关系记录表并进行披露，会议记录或会议实况录音录像资料应当通过公告或（和）公司网站挂网的形式向全体投资者公开。公司还应对业绩说明会进行总结并形成总结报告。一方面，就会议本身做得好的方面和需要改进的方面进行总结，以便下次进一步改进；另一方面，将投资者在会议上提出的问题和建议转发相关部门，请各部门研究并提出意见，然后报公司管理层研究，以便进一步改进公司的工作。

（3）业绩说明会的参与人员。

业绩说明会一般有董事长、总经理、董事会秘书、财务总监（总会计师）及关键少数人员参加。

董事长、总经理是公司董事会和经理层的"一把手"，是公司中对公司所处行业的状况、公司现状、公司战略和发展前景等掌握得最为全面、理解得最为深刻的人，而这些都与公司的股价密切相关，都是投资者最为关心的内容。董事长、总经理参加业绩说明会，更有利于投资者全面了解公司的情况，能极大提高业绩说明会的质量和效果。此外，从投资就是投人的角度来看，投资者特别是长期投资者一般希望通过业绩说明会来了解公司董事长和总经理这些关键人员，从而判断这家公司是否值得投资。

董事会秘书负责公司信息披露、投资者关系管理、公司治理和资本运作，董事会秘书及证券事务代表是必须参加业绩说明会的。

财务指标是综合反映公司业绩的主要指标，财务报告是定期报告的主要内容，业绩说明会上投资者的问题很多都与财务报告有关，财务总监（总会计师）也是必须参加业绩说明会的。

分管关键业务或关键领域的高级管理人员，比如独立董事、保荐代表人或独立财务顾问主办人。如果有需要，他们也会参加业绩说明会。在一家公司中，某些业务或领域对公司价值有十分重大的影响，分管这些业务的高级管理人员及其相关部门参加业绩说明会，对投资者了解公司会有积极作用。独立董事制度是监管机构为了保护中小股东的利益，防止虚假信息披露、财务造假、内部人控制、违规担保和关联交易、资金占用等问题的发生而设计的，独立董事（至少一名）参加业绩说明会，可以在一定程度上消除投资者在这些方面的疑虑。此外，如果公司存在重大资本运作，且尚处于持续督导期内的，鼓励保荐代表人或独立财务顾问主办人参加业绩说明会。

在成熟的资本市场，大市值公司往往高度重视业绩说明会，创始人、CEO、CFO都会出席。例如特斯拉，2022年季度业绩说明会由CEO马斯克、CFO扎克、动力和能源工程副总安德鲁以及车辆工程副总拉斯出席。

近几年，随着市值理念、投资者关系沟通理念逐渐被重视，国内资本市场业绩说明会的"含金量"也呈现上升趋势。主动召开业绩说明会的公司多了，参与业绩说明会的管理层多了，董事长、总经理逐渐成为标配。上市公司对投资者关心的问题的重视程度提高了，空话、套话少了，避实就虚也少了。

2024 年 8 月 15 日，中国上市公司协会发布上市公司 2023 年年报业绩说明会有关情况。据统计，沪深北三市共有 5 130 家公司召开了年报业绩说明会，召开比例约为 96.1%。在上市公司业绩说明会中，董事长、总经理的出席率达 98.5%。独立董事也依旧保持在 90% 左右的出席率。同时，近 20% 的企业邀请了分析师、行业专家等外聘专业人员出席上市公司业绩说明会，为投资者提供市场前沿动态，以提升交流的深度和专业性。

关键少数的参与程度在一定程度上折射出上市公司业绩说明会的含金量，能吸引更多投资者参与互动，使投资者参与上市公司业绩说明会的热情高涨。

上市公司业绩说明会作为直接连接上市公司高管和中小股东的平台，正在发挥更加积极的作用。但也要看到，目前依然有很多上市公司不重视业绩说明会。一种情况是公司主要管理人员不够重视，董事长或者总经理只是形式上参加（例如只是开场或者照相时在场），而由董事会秘书或者财务总监实质性参加；另一种情况是只是形式上应付投资者，照本宣科，选择性地回答问题，经常采取"无可奉告"之类的外交辞令，绕弯子说套话。这样做不仅会损害投资者关系，令投资者不好看公司的长期发展，甚者会出现信息披露不准确、不完整，从而引发监管处罚的问题，损害公司的价值。

从价值传播的效果出发做好自愿性信息披露

随着资本市场全球化发展，上市公司披露的强制性信息很难满足投资者日益变化的信息需求，因此，自愿性信息披露应运而生。2003 年我国自愿性信息披露在《深圳证券交易所上市公司投资者关系管理指引》第十四条中首次提出：上市公司可以通过投资者关系管理的各种活动和方式，自愿地披露现行法律法规和规则规定应披露信息以外的信息。

2019年修订的《证券法》首次在法律层面引入了自愿性信息披露的概念，其第八十四条第1款规定：除依法需要披露的信息之外，信息披露义务人可以自愿披露与投资者做出价值判断和投资决策有关的信息，但不得与依法披露的信息相冲突，不得误导投资者。后面历次的证券法修订也都延续了这个说法，《上市公司信息披露管理办法》（2021年修订）第五条规定：除依法需要披露的信息之外，信息披露义务人可以自愿披露与投资者做出价值判断和投资决策有关的信息，但不得与依法披露的信息相冲突，不得误导投资者。

沪深交易所股票上市规则也均对自愿性信息披露做出了原则性的规定：除依规需要披露的信息之外，上市公司及相关信息披露义务人可以自愿披露与投资者做出价值判断和投资决策有关的信息，但不得与依规披露的信息相冲突，不得误导投资者。公司及相关信息披露义务人自愿披露信息，应当真实、准确、完整，遵守公平原则，保持信息披露的完整性、持续性和一致性，不得进行选择性披露。

公司及相关信息披露义务人自愿披露信息，应当审慎、客观，不得利用该等信息不当影响公司股票及其衍生品种的交易价格、从事内幕交易或者其他违法违规行为。

从市值战略出发，信息披露是上市公司向资本市场展示的窗口，也是投资者进行公司基本面分析最主要的信息来源和制定投资交易决策的重要依据。随着A股市场改革的不断深化，上市公司的数量显著增加，投资者尤其是机构投资者在公司治理中的话语权逐步增强。越来越多的上市公司开始积极主动地向市场传递信息，并希望能够扭转被舆论引导的被动局面，获得投资者的有效反馈，强化市场信心，实现公司更好地发展。这也意味着上市公司的工作方式从过去的被动响应为主开始朝着主动响应市场、主动管理预期的方向转变。

1. 自愿性信息披露的常见内容

近年来，从市场公告数量来看，上市公司提高了自愿性信息披露的积极性。总的来说，在强制性信息披露趋同或部分强制性信息披露流于模板化、套路化的情况下，作为强制性信息披露的有益补充，上市公司的自愿性信息披露更有利于投资者更全面、客观地了解公司情况。

对于自愿性信息披露的内容和标准，在遵守股票上市规则、公司内部专项制度（如有）等规定的前提下，由上市公司自行把握。市场上比较常见的自愿性信息披露的内容，包括但不限于：公司的战略规划发展愿景、签订战略合作框架协议、中标合同情况、月度产销情况、获得发明专利证书、通过高新技术公司认定、回应投资者关心事项、行业研究报告中有用的行业信息等。

以某上市公司为例，其制定了自愿性信息披露管理制度，对自愿性信息披露的标准、审核与披露程序、责任划分进行了规定，在发生以下情形之一时，公司可进行自愿性信息披露：签订战略框架（合作）协议或其他合作协议；与日常经营相关的除上市规则规定的重大合同之外的协议（合作）相关信息，包括但不限于公司进入新客户的供应商体系、公司产品获得客户项目定点意向书或通知书等信息；新产品的研发取得进展、公司产品取得重要资质或认证；对外投资设立子公司及后续取得相关进展；对外投资参股公司及后续取得相关进展；董事会认为的其他与对投资者做出价值判断和投资决策有关的事件。

有的上市公司仅对日常经营重大合同的自愿性信息披露标准进行规定，例如有公司公告：针对公司签订的未达到《深圳证券交易所上市公司自律监管指引第2号——创业板上市公司规范运作》中规定的披露标准的合同，公司拟定了自愿性信息披露标准。公司拟定自愿性信息披露标准如下：公司签署的涉及销售产品或商品、工程承包或者提供劳务等事项的单个收款合同，金额达到人民币5 000万元以上（含5 000万元），或者金额达不到人民币5 000万元但公司认为所签合同对公司会产生重要影响的，公司会将按照《深圳证券交易所创业板上市公司自律监管指南第2号——

公告格式》进行对外披露。

2. 自愿性信息披露的要求

除符合强制性信息披露的真实、准确、完整、及时、公平等要求外，自愿性信息披露还要遵守延续性和一致性。

切忌选择性披露，为了迎合市场热点炒作股价的披露。交易所的互动平台上有很多热门提问和回复，其中部分"蹭热点"式的自愿性信息披露容易对投资者产生投资误导，并触发信息披露违规。一些上市公司有相关业务但占比小，有的则完全是概念性的，未实质性开展业务。还有的公司管理者在对外交流中，向机构投资者过多传递经营信息细节，但后续未公开披露，影响了信息公平。

自愿性信息披露不是过载信息披露，更不是选择性隐瞒负面信息，在互联网信息传播如此迅捷广泛的环境下，选择性隐瞒负面信息只会适得其反。当信息被动曝光后会严重损害上市公司的品牌形象和诚信口碑，触犯相关法律法规的，还会遭受处罚，最终被投资者抛弃，于市值管理而言适得其反，所以掌握好自愿性信息披露的合理边界很重要。

3. 自愿性信息披露的规范要点

自愿性信息披露包括在沪深交易所官网和法定媒体上的披露、通过上证 E 互动和深证互动易上的披露，以及投资者调研接待中的信息传递等。例如，深交所规定在投资者交流活动后应及时在互动易平台上传调研纪要，详细列明调研的人员、时间、地点、内容等信息。

不同情形下的自愿性信息披露。

在不同情形下，上市公司自愿性信息披露的意愿是有差异的，消极披露会影响信息的有效性，所以要客观分析披露信息对投资者的价值，综合评估自愿性信息披露的方案，保障投资者知情权。以下列举三类情形进行说明。

（1）商业信息披露。信息披露可以影响竞争对手。上市公司自愿向投资者披露的商业信息，也可能同时是竞争对手想获取的。竞争对手会据此调整经营战略以消除该上市公司的竞争优势。在市场缺乏其他信息使用者的情况下，这种竞争压力可能直接导致上市公司持有信息不披露或择机披露。市场竞争水平越高，自愿性信息披露的质量可能就越低。但应该注意，上市公司不应混淆商业机密和一般商业信息。商业机密是关系公司竞争优势的重大未公开信息，公司可以通过履行交易所暂缓和豁免披露程序选择不披露。而公司自愿披露的一般商业信息，通常是前期已披露定期报告和临时公告的延续性披露，补充信息披露的特点较明显。公司要判断披露是对投资者的价值更高，还是被竞争对手获取后的负面影响更大。而一旦选择披露或不披露，后续则要遵守延续性和一致性原则。

（2）关键人员变动或被留置。董事、监事、高管及核心技术人员的任职稳定是判断上市公司经营稳健的重要依据之一，上市公司在发布关于上述人员变动的公告中，如果含糊其词、语焉不详、遮掩回避，投资者和媒体会揣测公司经营管理和战略是否发生变化，是否暗藏未披露风险等，反而会引起市场的怀疑和不满。上市公司在相关人员变动公告中应翔实披露变动原因和对公司影响的判断，说明目前尚需核实的情况，以及公司拟采取的稳定经营管理的措施，并及时披露进展和最终结果。

（3）负面传闻澄清。在上市公司澄清公告发布的窗口期，股价和交易量通常会有变化，因为澄清公告具有信号效应，涉及事件的市场关注度较高。交易所在督促上市公司发布澄清公告时，往往已有市场传闻和媒体报道，上市公司澄清越及时，态度越明确，内容越翔实准确，公告可信度越高，市场正面反应就会越大。所以，上市公司对被质疑事件的主动澄清解释是十分有利于上市公司舆情的正面管理的，此时公司自愿披露更多的事件信息和应对举措、事态进展情况，并在必要时召开说明会进一步沟通，可以充分体现公司和管理层对投资者的重视和诚意，以获得投资者和市场的理解。

4. 自愿性信息披露应服务公司战略

信息披露应服务上市公司的长期战略目标，自愿性信息披露也要与此一致。上市公司在自愿性信息披露中，需要始终围绕公司的战略意图，始终以便于投资者理解公司的发展战略和投资价值为出发点，才能实现最理想的信息披露效果。进一步来说，也只有上市公司从战略高度做出信息披露决策，才能避免使自愿性信息披露落入短期信息披露决策和选择性信息披露策略的误区。

5. 综合考虑披露时机，提升披露信息的价值

自愿性信息披露要遵守信息披露的基本原则，即真实、准确、完整、及时，报喜不报忧、择有利时点提前或延迟披露等形式在上市公司信息披露领域都是违规的，但如果在法律法规允许的期间，上市公司出于更好地满足投资者信息需求的目的，可以适当做一些时点选择。比如在年报季，披露较早的上市公司在股票市场反应更加强烈，而披露较晚的公司其市场反应相对较弱，而且年报时滞越长，市场越可能会偏向负面猜测和解读。但这只是一般性的观点，上市公司需要综合考虑业绩披露的时点。一些公司可能权衡利弊后还是认为晚披露更有利。例如，因为公司第二年一季度经营业绩有所改善，公司就可能选择晚披露或者将年报和第二年的一季报同时披露。又如，虽然拟披露的年度报告业绩欠佳，但上市公司选择尽早披露的同时，在报告中详细描述业绩下滑的真实原因，说明公司后续经营提升的安排等，并通过业绩说明会、互动交流平台与投资者补充交流，这样反而会被市场正面积极解读，增加投资者对公司和管理团队的信任度，更愿意支持公司的未来发展。

6. 自愿性信息披露更要防范内幕交易

内幕信息带有非法获利或避免损失的目的。由于股票交易与信息披露之间天然存在内生性，而公司内部人员又拥有信息优势，所以容易诱发内幕交易。上市公司在自愿性信息披露前，由于披露的自愿性特点，市场相对更难预见和判断，而内部人员信息优势更强，内幕交易的冲动性也会增强，内幕交易防控的必要性也就更大。在自愿性披露信息前，上市公司应严格按照法律法规要求做好内幕信息知情人登记和保密提醒，加强对内部人员的教育和交易管控，及时向监管机构报备内幕信息的相关登记资料。

此外，上市公司自愿性信息披露应避免集中和择时披露正面消息和负面消息，否则会进一步提高内部人非法交易公司股票的可能性，提升违法违规风险。

7. 借外力提升自愿性信息披露的规范性

最后，上市公司的信息披露时刻处于各市场的聚光灯下，监管的要求、媒体的质疑、投资者的网络讨论等形成的负面舆情传播，给上市公司信息披露带来很大的挑战，持续影响上市公司的信息披露行为，而自愿性信息披露由于涉及范围广，规则不似强制性信息披露那么具体，对内容、尺度的把握更难，容易出现违规情形。因此，上市公司可以考虑借助外力，与优秀的第三方服务机构合作，借由其专业指导或提供系统方案，帮助上市公司把握好自愿性信息披露的尺度，提升信息披露质量。

8. ESG 报告的披露

ESG 理念，即从环境（Environmental）、社会（Social）和治理（Governance）三个角度考察一家公司的长期可持续发展能力，具体包括：

环境。公司在环境方面的绩效反映了其对气候变化、环境保护和资源效率的承诺和实践。它涉及公司对自然环境的影响，包括能源使用、废物管理、污染控制、自然资源保护等。

社会。公司在社会方面的绩效体现了其对社会福祉和公平交易的重视。它涉及公司与人员（员工、客户、供应商等）和社会的关系，包括劳工标准、产品责任、社区参与和人权等。

治理。良好的公司治理结构可以降低风险，增强公司的透明度和问责制。治理因素关注公司的管理方式，包括公司结构、董事会多样性、高级管理人员薪酬、内部控制和合规性等。

对于投资者、监管机构以及其他利益相关者而言，上市公司可以通过公司公布的 ESG 报告，评估公司在促进经济可持续发展、履行社会责任等方面的贡献。而对于上市公司而言，对外可以通过 ESG 信息披露向市场和社会展示其社会责任担当，以增强市场竞争力，吸引潜在投资；对内可以通过有效治理降低运营成本，吸引并留住人才，从而推动公司长期稳健发展。

目前，ESG 信息披露对于部分指数样本公司来说属于强制性信息披露事项，对于其他上市公司仍是自愿性信息披露事项，上交所、深交所与北交所根据各自板块的特点，对强制性信息披露主体进行了精准定位。

2018 年 6 月起，A 股正式纳入 MSC 新兴市场指数和 MSC 全球指数，国际资本更重视上市公司的 ESG 信息披露。同年 9 月，证监会发布了修订后的《上市公司治理准则》，增加了环境保护与社会责任的内容，明确了上市公司对利益相关者、员工、社会环境等方面的责任，突出上市公司在环境保护、社会责任方面的引导作用，确立了 ESG 信息披露的基本框架。

《上市公司可持续发展报告指引》（简称《指引》）自 2024 年 5 月起实施，指引将过去散落的规定进行了整合，并借鉴国际成熟经验，为 ESG 信息披露搭建了体系性的框架，同时也向市场发出了一个明确的信号，未来将会加大对上市公司 ESG 信息披露的监管力度。《指引》要求上证 180 指数、科创 50 指数、深证 100 指数、创业板指数样本公司及境内外同时上市的公司最晚在 2026 年首次披露 2025 年度的可持续发展报告，并鼓励其他上市公司自愿披露。三大交易所对 ESG 披露要求，具体参见表 3-2。

表 3-2　三大交易所对 ESG 披露要求

要求	强制性披露	自愿性披露
上交所	上证 180 指数、科创 50 指数样本公司以及境内外同时上市的公司	其他上市公司
深交所	深证 100 指数、创业板指数样本公司以及境内外同时上市的公司	其他上市公司
北交所	暂无	北交所上市公司

2024 年 11 月，沪深北交易所还分别发布了《上市公司可持续发展报告编制指南》，对上市公司可持续发展报告编制的总体要求、披露框架及应对气候变化提出了具体的要求。

第一，"总体要求"详细解释可持续发展报告的披露主体、报告范围、报告期间、审议程序、议题设置、豁免情形等原则性规定。

"重要性议题识别和重要性分析"进一步明确重要性议题的定义及披露要求，要按照"了解业务背景—建立议题清单—评估重要性—报告评估结果"的步骤，提出分析影响重要性、财务重要性的通用框架和步骤。

第二，明确可持续发展"四要素"的披露要求及示例。其中，"治理"列举公司可持续发展治理架构和工作机制的披露要求、常见架构设置、人员构成及职权范围等，提供信息报告机制、监督考核机制的示例。"战略"说明可持续发展的相关影响、风险、机遇对公司战略影响的评估方法。"影响、风险和机遇管理"提供公司管理可持续发展相关影响、风险、机遇的通用流程方法，按照"制定管理制度—建立监测流程—采取管理措施"的步骤提供示例。"指标与目标"解释设定、管理可持续发展目标和指标的具体要求，提供选取目标和指标的示例，管理目标和指标的具体做法。

第三，提供报告框架、披露项归类、披露项说明的示例。

第四，提供评估"应对气候变化"议题重要性的方法，提供"应对气候变化"议题特有的评估分析方法和流程，厘清气候相关议题的信息披露要点。

A股上市公司ESG报告的披露有如下现状。

第一，披露ESG报告的公司逐年增多。

在目前ESG报告仍为自愿披露的政策背景下，近5年来，A股上市公司的ESG报告披露率呈现出逐年上升的趋势。统计数据显示，2019～2023年，A股上市公司ESG披露率分别达到28.4%、28.54%、32.2%、36.96%、41.79%。其中，2023年相比2019年28.4%的ESG报告披露率，约提升了13个百分点。

第二，主板公司披露积极性高。

从上市公司所在板块看，2023年，主板公司发布ESG报告的公司最多，达1 648家，在当年全市场2 210家披露ESG报告公司中占比74.57%。科创板公司的占比数据排在第二位，566家公司中有197家公司披露了ESG报告，占比34.81%。创业板公司排在第三位，披露ESG报告公司的占比达到25.9%。目前北交所披露ESG报告公司的占比依然最小，仅 8.79%。

主板中央企、地方国企数量相对较多，国资委对国企特别是央企上市公司 ESG 信息披露有明确要求，这是主板公司披露比例较高的主要原因。此外，主板公司通常规模较大，在市场中的影响力也较大，其相对更注重公司形象和社会责任的展示，以吸引更多投资者和利益相关者的关注。再者就是主板公司中"出海"的公司也相对较多，为了符合全球供应链的披露要求，"出海"公司需要披露 ESG 报告。

第三，超过九成央企披露 ESG 报告。

2022 年 5 月，国务院国资委发布了《提高央企控股上市公司质量工作方案》，明确提出央企要贯彻落实新发展理念，建立健全 ESG 体系。2023 年 7 月，国务院国资委办公厅又发布相关通知，明确提出力争 2023 年实现央企 ESG 报告披露全覆盖。2024 年 6 月，国务院国资委还制定印发了《关于新时代中央企业高标准履行社会责任的指导意见》，明确要求切实加强 ESG 工作，并将 ESG 工作纳入社会责任工作统筹管理。一系列政策的出台，显示出国务院国资委对央企在 ESG 报告披露方面的高度重视和严格要求。

在上述背景下，从 2023 年年报来看，央企的 ESG 报告披露率高达94.14%，地方国企的 ESG 报告披露率达 60.29%。相比之下，民营上市公司的 ESG 报告披露率均相对较低。

央企、地方国企积极披露 ESG 报告，不仅能为资本市场和投资者提供更全面的评价央企、地方国企价值的依据，央企、地方国企还通过披露与 ESG 相关的信息，如环保措施、社会责任项目、治理结构等，为投资者提供了更多维度的数据，帮助投资者更全面地了解公司的经营状况和未来发展潜力。

值得指出的是，早在 2021 年，国务院国资委就要求央企在 ESG 体系建设中发挥表率作用的同时，也要求地方国企同样在 ESG 体系建设中发挥表率作用。虽然直接针对地方国企上市公司的 ESG 强制性信息披露要求不如央企控股上市公司明确和全面，但地方国企上市公司作为国有企业的重要组成部分，往往也需要遵循这些要求，加强 ESG 信息披露工作。向央企学习，加强 ESG 建设工作，这也是目前地方国企 ESG 报告披露率相对较高的重要原因之一。

第四，银行业及非银金融业披露率最高。

从披露 ESG 报告行业占比来看，银行业目前是 100% 全披露的，而非银金融业 ESG 报告披露率也接近 90%。一方面是源于金融行业的特殊性。与其他行业不同，货币金融服务业的 ESG 实践中有很大一部分，不仅是针对自身的环境绩效管理，更重要的作用是为其他行业提供资金支持。所以，行业监管的要求更高，比如 2020 年银保监会提出 ESG 管理成为银行业高质量发展的普适性原则、2021 年明确将 ESG 纳入金融机构业务流程等。另一方面是绿色金融的需求。在全球积极应对气候变化的大背景下，践行 ESG 有利于推动金融业加速可持续发展转型，如银行上市公司已形成了完整的绿色信贷、绿色债券、绿色投资、绿色租赁等服务的绿色金融体系。

第五，"海外"收入占比高的行业披露率较高。

在目前国内经济转型的大背景下，"出海"成为很多上市公司提升业绩的第二曲线，而出海公司需要适应国际法规要求。以欧盟新电池法规为例，其规定自 2027 年起，动力电池出口到欧洲必须持有符合要求的电池护照，记录相关 ESG 信息。另外，在全球贸易中，公司的 ESG 表现已成为客户选择合作伙伴的重要考量因素，产业链上的其他公司将不得不做出应对。一份出色的 ESG 报告也是公司适应海外 ESG 合规与信息披露监管要求、融入全球价值链的必要举措。

对于拥有海外收入的上市公司而言，要想让自己的海外收入获得进一步提高，加强 ESG 建设就变得极其重要，ESG 建设是融入全球经济、实现跨国经营和全球化发展的重要工具。只有通过 ESG 建设，公司才可以在不同的文化背景、商业环境和法律法规的市场中顺利开展海外业务。

公司的 ESG 建设对市值管理有以下促进作用。

（1）满足监管要求：ESG 报告帮助公司满足监管要求，预防违规风险。通过提前采取 ESG 相关措施，公司可以系统性地设定 ESG 指标，避免未来可能面临的监管压力和相关成本。

（2）提高资源效率，促进创新转型：ESG 鼓励公司优化资源使用，如能源效率提升、废物减少和供应链优化等，可以降低运营成本，提高盈利能力。这可以直接反映在财务表现上，进而提高长期竞争力。

（3）吸引优秀人才，提高品牌价值：公司的社会责任感和良好的工作环境可以提高员工的满意度和忠诚度，吸引和留住优秀人才。员工满意度和忠诚度的提高通常与更高的生产力、更低的员工流失率、更好的创新能力相关，这些都是市值管理的重要因素。

（4）增强投资者信心，减少信息不对称：良好的 ESG 表现能够提升投资者对公司长期增长潜力的信心，减少信息不对称，纠正市场估值偏差。

（5）拓展市场，吸引责任投资：在全球范围内，越来越多的市场、项目要求公司遵守 ESG 标准。良好的 ESG 记录有助于公司进入新市场，符合国际市场准入标准，参与国际竞争。

（6）降低资本成本，高效融资：有效的 ESG 实践能够降低资本成本，主要在于其对公司风险管理、投资者信心和市场竞争力的积极影响。良好的 ESG 实践有助于公司识别、评估和管理各种风险，通过减少这些风险，避免潜在的财务损失。

这些方面展示了 ESG 报告在市值管理中的重要性，不仅有助于公司的可持续发展，还有助于通过提升治理水平和市场竞争力来增加市值。

培养讲好市值"故事"的能力

在资本市场，公司就是产品，投资者买的不仅是股票，还是对公司未来的预期。简而言之，就是买一个"好故事"。如果公司能够讲一个好的故事，投资者就愿意给出一个好的价格。所以，优秀的企业家需要具备讲好故事的能力。他需要讲好一个真诚、不忽悠、贴近市场投资者却又充满了豪情壮志和想象力的好故事，甚至是伴随着公司不同成长阶段不断变化的好故事。

财务报告是上市公司讲好故事的重要媒介之一。亚马逊创始人兼首席执行官杰夫·贝佐斯，就是用财报讲故事的顶尖高手。他领导经营团队，用长达20年的时间，示范了创业家"用财报讲故事"的四大要点，值得企业家们学习。其一，讲故事的心态要真实诚恳；其二，故事的结构要简单易懂，前后一致；其三，故事的情节要丰富多元，但短期内不要有意外情节；其四，所讲的故事，长期内最好猜不到结局，要余韵无穷。

但要着重强调一点，这里的故事是给投资者描述的企业蓝图，是引导投资者对企业未来的增长产生预期，让投资者看到并相信企业能够高质量成长，而不是蹭热点、忽悠式的短期炒作。所有好的市值故事一定是需要企业持续用财务数据、经营成果、投资者回报去证实的。

高质量成长的结果有两种表现：一是公司的业绩能持续增长或者业绩反转，表现在财务上就是营业收入、净利润、毛利率、净现金流、分红率等指标；二是资本价值的表现，比如市盈率、市净率、投资回报率。

公司给资本市场哪方面的预期决定了公司的市值故事怎么讲，美股的市值巨头，如苹果、微软、谷歌、亚马逊和特斯拉，身后都有一个市值的故事。

苹果给出的预期是年复一年地给予投资者高增长利润。特斯拉从不把自己定位为一家造车企业，而是给市场不断打造和确认其科技企业的形象。2020年特斯拉首次实现盈利，伴随业绩的反转，其市值也同步超越丰田成为全球"市值第一"的车企，目前已是万亿美元市值的公司。

前文提到的亚马逊一直讲的就是自由现金流的故事。虽然亚马逊曾经多年一直未盈利，但亚马逊讲了两个故事：其一，作为电商，亚马逊虽然暂时不盈利，但作为关键指标的收入、现金流持续领先，所以持续投入带来的暂时亏损是值得的，将来一定会有收获；其二，公司持续在新业务云计算等方面投入，云计算将引领未来科技，成为公司未来重点盈利的方向。

无论围绕哪个结果表现给投资者预期，我们认为都应该坚持从"长期价值"来讲这个市值故事。

著名投资人格雷厄姆说，股市从短期来看是个"投票机"，从长期来看则是个"称重机"。

亚马逊一直强调的自由现金流的故事，也表明其坚定不移地贯彻了长期价值的理念。亚马逊从不给投资者以利润增长的高预期，在"当期盈利"和"扩大规模"中，亚马逊选择了后者。这也就是说，规模扩大的变现需要时间，因此降低价格几乎总会损害眼前的业绩。但是从长远来看，我们要坚持不懈地推动"价格－成本结构"的良性循环，这将给我们带来更强大、更有价值的业务。

1997年5月15日，刚成立3年而且还在亏损的亚马逊，在美国纳斯达克（NASDAQ）上市，市值只有4.38亿美元。但在亚马逊上市时，贝佐斯就清楚地提醒投资者两点：一是一定要看亚马逊的"长期表现"，这是为短期内的经营亏损打预防针；二是亚马逊的核心精神是"痴迷客户"，这预告长期内亚马逊会创造令人惊喜的商机。

在1997年的第一封致股东信中，贝佐斯着重强调了亚马逊的价值观：我们的成功标准是能够为股东创造长期价值，坚持长期市场领导地位这一目标，而非关注短期的盈利以及华尔街的短期反应，实现这一目标必须以客户为中心。从此之后，在每年年报中，贝佐斯都会附上致股东的一封信，并同时附上1997年这份致股东的第一封信，以示不忘初衷。

2002年，亚马逊自由现金流首次由负转正达1.35亿美元，市值全年上涨79%，达72亿美元。"每股股票代表了一份公司未来现金流，因此现金流看起来比其他任何单变量都更能诠释一家公司的长期股价。"可观、稳定的自由现金流成为亚马逊接下来几年的重中之重。

2003年，亚马逊的自由现金流达3.46亿美元，同比增长156%，市值达到211亿美元，同比上涨193%。在2003年的致股东信中，贝佐斯再次强调，"长线思维"既是成为一名真正的股东的必备能力，也是这样的股东投资决策的必然结果。

2004 年，亚马逊自由现金流增长了 38%，达到 4.77 亿美元。在 2004 年的致股东信中，贝佐斯明确表示，亚马逊的终极财务指标以及最想达成的长期目标，是每股自由现金流。亚马逊的自由现金流主要来自不断增加的营业利润、有效管理的运营资本以及资本支出。

2015 年，亚马逊的营业收入首次突破千亿美元，达到 1 070 亿美元，同比增长 20.2%，自由现金流达 73.31 亿美元。公司市值再次大幅增长，以 120.6% 的涨幅达到 3 183 亿美元。

2017 年 5 月 15 日，亚马逊上市满 20 年，市值近 4 600 亿美元，大约是上市时的 1 000 倍。

2023 年，亚马逊自由现金流达到惊人的 443.42 亿美元，2024 年市值已突破 20 000 亿美元。

贝佐斯用 15 年及更长的时间，不断展示和验证着自己的商业智慧："财务报告不会自己说话，企业家必须提供一个真诚可信的故事架构，保持清晰一致的讲故事的逻辑，让投资者理解财报数字的短期现实与长期含义。"或许，亚马逊不会永远独领风骚，但它所建立的"长期价值"和"用财报讲故事"的原则会成为经典。

我们从亚马逊的故事中获得了两点启示。第一，资本市场是"喜新厌旧"和"善变"的，上市公司也可以不必被资本市场牵着鼻子走。可以考虑像贝佐斯一样，有坚定的信念，坚持走自己的路。第二，管控好投资者的预期和展现亮丽的业绩一样重要，甚至更为重要。亚马逊就是管控投资者预期的典范，所以在其业绩爆发的时候获得了资本市场的慷慨估值，市盈率最高时一度超过了 300 倍。最近五年的市盈率平均估值也保持在 90 倍左右，可以说亚马逊一直享受着资本市场给予的估值溢价。

万物皆有周期。阴阳交互、盛衰更迭、张弛有道，这是一切事物发展的规律，是世间万物存在的本质。任何一个行业、任何一个产业、任何一家公司都不可能脱离这个规律永远稳定地爆发式增长，而只能是曲折中前进、螺旋式上升。因此，企业的市值故事，既要以前瞻的战略眼光践行长期主义，也要在时间维度上拉长投资者的想象空间，引导投资者穿越周期的迷雾，为企业的长期价值慷慨买单，相比眼下看得见的实际回报，投资者更愿意给"商业模式有成长想象空间"的公司以慷慨估值。因此，我们坚持认为：莫为浮云遮望眼，风物长宜放眼量。

第三节　从投资者关系管理到 4R 关系管理

资本市场沟通中的 4R 关系

正文开始之前，我们先来看看日本资本市场的十年改革。随着股市和房地产泡沫的相继破灭，日本经济自 1990 年开始进入了低增长时代，上市公司的净资产收益率无法覆盖资本成本，并长期低于国际水平，公司投资吸引力弱。为此，日本政府启动了 2014 ～ 2023 年的十年改革，以提升上市公司资产盈利效率为核心目标，力推基准值为 8% 的净资产收益率改善计划，并配套出台关于上市公司治理和机构投资者尽责管理等守则，推动公司优化治理，与投资者高质量对话，提升投资者回报，实现价值共创，开启了日本上市公司的十年估值回归之路。

在这轮改革中，日本政府提出了"与投资者高质量对话，构建价值共创路线"，2017 年《伊藤报告》[⊖]2.0 版指出：公司价值是通过与市场的深入对话和加强市场竞争力来创造的，要鼓励机构投资者（包括引入的外资机构投资者）更多地参与被投资公司的管理经营，通过公司和投资者之间的高质量对话培育长线投资者，消除公司管理层和投资者之间的认知差距和误解，共同推动可持续的价值创造。

为便于公司更好地理解和开展与投资者的价值共创，《伊藤报告》2.0 版推出公司与投资者价值共创路线的指引，从产品市场、金融市场两个维

⊖ 2014 年 8 月，在日本经济产业省主导下，日本著名商科大学一桥大学的伊藤邦雄教授发布了后来对日本股市产生深远影响的《伊藤报告》。报告建议通过企业与股东的积极对话来创造应有的企业价值。

度，分析公司如何通过治理优化、与投资者深度对话，实现公司价值和投资者回报双提升的良性循环。2022 年 8 月，《伊藤报告》更新至 3.0 版，进一步提出可持续转型的公司发展目标，优化了价值共创路线。

东京证券交易所主板上市公司东亚建设工业株式会社（TOA，1885.T，简称东亚建设）主要从事基础设施和建筑工程的设计、施工等总承包业务。2023 年 5 月 12 日，公司发布行动方案，除设定净资产收益率不低于 8%，提升股东回报等量化指标外，还设定投资者沟通指标，并根据投资者意见成立专门的投资者关系部门。

通过行动计划的执行，东亚建设的净资产收益率由 2022 年的 6.16% 上涨至 2023 年的 11.42%，市净率从发布行动方案前的约 0.8 倍提升至约 1.26 倍[⊖]。公司股价也相应从 2023 年 5 月的 3 000 日元 / 股左右提升到 2024 年 3 月 8 日的最高点 5 290 日元 / 股，3 月 28 日经过 1 股拆 4 股后，公司股价仍维持在 1 000 日元 / 股左右。

市场沟通就是与市场各参与主体尤其是投资者的对话，沟通的核心价值是尽量减少资本市场的各种误解，尽量争取市场理解，尽量帮助上市公司减少各种不可控因素（大市、政策、行业、各种突发事件等）对公司估值的影响，使得上市公司的内在价值被资本市场认可，并尽可能地及时反应在其市场估值中。

日本市场改革的关键是推动上市公司围绕资本成本，与投资者充分沟通，以提升净资产收益率和市净率。在改革推动下，2012 ～ 2023 年，东京证券交易所主板成分股的平均净资产收益率从 4.49% 提升至 7.52%，大盘股为主的日经 225 指数平均净资产收益率从 4.33% 提升至 7.93%，企业盈利效率大幅改善。日经 225 指数在 2024 年 3 月 22 日达 41 087.75 点，创历史新高。

看了日本的改革，我们再来看个小故事。

⊖　2024 年 3 月 8 日数据。

义乌有个宾王夜市，是出了名的"卧底"多。这里说的"卧底"，就是那些伪装成小摊主的大老板。这些人看起来好像只是卖货赚钱的打工人，其实不少人都有自己的工厂，生意做得都不小。他们在宾王夜市摆摊，主要是为了收集信息。通过面对面地观察顾客反应，获取直接的用户数据。

比如，有家毛巾厂一款毛巾卖得很好，是一块小方巾，用的是易干材质，毛巾上还有一个小挂环。之所以使用这种设计，是工厂的老板当年特地去义乌摆摊，来来往往的顾客中提到最多的需求就是关于出差的。酒店里的毛巾用着不放心，但自己买的毛巾又太大，而且干得慢，没有地方挂。这就是用户在提产品需求——变小、速干、有挂环，做这三个小改动就能满足用户的需求。

还有一对在宾王夜市卖包的夫妻，主要做的是女士包，这也是竞争最激烈的品类之一。怎么确保自己的款式受欢迎？这对夫妻的方法也是先去夜市做验证。先把自家的包摆到夜市里，卖100元一个。但是，全程几乎不叫卖，不推销。他们要观察的是顾客走过路过的真实反应。没错，这也是在模拟线上电商的场景。假如一款包能在不推销的情况下，有顾客主动拿起来看两眼，就说明这个包肯定有卖点。这对夫妻摊主就会多问顾客几句：感觉怎么样？是自己背还是送人？送人的话想送给谁？有了这些具体的信息，他们做出爆款的概率就更大。

义乌是全世界生意信息最丰富的地方之一，在义乌的国际商贸城，每天都有大量来自国外的一手采购需求信息，很多外国商家来这里寻找供货商。这就意味着在义乌，全世界电商平台上哪些商品突然火了，每天的商品排名什么样，每天都能得到第一手的消息。这就让义乌商人，几乎能够抓住每一次商机。但是，这就要求义乌商人必须得保持两种能力：第一，行动速度要足够快；第二，对问题的观察要足够具体。因为信息的传播速度太快，你能知道的，别人也能知道，这就意味着，一旦你稍微比别人慢一点，市场可能就被抢走了，产品就会滞销。

资本市场和义乌商场的本质很像，就是争夺资源——争夺客户、争夺流量、争夺资金。A 股的成交量落到 5 300 多家上市公司身上，分化越来越明显。随着内地资本市场的深化发展和机构投资者占比提升，上市公司价值两极分化将进一步引导资金往头部集中。赢得了市值战，也就是赢得了资金争夺战，就能获得发展的先机。所以当一家上市公司具备资本市场交易价值的时候，资金的流动性和市场的交易情绪是非常关键的。不是企业做好了业务、做好了管理、做好了规定动作，钱就自然地把注意力吸引过来，资金就会流到公司这里，还是会有"酒香也怕巷子深"的问题的，同时还会有"沙漠之花"这种表现形态。你再好，钱不理你，那也没办法。

总结一下，那就是：卖东西，了解客户的需求、及时获得客户的反馈以及形成产品信息的传播是很重要的，尤其是一线的反馈。只有老板亲自下场，才能确保消除信息中间传导的滞后性和传导偏差。同理，在资本市场是卖股票。想要获得高市值，想要从产品市场的逻辑连接到资本市场的逻辑，只有决策层、管理层直面市场，与资本市场投资者及时充分地沟通，以他山之石攻玉，跳出庐山去看山，同时积极与投资者进行沟通，才可能引导市场情绪，让资金流入公司。

本次《市值管理指引》扩大了市值管理的关键责任范围，强调上市公司及其关键管理人员与投资者的双向充分沟通，设定市值目标，和上述理念是异曲同工。

根据资本市场主要参与主体，在市场沟通中，最为重要的是 4R 关系的处理，即投资者关系（IR）、分析师关系（AR）、媒体关系（MR）、监管层关系（RR）。4R 关系管理的逻辑是：用投资者理解的语言去描述公司价值，并通过 4R 传导到资本市场。一个给定内在价值的企业，如何描述价值并通过 4R 传导出去，这很关键，直接关系到公司在资本市场的估值。其中，IR、AR 因为直接或间接涉及机构投资者，是 4R 关系的核心；MR主要针对大众传播，利好传播影响有限，但负面消息影响巨大；RR 是保障性因素，不求有功、但求无过，监管层对公司采取处罚等措施会对公司市值产生较大的不利影响。公司与研究机构、各类基金、证券公司、媒体机构、社会公众和监管机构等关系良好，那么意味着公司将被资本市场认可和认同，这将使得公司内在价值的变化真实地反映在市场价值上，甚至给公司带来市场溢价。

制度、机构及人员是做好资本市场沟通的保障

第一，制度保障。

一流企业做标准，制度和标准的建立在公司有序运作中非常重要。那要做好资本市场的沟通，就相应需要公司在组织结构层面、制度层面进行设置，比如制定有可操作性的、贴合公司个性化特点的市值管理制度，并制定细化的投资者关系管理办法、接待投资者调研制度、舆情管控应急管理制度等。

第二，专职部门及人员保障。

在成熟资本市场的上市公司，投资者关系管理部门已经成为标配。一般是公司内部的专职投资者关系总监或经理（IRO）及其团队加上专业投资者关系顾问机构。但目前在 A 股市场，大部分上市公司未单独设立 IRO 岗位，多数上市公司仅聘用一位助理协助董事会秘书或者证券事务代表承担相关工作。一些市值规模较大的上市公司可能会聘请外部投资者关系顾问机构，协助做媒体舆情监测分析、定期撰写新闻稿、媒体发布活动及媒体关系维护等工作。根据深交所发布的投资者关系调查报告，约 70% 的上市公司为投资者关系工作配备 2 名专职人员，30% 左右的公司配备 3 名以上专职人员，能配备 5 人以上专职人员负责市场沟通工作的公司的比例不到 2%。由董事会秘书或证券事务代表来兼职担任 IRO 仍是主流模式。

本次发布的《市值管理指引》明确了董事会秘书是投资者关系工作的具体负责人。但目前 A 股市场中董事会秘书肩负的职责范围非常广泛，包括上市公司规范运作、信息披露、与监管机构沟通、再融资、并购重组、投资者沟通等，由于个人精力有限，很难保证面面俱到。未来 A 股上市公司可以考虑在董事会办公室下设专门的投资者关系管理部门／市值

管理部门，专职负责市值管理（4R 关系维护，发掘传播实现和维护上市公司的市值），部门负责人可参与并掌握上市公司的重大规划，随时与董事会秘书汇报，以便及时将投资者关系工作的相关信息反馈给公司管理层和大股东。

第三，负责市值管理专职人员应具备必要的能力。

这些能力包括：专业能力（金融、法律、财务、上市公司运作相关专业知识）、对公司的认同感（高度了解并认可公司的发展愿景、公司战略、实施路径，了解公司的历史及现在）、营销能力（具备将公司内在价值变成估值的能力，简而言之，就是具备把公司用一个好价格卖出去的能力）、持续学习能力、情绪管理能力、沟通和表达能力、人际关系处理能力以及职业操守（正直、勤勉、稳重、合规合法）。

第四，沟通必须语言表达清晰、有逻辑，明确指向公司价值核心点，围绕公司核心竞争力展开。

上市公司无论采取业绩说明会、路演推介、研报评级、股价涨跌幅预测、舆情管理等何种方式进行沟通，这些动作内容都必须首先指向关键价值点，即需要把核心投资亮点说清楚，比如公司行业和产业赛道长不长、利润厚不厚。

在投资亮点的提炼上，需要从以下方面形成一套严密的逻辑去展开：一是宏观政策、产业政策对公司的利好；二是产业发展的趋势和产业的增量空间在什么环节（不是所有的投资人都有耐心做研究的）；三是基于当下大环境和产业背景，公司的战略定位是否调整、业务布局是否优化、核心竞争力未来指向哪里、围绕着当下大环境和背景条件，公司关键成功要素的门槛和壁垒怎么去构建。为此公司的目标、路径、策略、节奏和重点项目的实施进度以及最后表现在财务指标上是什么样的。

投资者沟通 / 投资者关系管理（IR）

《上市公司投资者关系管理指引（征求意见稿）》指出：投资者关系管理是指上市公司通过互通交流、诉求处理、信息披露和股东权利维护等工作，加强与投资者及潜在投资者之间的沟通，增进投资者对公司的了解和认同，以提升公司治理水平和公司整体价值，形成尊重投资者、敬畏投资者和回报投资者的公司文化的相关活动。

美国投资者关系协会（NIRI）对投资者关系管理的定义如下：投资者关系管理是一项战略管理行为，其包含了金融、沟通、营销等手段，遵守证券法规，致力于在公司、金融机构和其他投资者之间形成最为有效的双向沟通，从而实现对公司股票的公平估值。

1. 投资者关系工作的目标和工作职责

投资者关系工作旨在通过持续、一致的信息披露、战略沟通和媒体宣传，合理地向投资者传达公司价值，建立公司在资本市场的良好投资品牌形象。通过这种方式，我们能够影响投资者行为、二级市场表现和股东决策，最终实现公司战略目标和提升股东价值。

基于以上目标，投资者关系工作的首要任务是深入理解资本市场对上市公司股票定价的机制、趋势和关键因素，以及投资人、交易参与人、市场投机人、算法交易方等各种市场参与者的行为模式、资金成本和投资动机。通过这种理解，投资者关系工作人员能够实现对市场和上市公司自身更加全面的认知，有助于通过投资者关系工作来提升上市公司的透明度和信息披露的质量，减少信息不对称和认知偏差，有效促进与投资者的沟通，并维护一个相对有效的资本市场环境。

投资者关系工作的工作职责通常包括以下几方面：

（1）信息披露：确保公司信息及时、准确和完整披露，以符合监管要求和市场预期。

（2）制度建设：持续完善公司治理和投资者关系管理制度，以提高公司运作的规范性和透明度。

（3）投资者沟通：组织和参与各类投资者沟通活动，如接待访问、推介会、研讨会和投资者交流会等。

（4）分析整理：进行股东结构和行为分析，整理并反馈投资者意见，监控行业和资本市场动态，分析公司股票市场表现以及进行媒体监测和报告。

（5）培训与发展：对内对外提供培训，提升团队和公司信息披露相关人员对资本市场的理解，增强上市公司与投资者沟通的能力。

2. 投资者关系工作的三大核心领域

在投资者关系工作中，上市公司应坚持"以投资者为中心"的原则，主动承担信息披露责任，重点抓牢信息披露、内部治理和外部沟通三大核心领域，践行尊重、回报和保护投资者的理念，通过与投资者的积极互动实现公司的高质量发展。

与投资者沟通的目标是使投资者清晰地认识到：公司的主营业务、竞争优势和行业地位；公司的商业模式明确、可行且在行业中具有明显的比较优势；公司强大的市场竞争力和市场控制力，以及良好的市场增长潜力；公司的财务数据具有可预测性，展现出稳健的增长趋势；公司管理团队具备专业能力和丰富经验，与公司的成长相匹配。

针对信息披露领域：上市公司应当严格遵守法律法规，加强信息披露的全过程管理，确保信息披露的真实性、准确性、完整性和及时性。既不夸大正面信息，也不回避负面信息，维护投资者知情权。在合规基础上，鼓励优质上市公司主动进行自愿性信息披露，提高信息披露的深度、广度、力度和频次，积极展示公司的经营成果。高质量的信息披露能够有效消除公司与投资者间的信息壁垒，帮助投资者更好地了解公司价值，增强投资意愿。

针对内部治理领域：上市公司应当建立和完善现代企业制度，强化内部治理机制，确保三会的规范运行。而投资者管理在内部治理领域，则更加强调构建起全体管理人员深度参与、跨部门协调、上下联动的管理体系，明确"关键少数"的任务和责任，提升全体投资者关系工作的专业水平和效率。

针对外部沟通领域：上市公司应当建立多渠道、全方位的投资者沟通体系，积极组织各类沟通活动，加强与投资者的互动，特别是与中小投资者的沟通。同时，投资者关系工作者应当认真记录和反馈投资者的意见与建议，营造良好舆论环境。另外，上市公司在与投资者的互动中，应保持实事求是的态度，避免误导投资者的行为。

投资者关系管理是上市公司的一项长期工作，需要始终将投资者利益放在首位，增加投资者对公司价值和经营理念的认同感，才能稳步推进公司的高质量发展。

3. 投资者关系工作的具体实施方式

投资者可以根据其主体性质被划分为机构投资者和个人投资者，他们在投资逻辑、资金规模、行为模式和投资周期等方面存在显著差异。上市公司需识别并吸引对公司感兴趣的投资者群体，并根据其特性采取差异化的沟通方式以提高沟通效果。

对于机构投资者，上市公司通常采用路演、反路演、大型现场交流、投资者说明会、电话会议、小范围投资者调研、券商策略会、线上公开平台路演等方式。对于个人投资者，上市公司则可以更多通过互动平台QA、电话沟通、IR邮箱回复、线上业绩说明会、投资者开放日等进行沟通交流。

但需要强调的是，所有投资者交流活动都应遵循公开、公平、公正的原则，客观、真实、准确、完整地介绍公司的实际情况，避免过度宣传误导投资者，以及避免在投资者关系活动中发布或泄露未公开的重大信息。

以下是几种常见方式的详细介绍。

第一，大型现场交流活动。

这适用于年报、半年报或重大事件的交流，由高层管理人员（董事长、董事长秘书、财务总监和重要部门负责人）参与，提供管理层与投资者面对面交流的机会。对于热门公司，投资者、分析师和研究员等参与者积极性高，会上积极交流，会后常有研究报告发布，但体量较小的上市公司可能会面对参会意愿不强和会后研报数量较少的问题。

需注意的是，年报、半年报披露后的业绩交流活动应尽早确认举办时间及开展邀请工作。因财报季各上市公司投资者交流活动的举办时间相对比较集中，甚至会出现"撞车"情况，数量有限的行业分析师难免会分身乏术。

第二，电话会议。

这适用于三季报发布后或重大事项发生时，具有方便快捷、成本低的特点。但因为电话会议面向人员范围广，即使有白名单限制也无法鉴别接入会议人员身份的真实性，需要特别注意信息披露的合规性，确保交流的公平性。

第三，小范围投资者调研。

这适用于投资者主动预约调研，即和上市公司敲定接待时间后，投资者带着对公司的疑问登门调研。这种方式一般范围较小，相当于上市公司相关负责人专门抽出时间给投资者充分答疑，所以这种方式的沟通效果较好，结束调研的投资者也可以对上市公司有更针对性的详尽了解。

第四，券商策略会。

券商策略会是券商展示专业研判的舞台，举办时间一般集中在年中和年终。专家和分析师们会在市场走势、行业发展、投资风格和资产配置等方面分享看法，同时对当时的资本市场热点事件进行讨论。

上市公司可借策略会了解行业前瞻性观点，并结识买卖方资源。上市公司的董事长秘书、证券事务代表、投资者关系工作人员可在主办证券公司对接研究员和销售的引领下，与买方机构分析师、研究员深度交流公司发展情况和未来战略，并可参加一对一、一对多、中晚餐的餐叙、圆桌论坛、首席经济学家/首席分析师专题演讲等多种形式的交流，交流效果较好。

第五，线上公开平台路演。

这常见于地方证监局组织的上市公司交流会、公司重大事项交流会等，无参会人员限制，不论是机构投资者、分析师，还是只是对公司感兴趣的个人投资者，均可参加。上市公司出席人员一般包括董事长、总经理、董事长秘书和财务总监。

第六，机构路演与反路演。

这一般出现在阶段性、特殊性事件发生后，比如业绩发布、融资安排、重大并购重组等。上市公司可采用一对一和一对多的沟通方式，较短时间内与北、上、深等地的金融机构完成现场交流。通常每天可安排4～5场路演推介，午餐和晚餐时间也可以以餐叙形式与机构进行沟通，非常直接有效。

机构路演因为时间密集，面对的机构和议程较多，对上市公司出席领导整体素质要求较高，既需要全面了解公司情况，还对体力精力有较高要求，能应对旅途劳顿。

与路演要求上市公司到各地去推介相反，反路演是邀请投资者到公司办公地或项目现场，近距离了解公司经营环境和业务开展情况，能够以更为开放和直观的形式进行交流。

第七，投资者开放日。

这是一种非常规的沟通形式，适用于上市公司利用公司重大庆典或上市纪念日等特别的时间节点，邀请投资者参加庆祝活动和参观公司、参与投资者回馈活动等。上市公司管理层可出面和投资者充分交流沟通，感谢投资者对公司的长期相伴和支持，促进投资者关系良性发展。

第八，投资者说明会。

根据相关法律法规，上市公司招股说明书中应对上市后三年内股价跌破净资产值的情形做出维稳的预案。其中，除了常规的回购、实际控制人及董监高增持措施，还有部分公司招股书中提出将通过相关专项公告或者召开投资者说明会向投资者说明公司的当前经营业绩情况、未来经营战略、未来业绩预测或趋势说明、公司的投资价值及公司为稳定股价拟进一步采取的措施等。但其实投资者说明会不仅适用于次新股公司，其他上市公司也可以主动召开投资者说明会，主动分享公司经营信息，传递公司的价值。

在公司经营情况良好的前提下，上市公司可以自愿披露月度产销情况、在手订单等信息，有利于投资者更全面、客观地了解公司情况。从宏观角度看，月度产销及订单量能直观反映行业景气度；从公司角度看，该信息能够以其透明度快速拉进公司与投资者的距离，更能说明公司在未来一年良好的生产节奏与可观的净利润。但是要注意，上市公司应遵守公平原则，保持信息披露的持续性和一致性，不得进行选择性披露，避免相关订单信息的披露有蹭热点的情形。

未披露全年业绩的上市公司可主动传递全年业绩情况。根据相关规则，业绩增长未达50%的上市公司可以选择不披露业绩预告。而部分投资者面对这些未披露业绩预告的上市公司时，是缺少信心和关注的。倘若此时上市公司主动发布业绩快报并在投资者说明会上主动阐明去年全年大致的业绩情况，能够极大地消除投资者的疑虑，为投资者注入强心针。同时，上市公司也要注意合规性，切勿在相关公告披露前，透露详细的业绩数据。

上市公司可积极发布一季度的业绩指引。在目前一季度订单情况基本确定的前提下，公司能够大致测算出一季度的业绩情况。在披露一季度业绩指引公告后，上市公司可在投资者说明会上详细说明具体经营状态，并为全年的经营成果定下基调。

在公司经营表现较不理想的情况下，上市公司管理层可在投资者说明会上详细阐述公司亮点、核心竞争力、未来公司经营战略及发展趋势，获得投资者的价值认同及相关反馈。此外，上市公司可邀请内部行业专家或券商行业分析师站台，为众多投资者分析公司所处的行业现状及未来走势，让投资者对公司的行业地位及发展前景有更深刻的认知。

上市公司可在投资者说明会上主动分享投资者关系管理工作的情况及计划。投资者关系工作面对的不仅仅是机构投资者，更有广大中小投资者。上市公司在会上说明投资者关系工作的计划、机构交流频次与内容、互动平台回复情况、股东维护状态等内容，与投资者对齐"颗粒度"，能够极大地获得投资者的理解与认同，与投资者保持通畅的沟通渠道。

第九，公司官网。

上市公司可在其官方网站开设投资者关系专栏，一般包含公司股价表现、定期报告、临时公告、重大项目、公司治理和投资者服务等模块。此前，境内上市公司官网中的信息多为公司主动披露的公告，涉及投资者沟通的内容相对较少，"投资者服务／联系我们"模块里也多为列举公司通信地址、投资者关系热线和投资者关系邮箱。而境外上市公司的官网投资者关系栏目，则会开辟专门的模块用来收集投资者问题、诉求和留言。

《上市公司投资者关系管理工作指引》对这部分提出了明确的要求：上市公司应当加强投资者网络沟通渠道的建设和运维，在公司官网开设投资者关系专栏，收集和答复投资者的咨询、投诉和建议等诉求，及时发布和更新投资者关系管理相关信息。目前境内投资者也可以在上市公司官网与公司管理层和投资者关系部门"直接对话"。

除以上九种形式外，互动平台 QA、投资者电话接听、投资者关系邮箱回复、股东大会等也是上市公司日常和投资者的沟通的渠道。每一家上市公司在和投资者交流的过程中都应本着"真诚、认真、专业、合规"的原则，以最真诚的态度对待每一位投资人，不敷衍、不避重就轻。通过与投资者平等、真诚的沟通，为投资者投资决策提供依据，上市公司也会获得投资者的认可。

研究机构沟通（AR）

研究机构中的证券分析师是资本市场中的关键角色，他们凭借专业的分析技能和信息收集能力，深入分析公司的财务和盈利状况，并发布对股票价格走势的预测，为投资者提供投资建议。随着市场的发展，分析师的作用日益凸显。

分析师分为买方分析师和卖方分析师。买方分析师主要服务于公司内部投资决策，旨在通过证券投资实现资金增值。卖方分析师则面向投资者，其报告旨在吸引投资者购买其承销股票或通过其公司进行交易，对股价和估值有直接影响，因此需特别关注。卖方报告通常包含 80% 的公司基本面分析和 20% 的预测与结论。80% 的公司基本面分析包括过往业绩、财务、股东回报指标分析，还有行业及可比上市同行分析。20% 的预测与结论是猜测、推断和结论，其中的投资逻辑是投资者特别关注的。

如果一家上市公司平均每月能获得 3 份评级为买入或增持的研究报告，并且覆盖多个知名研究员，这通常意味着公司价值得到市场认可，可能获得市场溢价。

在与研究机构沟通时，上市公司应突出展示其核心竞争力和成长性，让投资者看到公司的现状和未来潜力，尤其是相对于竞争对手的优势。

那么如何吸引分析师，特别是卖方分析师的关注呢？上市公司应主动管理与分析师的关系，与他们进行有效沟通。显然，被动等待是不够的，上市公司需要积极组织路演和反向路演，深入讨论公司的商业模式、运营状况和盈利能力，做好预期管理。

上市公司应积极与研究机构沟通，通过展示公司的核心价值和成长潜力，建立与分析师的良好关系，从而引导市场对公司的正确理解和评价。这需要上市公司在沟通中展现出专业性和主动性以及对公司情况的深刻理解。

上市公司在与分析师，特别是卖方分析师交流时，可以关注以下技巧：

对话权：卖方分析师竞争激烈，能够随时与公司高层对话是树立行业地位的关键。因此，卖方分析师需要与上市公司核心管理层有对话权。

了解买方机构看法：卖方分析师工作强度大，需要及时了解买方机构对股票 / 板块的看法。投资者关系部门可以帮助收集买方观点，成为分析师的资源。

全面了解公司情况：与卖方分析师沟通时，应超越事务性话题，助其深入了解公司的历史、战略、业务和财务状况，以帮助分析师和市场更好地理解公司。

媒体关系沟通（MR）

媒体是连接上市公司和投资者的重要桥梁，媒体关系管理就是建立并维护与媒体间的关系，通过管理媒体关系，能够确保企业面对一个健康、积极的传媒界面，正向引导公众关注和实现自身的宣传目标。

媒体关系管理对公司在资本市场上的价值认可至关重要。成功的媒体关系管理可以在公司经营顺畅时增强公众对公司的肯定，也可以在危机发生时弱化对公司的消极影响。而失败的媒体关系管理可能使得公司无法消除冲突误会，进而影响公司正常经营。

媒体分为传统媒体、新媒体、主流媒体、行业媒体和自媒体。

媒体关系管理的核心包括两个方面：一是大众媒体与自媒体的有效整合；二是舆论危机的妥善管理。有效的媒体关系管理要求公司在大众媒体和自媒体之间找到平衡，通过整合传播和积极的互动沟通，确保信息的准确性和一致性，从而在资本市场上获得广泛认可。

大众媒体主要为报纸、杂志、电视和广播等，通常是投资者获取上市公司信息的主要渠道，它以其专业性和权威性为投资者提供指导，引导公众舆论。在媒体关系管理中，大众媒体的作用不容忽视。除了大众媒体，上市公司还应充分利用自媒体平台，如微信公众号、微博、视频号等，扩大信息传播的范围和影响力。

自媒体信息的碎片化和专业性不足可能导致信息传播出现管中窥豹或者指鹿为马的偏差，如片面解读或错误信息的传播。但自媒体同时又具有传播快、自主性强、信息多元的特点。因此，公司应将自媒体作为整合营销传播的重要渠道，建立和维护官方自媒体账号，以此作为信息披露的补充平台。

公司不仅要通过自媒体发布信息，还应与投资者进行充分互动，实时沟通公司的运营状况和盈利能力，以减少信息不对称，促进公司价值最大化的实现。针对不同类型媒体，公司应建立完善的沟通制度，对媒体进行分类管理，识别关键媒体并进行重点沟通。定期主动邀约，建立良好的合作关系，并确保对不同媒体的信息发布口径一致，避免信息相互矛盾。

此外，公司需要培养一种文化，让每个员工都成为公司形象的积极传播者。

监管沟通 / 监管机构关系管理（RR）

监管沟通的核心目标是构建信任，而非通过不正当手段"拉关系"或

"搞关系"。监管机构关系管理是上市公司外部治理结构的重要组成部分，也是公司处理政商关系的关键。这种管理不应涉及任何形式的不正当交易，如权钱交易、权权交易或权色交易，以及在资本市场上的股价操纵行为。

有效的监管关系管理旨在营造一个和谐信任的环境，确保公司运营和资本运作活动能够高效、迅速且低成本地进行。其基础在于所有资本运作和市值管理活动必须合法合规。进一步而言，这些活动还应符合监管机构的基本诉求，即保障金融市场的可持续和健康发展。

监管机构主要关注上市公司资本运作和信息披露的合法合规性。因此，上市公司应坦诚且主动地向监管机构及时汇报公司发生或可能发生的一些重大变化，并及时回应监管机构的询问。同时，应避免以下不当行为：制作虚假财务报表、隐瞒内控事故、设置关联交易、隐藏实际控制人、非真实准确完整地披露信息、破坏上市公司独立性。

上市公司应致力于建立和维护一个健康、透明的监管沟通环境，确保所有活动都在法律和监管框架内进行，以促进公司和市场的长期稳定发展。

做好舆情风险管理和舆情应对

舆情通常包括报刊、电视、网络等媒体对公司进行的负面报道、社会上已经存在或将给公司造成不良影响的传言或信息，以及可能或者已经影响社会公众投资者投资取向、造成股价异常波动的信息。

由于A股的一个重要特征是散户交易比例较高（2亿多散户，数量庞大），因此市场情绪化较重，容易受到舆论引导或出现特定事件驱动的炒作，加之上市公司的社会关注度高，在自媒体快速发展的今天，股民、消费者、网民三重身份叠加，任何一重身份对应的层面出现涉及上市公司的敏感信息，都可能跨界快速传播，放大负面情绪，影响上市公司的品牌形象，市场负面情绪传导到股价上，就会对上市公司的市值造成损害。

　　财务负面舆情、企业经营管理、法律合规问题、产品和服务质量、高管的个人不当行为、关联方的不当行为、公共秩序类、市场传闻、行业负面连带、重大次生舆情等十个方面最容易滋生上市公司的负面信息。负面信息通过媒体和大众更容易快速传播，给上市公司的舆情管理带来很大挑战，上市公司既要有应对负面信息的定力，也要具备快速反应的能力，妥善执行既定舆情管理策略。既然危机难以避免，那么就应该做好危机的预防和应对工作。要防患于未然，不能被动挨打，导致股价大跌。危机发生之后，上市公司可以巧妙应对，寻找四两拨千斤的切入点，而最高明的则是将舆论危机扼杀在摇篮中。应对策略包括预防、预判和预控。

　　第一，制定舆情管理制度和培训制度，定岗定责。

　　舆情管理制度是公司开展舆情工作的制度保证，越来越多的上市公司制定并公告了舆情管理制度，特别是在 2024 年 4 月新"国九条"发布后，上市公司密集公告了舆情管理制度，建立起了对舆情的快速反应和应急处置机制。2024 年 11 月，《市值管理指引》正式发布，其对董事会秘书明确提出了舆情监控和实时报告的要求，董事会秘书应当加强舆情监测分析，密切关注各类媒体报道和市场传闻，如果发现可能对投资者决策或者上市公司股票交易价格产生较大影响，应当及时向董事会报告。

　　舆情管理制度中应明确责任归属，定岗定责。一般可以考虑由董事长和董事会秘书牵头负责，同时确定舆情监管专员（证券事务代表或助理担任）负责网络舆情的日常监测，每天或每周对网络舆情进行分类整理，定期提供舆情监测分析报告，及时反馈。此外，要把保障舆情安全纳入公司整体宣传工作，做好舆情安全工作，并长期执行。

　　以某上市公司舆情管理制度为例，其舆情管理的组织体系和工作职责如下所述。

　　公司成立应对舆情处理工作领导小组（以下简称舆情工作组），由公司董事长任组长，董事会秘书任副组长，成员由公司其他高级管理人员及相关职能部门负责人组成。

　　舆情工作组是公司应对各类舆情处理工作的领导机构，统一领导公司应对各类舆情的工作，就相关工作做出决策和部署，并根据需要研究决定公司对外发布信息，主要工作职责包括：决定启动和终止各类舆情处理工作的相关事宜；评估各类舆情信息对公司可能造成的影响以及波及范围，拟订各类舆情信息的处理方案；协调和组织各类舆情处理过程中的对外宣传报道工作；负责做好向证券监管机构的信息上报工作及证券交易所的信息沟通工作；各类舆情处理过程中的其他事项。

舆情工作组的舆情信息采集部门设在公司投资管理部，负责对媒体信息的日常管理，及时收集、分析、核实对公司有重大影响的舆情，跟踪公司股票及其衍生品交易价格的变动情况，研判和评估风险，并将各类舆情的信息和 处理情况第一时间上报董事会秘书。

公司及子公司其他各职能部门等作为舆情信息采集配合部门，配合开展舆情信息采集相关工作，及时向公司投资管理部通报日常经营、合规审查及审计过程中发现的舆情情况。公司及子公司有关人员报告舆情信息应当做到及时、客观、真实，不得迟报、谎报、瞒报、漏报。

公司投资管理部负责建立舆情信息管理档案，记录信息包括但不限于"文章标题、内容、来源、影响、采取的措施、后续进展"等相关情况。该档案应及时更新并整理归档备查。

除了定岗定责，公司还需要加强对全体员工的舆情培训，提高全员舆情防控意识，让每个员工都成为公司形象的积极传播者和负面舆情的积极防控者。此外，定期进行全员舆情演练，不断完善舆情预防和应急机制，不让任何一个员工成为点燃舆情的"爆点"。

第二，做好日常监控，防患于未然。

做好日常舆情监控有助于上市公司在越来越严峻的网络舆论环境中掌握一定的应对主动权，为上市公司舆情管理工作创造先机。

证券监管机构也要求上市公司加强日常舆情监控，如深交所发布的《董秘信息披露手册》第十一章投资者关系管理中就明确要求：上市公司首先应将股吧中投资者的评论纳入舆情管理体系。公司应安排专人负责对各大媒体、各大论坛（包括股吧、博客）进行日常信息监控。特别是在公司重大事项策划过程中、定期报告披露前、内部重要经营会议期间等敏感时点，更要强化监控力度，及时发现异常端倪，预防突发事件的发生。其次，要合理评估股吧中有关信息的影响。如果发现重大不实信息，可能引起股价波动，上市公司应立即进行核实并及时通过证监会指定媒体进行澄清。

网络技术手段是实现网络舆论管理的有效措施，建立健全网络舆情监测系统，在人员配备方面需要建立一支专业的舆情监测队伍，并配套采购一套适合上市公司的舆情监测系统/舆情监控软件。常用的网络技术手段包括对 IP 地址的监测、跟踪，运用智能型软件进行敏感词汇的自动监测等。此外，要做好日常敏感关键词监测，对负面消息进行及时汇报和处理。

网络舆论检测要全面覆盖公司的重要事项，比如公司大股东及董监高信息、公司及重要子公司信息、公司产品及行业监管热点信息、公司投融资并购重组等重要事件信息、公司披露的定期报告信息等。

第三，积极应对、客观引导、真诚沟通。

投资者对公司经营风险高度敏感，这要求上市公司能够给予积极回应，客观引导，避免市场误解。在股价波动期间，投资者情绪起伏较大，公司还需做好安抚和正面引导，表现出勇敢面对、主动承担的态度，在不违反信息披露规则的前提下，与投资者真诚沟通。

例如华为，华为虽不是上市公司，但在舆情管理方面表现出色。面对美国制裁这一重大负面事件，华为在对外发布经营信息时，始终客观地展示公司实际情况，如实说明相关业务受制裁影响很大，同时详细介绍拟应对措施和存在的风险。这种坦诚的沟通方式，让市场更加信任和支持华为的未来发展，公司和管理层也更受市场认可。

再如海底捞，在厨房卫生问题的负面舆情爆发后，没有回避责任，而是迅速做出回应。先是承认问题的存在，然后发布了详细的整改措施，包括加强员工培训、优化厨房管理流程等，并且还邀请媒体和公众监督。这种积极面对问题、快速响应并采取切实可行的解决措施的方式，让消费者看到了企业的诚意，成功扭转了舆情局面，在后期也逐渐恢复了消费者对品牌的信任。

当然，上市公司在做信息引导时，务必注意传播的客观性，不可美化表面，更不能蹭热点概念诱导投资者。近年来交易所互动平台上此类翻车案例屡见不鲜，上市公司需引以为戒。

第四，区分一般舆情与重大舆情，分别应对。

重大舆情常指传播范围较广，严重影响公司公众形象或正常经营活动，使公司已经或可能遭受损失，已经或可能造成公司股票及其衍生品种交易价格变动的负面舆情。其他舆情通常列入一般舆情范畴。

在出现负面舆情时，上市公司需要保持冷静，先对舆情关注内容做出判断，区分是一般舆情还是重大舆情，根据舆情轻重缓急分别做出应对。

对于一般舆情，部分媒体为了快速传播提升影响力而发布的捕风捉影、夸大其词但并无实质内容的文章，通常传播效果有效，但是对于具备较强的信息识别和判断能力的机构投资者的影响作用有限，上市公司可根据内容判断是否需要公开回复或公告澄清，处置方案较为灵活。

如果发生重大舆情，对公司的声誉和股价都造成了较大影响，公司需要快速采取应对措施，迅速调查、了解事件的真实情况，掌握舆情传播范围，拟订应对方案，必要时与刊发媒体沟通情况，防止媒体跟进导致事态进一步发酵。同时加强与投资者沟通，做好投资者的咨询、来访及调查工作。充分发挥互动易平台、公司自有媒体平台的作用，保证各类沟通渠道的畅通，及时发声，做好疏导化解工作，使市场充分了解情况，减少误读误判，防止热点扩大。

如果舆情信息可能或已经对公司股票及其衍生品种交易价格造成较大影响，公司应按照证监会、证券交易所有关规定做好信息披露工作，同时与监管机构做好汇报和沟通，争取监管机构的理解和认可。

如果重大舆情属实，公司要勇敢面对，保持积极态度向市场主动说明情况，不逃避、不回避，真实、真诚地解答媒体的疑问，客观说明问题并展现出公司积极应对困难、解决问题的决心和策略，避免在信息不透明的情况下引发更多不必要的猜测和谣传，争取获得市场的理解和认可。

如果发生的重大舆情涉及虚假信息或误导信息，公司必要时可以对编造、传播公司虚假信息或误导性信息的媒体，采取发送律师函、诉讼等措施制止相关媒体的侵权行为，维护公司和投资者的合法权益，以正视听。

2024年1月，因一则关于美国《生物安全法案》草案将发布的消息，导致A股生物医药板块多家上市公司股价大幅下跌。华大智造、药明康德等相关公司第一时间发布澄清公告，表示目前该草案尚处于提案阶段且对于公司的指控存在多处事实错误或不涉及相关业务，提示后续该草案可能被修改或终止，能否形成法律尚存在较大不确定性，并提示投资者注意风险。在随后交易日，相关公司股价逐渐企稳。通过及时、诚恳、客观的澄清公告，有效管理了舆情，避免了股价的持续大幅波动。

第五，应对多点爆发的舆情风险。

有时舆情并非单一出现，而是多点同时爆发，比如出现业绩亏损、生产重大安全事故、高管被留置等情况，在这种情况下，需区分轻重缓急，统筹处理。

首先，对紧急事件第一时间处理，并持续做好综合处理。安全事故是最紧急的舆情事件，此类负面经营信息传播速度快，公司需第一时间发声，不可回避、拖延，要做好安全处置和防范措施，落实责任追究，及时披露后续工作进展。在这种环境下，如果股价异动频繁，需及时发布公告，时刻关注公司情况，提前梳理、筛查公司及控股股东、实控人近期有无重大事项规划，及时沟通，为公告做好准备。如果是承担了公司战略规划、日常运营和公司治理等关键职能的关键少数人员的留置问题，其被留置将影响公司三会运作和经营效率，同时给公司市值管理带来巨大压力。2024年披露留置公告的上市公司中，33家上市公司在留置公告披露后第一个交易日股价出现了下跌，占比高达90%，其中近20%上市公司股价出现了跌停。公司需要第一时间引导并处理好自媒体、股吧、互动平台等社区、社群的声音，安抚投资者情绪，修复他们的信心，防止舆情进一步扩大，同时还要处理好市场对公司稳定经营、合规运作方面的质疑，最好能向市场主动传递公司生产经营方面取得的成果，或者通过投资者调研、投资者开放日等活动，向市场传递公司生产经营稳定、不受重大事件影响的信号。

其次，要分析舆情之间是否存在内在关联，以便于统一处理，防止多点爆发、疲于应对。若舆情事件之间有关联，要讲清楚原因和应对措施。若是独立事件，比如股价大跌是大盘和行业因素，业绩亏损市场早有预期，只有安全事故是突发紧急状况，要分别说清哪些是暂时影响、哪些是长期影响，以及后续应对和防范的方法。

最后，舆情事件背后往往反映了公司管理问题。比如安全事故体现生产管理和风险意识存在漏洞，业绩亏损说明业务竞争力下降或有转型需求。因此，舆情风险是提升公司管理的信号，消除舆情事件影响是长期的管理问题。重大舆情事件处理完毕后，公司应组织对舆情事件的起因、性质、影响、责任和经验教训等问题进行评估总结，并将评估结果和经验教训反馈给相关部门，以进行制度的改进和优化。

第六，借助第三方专业力量。

舆情管理需系统性和专业性。如果股市波动异常，面对舆情管理的综合性、专业性和实效性要求，上市公司需升级传统舆情管理方式，扩大管理范围，配备专家，并借力第三方工具和专业机构提升效率。

首先，扩大舆情管理的辐射范围，使其与投资者关系管理职能融合，并与公关部、品牌部（如有）信息互通、协同工作，在重大舆情事件面前保持步调一致，避免公关内容和公告内容冲突。

其次，配备舆情管理专家。在新媒体时代，要懂得叙事、传播，了解上市公司舆情管理要求。上市公司舆情管理工作需吸纳精通信息传播的人才，打造兼具舆情管理和证券管理能力的复合型专业团队。

最后，上市公司可借助第三方工具和专业机构的支持，提升信息传播和舆情管理效率，增强团队舆情管理的实际效果。

第七，练好内功，持续提升舆情全流程管理。

在如今的网络舆情环境下，上市公司时刻处于市场关注之下，若总是被动应对舆情，往往会顾此失彼。因此，上市公司要做好舆情全流程管理，在面对股市波动、突发风险事件时，能从容应对、妥善处理，并将舆情风险警示转化为提升公司经营管理的契机。

上市公司开展舆情全流程管理，首先要对舆情风险划分等级，依据紧急（较紧急、非紧急）程度确定处理时效，按照严重、重大、一般等划分舆情影响程度，确定投入资源量级、人员范围和责任分配，并严格纳入舆情管理制度来执行，在此基础上做好各阶段舆情管理工作。

上市公司需将舆情风险管理内化为提升公司经营管理的契机，通过四阶段的全流程管理，提升舆情应对能力，保护公司价值和市场形象，具体如下：

初始阶段：快速反应，核实情况，准备澄清思路。在舆情初始阶段，上市公司在监测到舆情苗头时要尽快反应，梳理源头和具体内容，核实公司真实情况，依据舆情管理制度标准形成统一应对方案，针对舆论关注点及时准备澄清思路，确保内容客观翔实、态度真诚。

高点阶段：避开舆论锋芒，传递积极信息，积极沟通。在舆情高点阶段，市场可能一边倒地认为公司有问题，在应对和沟通中，不能简单认为市场、投资者缺乏常识，毕竟公司最了解自身情况。公司也不能将责任推诿给行业、投资者，比如股价大跌时，不能完全归因于市场或行业不好，而要从公司自身可采取的行动出发，传递积极信息，积极与外界沟通。

衰减阶段：复盘核心点，总结经验，完善管理方案。在舆情衰减阶段，要梳理和复盘舆情核心点，借助舆情工具分析舆情走势与股价变动的关系、传播路径以及公司舆情管理干预后的优化情况等，及时总结经验，完善后续舆情管理方案和应对措施，并将问题信息反馈给管理层和业务部门，提升产品和服务质量，聚焦管理重点。这些工作成果可作为持续向市场和投资者传递的正面信息。

沉寂阶段：定期跟踪，防止同类舆情再次爆发。在舆情沉寂阶段，上市公司的产品和服务若涉及民生领域或金融、数据安全等特殊行业，舆情发生频率高且易叠加交互，处理不好会持续累积影响。因此，即便舆情归于沉寂，仍要定期跟踪，谨防同类舆情再次爆发。

第四章

价值经营

第一节 价值经营的核心是逆周期操作

价值经营的前提是正确认识周期

价值经营是指当上市公司股价处于低谷期、市场价值被低估（公司市值没有充分体现内在价值），或公司股价处于高位期、市场价值被高估（公司市值大于公司的内在价值）时，顺应资本市场的周期性波动规律，根据投资学的基本原理和投资者的投资偏好，在贯彻公司战略、整合公司资源的基础上，综合运用各项资本运作手段和工具，向资本市场传递公司价值信号，引导投资者的投资行为，不断提升公司价值和让公司市值与价值相匹配的一系列管理行为。

周期变化是上市公司必须面对的课题。产业周期、股市周期的波动都会引起一家上市公司市值的变化。上市公司如何去平抑周期波动、降低风险，又如何利用周期波动抓住机会，成为上市公司关键的课题。这既是上市公司管理的重要课题，也是价值经营的前提。

一方面，资本市场具有明显的周期性。

二级市场有牛市，也有熊市。在牛市里有结构性的熊市，在熊市里也有结构性的牛市。在大牛市里，股价可能持续上涨，甚至出现"泡沫"；而在大熊市里，股价持续下跌，"地板价"下面还有"地狱价"。这种现象可以算是资本市场不可抗拒的市场规律之一。约翰·S.戈登（John S. Gordon）在《伟大的博弈：华尔街金融帝国的崛起（1653—2019年）》中对此形象地表述为："世界上不会有任何其他地方的历史会像华尔街历史一样，如此频繁和千篇一律地不断重复自己。无论是市场投机还是市场投资者本身，千百年来都几乎没有丝毫改变。这个资本的游戏亘古未变，同样亘古未变的还有人性。"

面对这种情况，上市公司不是只能在股市的牛熊周期转换面前"听天由命""靠天吃饭"，反而是可以顺应市场规律，合理利用市场周期在恰当的时候做合适的事情，这也就是价值经营需要做的。

特别需要说明的是，与成熟资本市场相比，中国资本市场成立时间较晚，新兴和转轨的特征仍然存在，这导致A股市场的波动性更大。在这样的市场里，更容易出现上市公司市值偏离内在价值的情况，也容易出现指数和股价暴涨暴跌的剧烈波动。这既提高了对上市公司进行市值管理的难度，同时也给价值经营提供了更大的空间。

另一方面，也需要高度重视产业周期。

在经济学上，产业周期一般是指一个产业从产生到成长、成熟再到衰退的整个发展过程，而这里的产业周期更准确来说是产业的周期性变化。一般来说，产业的周期性变化通常包含以下阶段：繁荣期（扩张期）、衰退期、萧条期、复苏期。

在繁荣期（扩张期），往往会出现产品需求旺盛（因为宏观经济环境向好，消费者收入增加，对产品或服务的需求大量增长）→企业扩张（企业在这个阶段会积极扩大生产规模，增加投资。新企业可能大量涌入该产业，产业内竞争加剧，整体产能不断提升）→产品价格上涨（由于需求大于供给，产品或服务的价格往往会上涨）等情况。

在衰退期，往往会出现产品需求下降（宏观经济形势不佳，如经济危机或消费者偏好转变时，产业的需求开始减少）→企业收缩（企业面临销售下滑和利润减少的情况，开始削减生产规模、减少投资甚至裁员。一些竞争力较弱的企业可能会被淘汰出局）→产品价格下跌（供大于求的局面使得产品或服务价格下跌）等情况。

在萧条期，往往会出现市场低迷（产业内的需求持续处于低水平，企业面临着巨大的生存压力，市场上可能出现大量的闲置产能和积压库存）→企业出清（企业可能会进行并购重组等整合活动，大型企业可能会收购小型企业以扩大市场份额或降低成本，部分企业或者产能出清，整个产业的结构在这个过程中得到调整）等情况。

在复苏期，往往会出现产品需求回升（随着宏观经济的改善或者新技术、新政策的刺激，产业的需求开始缓慢回升）→企业活力恢复（企业开始增加生产，重新进行投资，开发新产品或服务，逐步恢复盈利能力，并寻求新的发展机会）等情况。

对冲产业周期，一般而言有两个手段。一个是经营手段，例如产业链延伸、科学合理的业务多元化布局等；另外一个是价值经营手段，通过逆周期使用资本运作工具和市值管理工具来实现公司价值与市值的最大化。

总体来讲，资本市场是一个牛熊交替的周期市场，每个行业都有各自的波动周期。上市公司无法左右周期，但可以充分利用周期。在一定意义上，波动幅度越大，可利用的价值就越高。上市公司要抓住机会，尽力实现公司价值的最大化和市值管理目标。

价值经营的核心是逆周期操作

股市周期变化会使得上市公司身处牛市或熊市，这必然带来股价与内在价值的差异。

产业周期或者说产业的周期性变化，也会对上市公司的股价带来重大影响。但需要说明的是，上市公司的股价变化并不必然与产业的周期性变化保持同步。由于资本市场是预期管理的市场，股价的变化一般会提前于产业的周期性变化。这是因为，投资者特别是机构投资者在对股票进行定价时，往往是基于对未来的预期。他们会收集各种信息，包括宏观经济数据、行业发展趋势、公司财务状况等，通过对行业和各种信息的深入研究，分析产业周期的各个阶段，以及不同阶段对公司业绩的影响，据此对公司未来的业绩和产业的发展前景进行预测，并将这些预测反映在股价中。一些行业领先指标可以提前预示产业的周期性变化。例如，新订单数量的增加往往意味着产业需求的上升，可能预示着产业即将进入上升周期；库存水平的变化可以反映产业的供需状况，当库存水平下降时，可能预示着产业需求增加，即将进入上升周期。投资者会密切关注这些行业领先指标，并根据这些指标的变化调整对股票的定价。当投资者预期产业即将进入上升周期时，他们会提前买入相关公司的股票，推动股价上涨。相反，当预期产业将进入下行周期时，投资者会提前卖出股票，导致股价下跌。这种基于预期的买卖行为使得股价的变化提前于产业的实际周期性变化。

尽管在时间上有一定差异，但产业的周期性变化必然对上市公司的股价产生重大影响，给股价带来变化。

上市公司面对不可避免的股市周期和产业周期，要通过逆周期操作来实现价值的最大化。

中国传统文化讲究开阖之道，其实价值经营也是一样的道理。

逆周期操作的核心就是要区分股价是低估还是高估，决定是珍惜股权还是释放股权。作为价值经营的市值管理手段有很多，但核心就在于：

在熊市和周期底部时，投资者对股市、行业和公司前景都持悲观态度，股价被低估，市场价值低于内在价值。这时，上市公司要珍惜自身的股权，增加回购力度，上市公司的股东要增加持股，这样可以增加市场信心、减少二级市场股票供给，促进股价回到正常水平。

在牛市和周期顶部时，投资者对股市、行业和公司前景都持乐观态度，股价被高估，市场价值高于内在价值。这时，上市公司要充分利用自身股权的高价值从资本市场获得融资或者去换取低估值的资产，上市公司的股东可以适当减少持股，这样可以实现股权价值的最大化，也能够适度平抑股价、避免过度"泡沫化"。

正确认识价值经营

价值经营的核心要点非常简单和易于理解，但在实际操作中，会受到上市公司自身观念与认识、体制与机制、人才与团队、组织与协调等综合能力和素质的影响，而市场走势和周期变化的判断经常是复杂和困难的，同时 A 股市场上市公司的很多资本运作手段相对成熟资本市场还面临着更多的审核和监管。这些因素都会增加上市公司进行价值经营的难度和影响其效果。

以价值经营的方式来逆周期操作，更多的是实现市值管理的短期目标，即尽量让上市公司的市场价值回归内在价值，减少公司市场价值在二级市场的剧烈波动。但长远来看，有效的市值管理仍然需要价值创造、价值传播和价值经营三方面的共同发力，这样才可能实现市值管理的长期目标，保证公司市值稳定增长，提升公司投资价值和股东回报能力。

第二节　熊市和周期底部时的价值经营策略

股东和董事、监事、高级管理人员增持

当上市公司处于熊市和周期底部时，股价往往处于下行周期，股价偏离价值或者不能完全反映价值时，公司股东特别是控股股东主动增持股票，可以稳定市场信心。同时，随着股票价格回升至与价值相匹配，增持的股票往往也能获得较好收益。上市公司除控股股东、实际控制人兼任外的其他董事、监事、高级管理人员往往是职业经理人。他们作为最了解公

司实际运作情况的知情人，如果主动增持公司股票，有可能会给市场更大的提振作用。经济学上，一般以"发信号"理论来解释股东和董监高增持的动因。"发信号"理论立足于公司内部管理层与外部投资人之间的信息不对称，前者比后者掌握更多有关公司真实价值的信息。

股东和董监高增持公司股票需要注意以下几个方面。

其一，信息披露义务。

持股比例5%以上的股东首次增持上市公司股份时，必须将增持情况通知上市公司，上市公司应在次日发布相关公告。公告内容需包括增持目的及计划、增持方式（如集中竞价、大宗交易等）、增持数量和比例等。实施后续增持计划，累计增持股份比例达上市公司已发行股份1%的，也必须发布公告。在增持计划到期前，上市公司应在各定期报告中披露相关股东增持计划实施的情况。

与持股5%以上股东增持信息披露不同，董监高可以自愿披露股份增持计划。其公告应当包括已持有公司股份的数量、持股占公司总股本的比例、在本次公告前的12个月内已披露增持计划的实施完成情况（如有）、本次公告前6个月的减持情况（如有），拟增持股份的目的、数量或金额、价格前提、实施期限、增持方式等内容。

其二，交易"窗口期"限制。

交易"窗口期"是指在上市公司敏感信息披露前后的一段时间，在该时间段上市公司控股股东、实际控制人、董监高等相关主体不得买卖本公司股票。设置交易"窗口期"限制的目的是避免相关主体利用提前知悉的上市公司信息买卖股票获利或避损，维护证券市场的公平性和公正性。需要注意的是，不同板块、不同证券交易所的具体规定可能会略有差异。

一般来说，上市公司年报、半年报公告前30日内，季报公告前5日内；业绩预告、业绩快报公告前10日内；重大交易或重大事项进入决策程序之日至该事项公告后2个交易日内；其他可能影响股价的重大事件发生之日起至公告后2个交易日内，都属于限制交易的"窗口期"。

其三，短线交易限制。

短线交易限制是指持有上市公司股份 5% 以上的股东、上市公司董监高，将其持有的该公司的股票或者其他具有股权性质的证券在买入后 6 个月内卖出，或者在卖出后 6 个月内又买入的行为限制。这种行为所得收益归公司所有。设置短线交易限制的目的与交易"窗口期"限制基本类似，是防止内幕交易、维护市场公平，保护中小投资者的利益。

上市公司美的集团（000333.SZ）的控股股东就善于通过增持的方式向市场传递信心、稳定股价。例如 2021 年年初家电板块整体走低，美的集团股价从 2 月的高位下跌，市值大幅缩水。为了稳定股价、增强投资者信心，控股股东开始增持股份。5 月 22 日，美的集团披露公司实际控制人何享健自 5 月 20 日起 6 个月内，拟增持公司 A 股股份金额不低于 8 亿元。6 月 3 日至 6 月 22 日，何享健通过集中竞价方式累计增持公司股份约 1 070 万股，增持金额约 8 亿元，增持完成后，何享健直接持股比例从 0.25% 增长到了 0.40%。此次增持显示出大股东对公司未来持续稳定发展的信心和长期投资价值的认可。

再如时间更早的 2011 年。当时美的集团尚未吸收合并美的电器，美的公司的整个股权架构是美的控股、美的集团和上市公司美的电器三重架构。由于当时美的控股（持有美的集团 84% 股权）拟将其持有的 15.30% 美的集团股权转让给融睿投资（其实控人工银国际，为工商银行在香港的全资子公司，是工商银行唯一的投资银行平台）和鼎晖投资（知名投资基金），为向市场传递积极信号，美的集团启动了对上市公司美的电器的增持计划。2011 年 11 月 23 日至 12 月 2 日，美的集团增持了美的电器 3 383.99 万股股份，占公司总股本 1%；12 月 6 日至 29 日期间，又增持了上市公司 3 373.16 万股股份，占公司总股本 0.99%。自首次增持日仅过了 37 天，美的集团就完成了本次增持计划，两轮合计增持均价约为 11.84 元 / 股，耗资 8 亿元。

股东和董事、监事、高级管理人员承诺不减持或者延长锁定期

市场通常认为股东和董监高作为公司的"内部人"，对公司的经营状

况和未来发展有着更深入的了解。他们的减持行为可能会被投资者解读为对公司未来发展缺乏信心，从而动摇投资者对公司的信心，进而影响股价。同时，股东减持会增加市场上股票的供应量，有可能会打破供需平衡，导致股价承压。尤其是当减持规模较大时，大量股票流入市场，会引发其他投资者的抛售行为，推动股价进一步下跌。

在市场处于熊市和公司股价低于内在价值时，股东及董监高的减持行为会对公司股价产生更大的影响。在这种情况下，如果股东及董监高主动承诺不减持或延长锁定期，会给予市场积极的信号。

不减持承诺通常是指股东及董监高具备减持条件时主动承诺在一定时间期限内不减持公司股票。例如，2024年10月8日国光电气（688776.SH）公告公司控股股东及实际控制人出具《关于自愿不减持公司股份的承诺函》，自愿承诺未来12个月内不以任何方式直接或间接减持持有的公司股份。截至公告披露日，控股股东与实控人的持股比例合计为50.79%。

延长锁定期承诺通常是指股东及董监高在原有法定或自愿做出的股份锁定承诺（例如IPO锁定股份或者认购上市公司定向增发后的锁定期）到期前主动承诺延长锁定期。例如，2024年10月8日陕西华达（301517.SZ）公告收到7名股东分别出具的《自愿延长锁定期承诺函》。7名股东所持有的公司IPO股份原定于2024年10月17日流通上市，基于对公司未来发展前景的信心和对公司内在价值的认可，自愿延长锁定至2025年10月16日。这些股东合计持股2 763.55万股，占总股本比例为25.58%。

员工增持

除了常见的股东和董监高增持股份，实践中也有一些其他主体增持股份以给予市场信心、提振股价的案例。

员工增持公司股份一般有大股东倡议式增持、员工通过已经设立的员工持股计划或者其他方式主动增持等形式。

大股东倡议式增持通常发生在民营上市公司。为了鼓励员工积极响应倡议，大股东往往会同时做出差额补偿承诺，即在增持倡议发出后一段时间内，员工增持股票获得的盈利归员工个人，发生的亏损由大股东给予全额或者部分补偿。例如，天振股份（301356.SZ）实际控制人、董事长方庆华于 2023 年 1 月 31 日发出倡议，基于对公司未来业绩持续增长的信心和对公司股票长期投资价值的认同，倡议全体员工限期增持公司股票。在增持期间内产生的亏损，方庆华个人将予以全额补偿，补偿金额不存在最高金额限制，若有股票增值收益，则收益归员工个人所有。此倡议引发了一定的市场关注，公司股价也曾在短期内有所上涨。从结果看，共有 5 名员工在约定的 2023 年 2 月 1 日至 2 月 14 日期间通过二级市场增持公司股票，累计增持股票 31.96 万股，约占公司总股本的 0.266%，增持总金额约为 1 705 万元。2024 年 3 月 1 日，本次倡议增持事项及相关承诺履行完毕，方庆华已对员工的亏损全额进行了补偿。

员工通过已经设立的员工持股计划或者其他方式进行增持也是常见的方式。例如，2024 年 7 月 15 日，万科 A（000002.SZ）发布公告称，公司骨干管理人员基于对行业和公司未来发展的长期信心，自筹资金 2 亿元，自 2024 年 7 月 10 日起 6 个月内，委托第三方通过信托计划自愿增持公司A 股股份。截至 7 月 15 日，本次增持计划已实施完毕。本次共从二级市场购买万科 A 股股票 29 564 128 股，占万科总股本的 0.25%。公司骨干管理人员作为信托计划的受益人，自愿承诺本次增持的股份自公告披露之日起锁定两年，期满后依法依规处理。

第三方（经销商、客户）增持

经销商和客户主动增持上市公司股票，往往也会获得市场关注，提振信心。原因在于经销商和客户处于市场一线，对公司产品的销售情况、市场需求等有着最直接的感受。如果他们增持公司股票，往往意味着他们看到了公司产品销售顺畅、市场份额不断扩大、订单量持续增加等积极的业务发展态势，认可公司未来的盈利能力，对公司的发展前景充满信心。同时，对经销商和客户来说，在熊市和上市公司股价低估时，增持后不仅可能获得直接的经济收益，而且可以与上市公司的利益联系更加紧密，有利于双方在未来的业务合作中更加紧密地协同发展。经销商为了自身利益会更积极地推动公司产品的销售，公司也会更加重视经销商的需求和利益，从而形成良性互动。

例如，友发集团（601686.SH）的经销商多次增持上市公司股份。这与公司的业务模式有关，友发集团的主营产品为钢管，通过经销商渠道实现的收入占公司营业收入比例超过90%。2023年2月，友发集团宣布，在此前的3个月内，基于对公司未来发展前景的信心以及对公司投资价值的认同，经销商斥资1.27亿元，增持上市公司股票2 122.91万股，占公司总股本的1.48%。2023年12月，友发集团再次宣布公司部分经销商拟自愿增持公司股票，增持计划规模为1亿元至2亿元。截至2024年4月30日，增持主体共增持公司股份1 296.84万股，占公司总股本的0.91%，增持金额为7 682.49万元。

护盘式回购

正如本书"第二章　第六节　股份回购：提高股东投资回报的长期工具"的介绍，股份回购作为一项重要的资本运作和股东回报工具，可以在市值管理和上市公司经营的全流程中考虑使用。股份回购也具备提升股东回报、提供股权激励工具股份来源等多项用途。在熊市和公司股价低于内在价值时，股份回购作为一种逆周期调节工具的用途更为凸显。

一般来说，当上市公司股价被市场低估或者出现短期影响公司股价的不利情况时，可以通过股份回购来向市场传递公司股价被低估、公司股票具有投资价值的信息。A股市场把这种情形下的回购形象地称为"护盘式回购"，关于护盘式回购的具体情形及规则，详见"第二章　第六节 上市公司实施股份回购的政策要求"小节介绍。

需要说明的是，如果尚未触发"护盘式回购"的构成要件，但上市公司认为需要回购来提振股价和市场信心，可以按照股份回购的第一种情形（"减少公司注册资本"）来进行回购。

在触发"护盘式回购"构成要件时，监管部门为了鼓励上市公司采取措施，给予了更大的"优待措施"，允许上市公司回购的股份不立即注销，可以在公司股价稳定后在二级市场售出来直接获得价差收益，增加上市公司利润。

这是因为，只要使用了回购手段，除了释放股价低估的信号，还能在一定时间内减少流通在外的股份，起到支撑股价效果，实现"护盘"。但实践中一般简单认为，股份回购要起到提升公司内在价值的作用，应该采用注销手段。这样会使公司总股本下降，在公司整体价值不变的情况下，每股内含资产价值和收益增加，能够起到立竿见影回报投资者的效果，是回报投资者的重要方式，也是市场最为期待的股份回购方式。

因此，2024 年以来，从市场实践看，不管是否触及"护盘式回购"，上市公司越来越多地主动选择股份回购后注销，直接回报投资者的意愿和效果更为明显。

2024 年，为维护公司价值及股东权益，药明康德（603259.SH）连续实施了三次股票回购，回购的股份都在 / 拟在回购完成之后全部注销。第一次，截至 1 月 31 日公司股票连续 20 个交易日内收盘价格跌幅累计达到 20%，公司 2 月 1 日审议通过，以集中竞价交易方式回购股份，回购金额为 10 亿元，2 月 5 日完成了本次回购。第二次，截至 3 月 1 日公司股票连续 20 个交易日内收盘价格跌幅累计达到 20%，公司 3 月 8 日审议通过，继续回购公司股票，拟回购金额为 10 亿元，5 月 22 日完成了本次回购。第三次，9 月 9 日公司股票收盘价格低于最近一年最高收盘价格的 50%，公司 9 月 10 日审议通过，第三次以集中竞价交易方式回购股份，拟回购金额为 10 亿元。

股东、上市公司使用创新金融工具增持和回购

2024 年 9 月 24 日中国人民银行行长在国务院新闻办主办的新闻发布会上提出了股票回购、股东增持贷款工具，即股票回购、增持专项再贷

款。这一创新金融工具的创设目的是维护我国资本市场的稳定，提振投资者的信心，由中国人民银行与中国证监会、国家金融监管总局协商创设。这也是中国人民银行第一次创新结构性货币政策工具来支持资本市场。

运作方式是由中国人民银行向商业银行发放再贷款，商业银行再向符合条件的上市公司和主要股东提供低成本的贷款。上市公司主要股东可以通过贷款增持上市公司股票，上市公司本身也可以通过贷款来回购上市公司股票。这一工具可以为上市公司和股东提供较低成本的资金用于回购和增持股票，以增强市场信心。

2024 年 10 月 17 日，《中国人民银行　金融监管总局　中国证监会关于设立股票回购增持再贷款有关事宜的通知》正式发布。根据该通知的规定，再贷款首期额度为 3 000 亿元，年利率为 1.75%，期限为 1 年，可视情况展期。股票回购增持再贷款政策适用于不同所有制上市公司。21 家全国性金融机构按政策规定，发放贷款支持上市公司股票回购和增持。21 家金融机构合理确定贷款条件，贷款利率原则上不超过 2.25%。贷款资金"专款专用，封闭运行"。股票回购增持贷款与"信贷资金不得流入股市"等相关监管规定不符的，豁免执行相关监管规定；豁免之外的信贷资金，执行现行监管规定。

该通知明确可以使用该项贷款回购股票的上市公司条件为：上市公司应当符合《上市公司股份回购规则》第八条规定的实施股票回购应符合的条件，且不是已被实施退市风险警示的公司。

该通知也明确了可以使用该项贷款增持股票的主要股东条件为：主要股东通过集中竞价方式买入上市公司股票；增持的上市公司不得为已被实施退市风险警示的公司；原则上为上市公司持股 5% 以上股东，具备债务履行能力，且最近一年无重大违法行为。

股票回购增持再贷款工具发布后得到了众多上市公司或上市公司股东的响应和广泛使用。例如，2024 年 10 月 20 日，中国石化（600028.SH）公告该公司与中国银行签订授信协议，获得不超过 9 亿元的授信额度专项用于公司在 A 股市场进行的股份回购。同时，中国石化集团也与中国银行签订授信协议，获得 7 亿元的授信额度，专项用于中国石化集团通过集中竞价交易的方式增持中国石化的 A 股股份。

增持同行业股票

如果说在熊市时以各种方式增持和加大回购自家公司股票力度，是相对被动地应对股价低迷以提振市场信心，那么在自身经营状况和现金流情况良好的情况下，利用熊市时股价低迷的机会增持同行业及上下游上市公司股票，从中长期看有助于上市公司价值提升，也是上市公司立足价值创造，进行逆周期价值经营的很好实践。

这是因为，在熊市中，市场整体情绪悲观，股票价格往往被过度打压。同行业的优质公司也可能受到市场非理性情绪的影响，股价大幅下跌。作为同行业公司，对行业周期和行业内上市公司的质量（识别竞争力突出的公司）有着更深刻和准确的认识。这个时候增持同行业上市公司股票，相当于以低价买入了未来的增长潜力，在未来有望获得更高的投资回报。

特别是一些周期性行业的上市公司，如果着眼于产业周期变化，希望在周期低点布局，以获得周期变化后的超额利润，有可能自建产能不如收购优质同行业上市公司的股票。

以水泥行业为例，新建水泥产能除了审批严格，还需要投入大量资金用于土地购置、厂房建设等，投资成本巨大而且建设周期较长，在建设过程中还面临原材料价格波动、人工成本上升等风险，导致最终的实际成本超出预算。此外，较长的建设周期还面临市场环境变化的风险。相比之下，增持同行业上市公司股票，只需按照市场价格购买股份，交易过程相对简单。很多时候简单折算下来，同样要实际拥有一定的产能，在熊市或者行业低谷时增持同行业公司股票的成本大大低于自己新建产能的成本。

同时，上市公司也可以通过增持同行业及上下游上市公司股票，加强与这些公司的合作与协同，提升自身的竞争优势。例如，一家汽车制造企业在熊市中增持了其供应商的股票，这样可以加强双方的合作关系，确保供应链的稳定，提高产品质量和生产效率。同时，企业还可以通过增持同行业竞争对手的股票，了解其经营策略和技术优势，从而借鉴和学习，提升自身的竞争力。

国内水泥行业的龙头企业海螺水泥（600585.SH）就曾经在有利时机多次增持同行业上市公司股份，而且使用了二级市场购买、参与同行业及上下游上市公司再融资等多种方式。

2008 年 4 ～ 8 月，在冀东水泥股价持续下行时，海螺水泥在二级市场以集中竞价交易方式连续买入，第一次"举牌"（持股比例超过 5%）。2010 年 1 ～ 4 月，在冀东水泥股价遭遇大幅下跌时，海螺水泥再次出手，第二次举牌冀东水泥。随后，海螺水泥在 2011 年完成了对冀东水泥的第三次举牌，并在此之后陆续增持冀东水泥。截至 2014 年年底，海螺水泥持股数量达到 2.67 亿股，占冀东水泥总股本的 19.84%。后来在 2015 年、2017 年冀东水泥股价上行至高位时，海螺水泥对其进行了减持。

2021 年 7 ～ 10 月，海螺水泥以集中竞价交易方式买入同行业上市公司亚泰集团 1.62 亿股股份，占亚泰集团已发行股份数量比例的 5%，耗资约为 4.97 亿元，触及"举牌"线。

2022 年 2 月，海螺水泥以近 10 亿元资金参与认购天山股份定向增发股票，占天山股份本次非公开发行后总股本的 0.86%，成为上市公司第三大股东。

除了水泥行业的上市公司，海螺水泥还参与西部建设的定向增发。西部建设是混凝土行业的重要企业，与水泥行业紧密相关。2021 年 12 月，海螺水泥公告认购西部建设 2.52 亿股股份，持股比例为 16.3%，成为西部建设第二大股东。

收购资产乃至并购其他上市公司

如果说增持同行业或者上下游上市公司股份的主要目的还是把握熊市

和行业周期变化时机实现投资增资和增强行业协作，那么进一步增加投资比例乃至获得目标公司（无论是不是上市公司），那就是利用行业低谷和周期低点实现产业整合，无论是从短期还是从中长期来看，都有可能提升公司的投资价值。这是因为，从企业经营的一般规律来看，有一个"行业好时挣利润，行业不好时挣份额"的说法。意思就是，整个行业处于景气周期时，行业内公司都容易挣钱。这个时候，想要整合一家同行业公司，不仅成本较高，而且往往难以达成交易。到了行业周期低谷时，行业内公司经营都面临困难，甚至一些实力较弱或扩张过速、财务压力较大的公司可能会面临破产倒闭的风险。作为收购方的上市公司虽然可能利润率下滑，但如果自身综合实力和抗风险能力较强，也有现金储备较多、负债率低等有利条件，这个时候就非常有利于实现对行业竞争对手的并购，从而扩大市场份额、提高市场集中度及提升行业地位。

出于这个角度考虑，上市公司在自身条件允许的情况下可以进一步收购资产，乃至并购同行业的上市公司。

例如，我国医疗器械行业的龙头企业迈瑞医疗（300760.SZ），2024年1月以现金方式收购惠泰医疗（688617.SH）实际控制人及其他主体持有的惠泰医疗24.61%股份，交易总金额约66亿元。迈瑞医疗已提出"向全球前十甚至更高的行业地位发起冲击"的目标。惠泰医疗是国内心血管细分领域的龙头企业，公司自上市以来经营业绩优异，但市场竞争压力巨大，需要面对A股二级市场持续低迷、大股东减持监管趋严的现状。在这种情况下，实力强大的迈瑞医疗利用资本市场低谷期，以相对合理的价格取得惠泰医疗的控制权，增强了自己在细分领域的实力。而对于惠泰医疗来说，一方面股东，包括私募投资基金股东可以一次性现金退出全部或者部分股权，另一方面惠泰医疗也找到了实力强大的"靠山"，可以依托迈瑞医疗强大的国际布局等加速发展，同时，实际控制人剩余的股权也可能在之后增值。

"第二章 第八节 通过跨界并购实现第二曲线发展或产业转型"提到的聚焦"光伏＋农牧"两大主业的通威股份，2024年8月公告，拟收购润阳股份不低于51%的股权，交易金额不超过50亿元。润阳股份2020年至2022年连续3年电池出货排名全球前三，2023年电池出货全球前五。润阳股份在美国、泰国等部分海外市场也进行了产能布局，能够满足海外市场溯源要求。润阳股份曾谋求在A股上市，2023年6月获得IPO批文，但一直未能发行上市，2024年6月批文到期失效。IPO失败叠加光伏寒冬之际，润阳股份面临着较大的财务压力。

润阳股份估值曾达400亿元，本次交易估值仅为98亿元，堪称是"骨折价"出售。本次收购后，可巩固通威股份的市场占有率，同时有效补充公司海外产能布局，帮助公司拓宽海外高溢价市场的销售渠道，提升全球综合竞争力。

需要提醒的是，作为收购方的上市公司由于处于熊市或者行业低谷期，一般而言股价也处于低估或者低于内在价值的情况。那么，使用现金而非股份，仅从经济角度考量，是更低成本的支付手段。如果因为自身资金实力有限，或者需要使用股份手段锁定标的公司的经营层，那么使用创新的股债混合支付手段，例如"向特定对象发行的可转换公司债券"（定向可转债介绍详见"第二章　第八节 核心交易条款：支付方式"），也是一种可以考虑的思路。

作为支付工具，定向可转债对上市公司和标的方股东都是有利的。对于上市公司而言，如果在自身股价显著低于内在价值的情况下以市价发行股份购买资产，显然是不划算的。那么通过定向可转债，可以设定高于市价的转股价。而对于标的方股东而言，可转债转股价虽然设置得较高，但如果将来股价没有涨到或超过转股价，可以选择不换股而拿现金，也没有吃亏。

发股重组一般审批流程较长，如果遇到熊市，上市公司的股价可能会大幅下跌。这种情况下，如果还是股份支付且按原市价换股，标的方股东可能不会接受。但如果按照下跌后的价格换股，那么上市公司就需要拿出更多的股份支付给标的方股东，上市公司又不情愿。那么，定向可转债就可以解决这种困境，即上市公司的股价虽然下跌了，但支付的不是直接的股权，而是定向可转债，且定向可转债的转股价仍然是下跌前的市价。那么，上市公司不会担心股权被摊薄，而标的方股东可以在股价没有涨上去的情况下选择债券兑付。这样双方的顾虑都可以解决。

例如，思瑞浦（688536.SH）2024 年 11 月以发行定向可转债及现金方式收购创芯微 100% 股权。创芯微估值为 10.6 亿元，其中核心团队及员工持股平台获得的对价 3.83 亿元以思瑞浦发行的定向可转债支付，其余交易对方以现金支付。这一交易经历的一个方案调整就是以定向可转债支付代替了股权支付。发生这一调整的原因之一就在于在整个交易的流程中上市公司思瑞浦的股价发生了大幅下跌。最终定向可转债的转股价确定在 158 元 / 股，与交易策划之初的市场价格一致，但当时市价已经约有一半的跌幅。通过以定向可转债支付代替股份支付，换股价没有变化，实现了换股价不随市价大幅下跌而调整，同时标的股东方因为有换股或者不换股的选择权而也能接受。

出售资产

在熊市或者行业周期低谷时，有实力的企业在自身条件允许的情况下可以主动作为，增持其他上市公司股权，并购其他企业乃至上市公司，也可以考虑保存实力进行战略聚焦，出售部分业务或者资产，以帮助自身度过周期低谷，同时将资源更好地集中在自身聚焦的业务上。

例如，主业为饲料、生猪养殖与屠宰的深交所主板公司新希望（000876.SZ），2023 年 12 月公告，将子公司山东中新食品集团有限公司 51% 的股权出售给中国牧工商集团有限公司，交易作价约 27 亿元；同时将子公司德阳新希望六和食品有限公司 67% 的股权转让给海南晟宸投资有限公司，交易作价约 15 亿元。此次交易后，新希望仅作为上述两家处置公司的少数股东，回笼资金约 42 亿元，以便更加聚焦于饲料和生猪养殖两大核心主业。几乎同时，11 月 30 日新希望公告，称拟收购交银金融资产投资有限公司持有的山东新希望六和集团有限公司约 9.26% 的股权。新希望收购这个子公司（从事饲料生产业务等）少数股权的目的就是要聚焦自己确定保留的主营业务。

出售资产其他内容详见"第二章　第八节 既要会'买'，也要会'卖'"小节。

提供良好业绩预期指引的股权激励

正如本书第二章第九节的介绍，股权激励（含员工持股计划）是上市公司重要的企业管理和市值管理工具。在这里，需要特别说明的是，在熊市和行业周期低谷时，更要重视股权激励工具的使用。这是因为，熊市时市场和行业整体氛围低迷，员工对公司的未来发展可能会感到担忧。此时推出股权激励可以更好地激发员工的工作积极性和创造力。同时，股权激励的行权价格（针对股票期权）、授予价格（针对限制性股票）等与市价直接相关。此时相对低迷的市场价格也往往意味着行权价格和授予价格相对较低，那么将来管理层和员工就存在获得更大收益的可能性。这会更大地激发管理层和员工去完成绩效考核指标，从而能够行权（针对股票期权）或者解锁（针对限制性股票）后获得股价上涨的收益。

但需要说明的是，这个时候推出的股权激励方案，需要在业绩考核指标上下功夫。业绩考核指标需要向市场传递公司管理层对公司未来发展的信心，让投资者对公司的未来盈利能力有更清晰的认识，也就是说这个时候需要通过股权激励方案的业绩考核指标设置向市场提供良好的业绩预期指引。例如，设置了较高的收入、净利润、净资产收益率等考核指标，就可以向市场传递积极信号，增强投资者信心。而如果只是单纯地希望在股价低的时候推出股权激励方案，让管理层和员工获利，设置很低、很容易达到的业绩考核指标，就可能向市场传递相反的信号，反而起到负面效果。

总体来讲，在熊市和周期低谷推出能够给市场提供良好业绩预期指引的股权激励，关键在于如何设置业绩考核指标。如果对自身经营业绩有很强的信心，可以直接设置较高的收入、净利润、净资产收益率等常规指标。如果受宏观经济和行业周期影响，经营业绩可能受到影响，可以设置其他反映公司成长但与净利润不直接相关的指标，例如新客户数量或客户增长率、新产品产量或者销量等。

2020 年 3 月，在资本市场普遍悲观的时刻，青岛啤酒（600600.SH）推出了上市后的首次股权激励计划，激励对象既包括了公司执行董事、高管人员，也涵盖各管理职能岗位和基层单位的其他核心管理人员及核心骨干人员，形成了良好的激励效果。公司在激励计划中提出了颇具挑战性的未来股票解锁的经营目标，实现核心人才与企业利益共享、风险共担，极大地提升了投资者的信心。激励计划推出后，2020 年公司境内外综合市值首次突破千亿元。

第三节　牛市和周期顶部时的价值经营策略

以合理方式开展股权再融资募集现金

当上市公司处于牛市和周期顶部时，股价往往处于上行周期，股票价格有可能偏离价值进入高估区间，甚至出现"泡沫"迹象。这种情况下，在上市公司具备条件的前提下，采取合理的股权融资方式募集现金，既有助于公司储备经营发展的资金，又可以给过高的股市预期降温，有助于公司的股价更好地反映内在价值，避免股价大起大落和过度"炒作"给中小投资者带来伤害。股权融资介绍详见"第二章　第七节 合理开展上市公司再融资，助力价值创造"小节。

需要提醒的是，从理论上讲，股权融资付出的是"剩余索取权"的代价，一般而言成本是高于债权融资的。股权融资后，公司股本扩大，若新增资金不能带来相应的收益增长，每股收益会被摊薄。因此，即便是牛市可以高价进行再融资时，仍然需要妥善选择融资方式和募集资金投资项目，避免出现不能实现预期的业绩增长和损害公司长期利益的情况。

以股份支付为手段的并购

正如本书第二章第八节的介绍，并购资产是上市公司重要的资本运作和市值管理工具。在这里，需要特别说明的是，在牛市和行业周期顶部时，需要在并购重组中更重视股份支付手段的使用。

在牛市中，整个市场情绪乐观，投资者对公司的未来前景充满信心，从而推高了公司的股价和估值。此时，公司以价格相对高估的股份作为支付手段进行并购，可以用较少的股份换取被并购方较高价值的资产或业务。这样既有助于通过并购提升上市公司的内在价值，又能够给上市公司带来现实或者长远的收益，从而也能弥补公司高估的股价与内在价值之间的差距。

由于二级市场对一级市场有一定的传导效应，牛市时优质标的估值可能相对较高。这个时候使用现金购买，可能与交易对方就标的交易定价难以达成一致。但如果使用换股方式，对价使用的是自身的股权，那么上市公司自身高估值的股价可以抵消标的的高估值，从而实际获得相对合理的收购成本。

但需要提醒的是，并购是非常复杂的资本运营活动，上市公司进行并购必须首先从战略出发，从创造价值着手，而不是简单地"购买"利润。这就意味着上市公司必须具备战略和整合能力，从仅关注标的的业绩、估值到从一开始就重视战略匹配与整合。

还需要说明的是，根据现行 A 股上市公司并购重组的监管规定，交易方案中含有股份支付手段，包括定向可转债等含股权性质的支付手段，需要面临相对严格的监管。

具体来说，当一个并购交易是纯现金交易且未达到上市公司重大资产重组的标准时，上市公司只需要根据交易规模的大小履行公司章程规定的董事会或者股东大会审议程序和相对简单的信息披露即可实施，交易所有可能从信息披露角度进行问询。而这个全现金交易达到上市公司重大资产重组的标准时，上市公司需要聘请独立财务顾问，编制重组报告书，交易所会进行问询。而交易如果包含股份支付手段时，不管是否构成重大资产重组，均需要在编制重组报告书的基础上，通过交易所并购重组审核委员会的审核，同时还需要提交中国证监会注册。

因此，在公司股价较高，使用股份支付手段更有利的情况下，即便交易对手方同意接受股份支付，也需要客观论证这个交易是否能够通过交易所审核和证监会注册。例如，实践中一般认为上市公司如果使用股份支付手段进行跨行业并购和收购未盈利资产就很难通过审核。2024 年 9 月中国证监会颁布的"并购六条"对此有一定的放松，但主要集中于鼓励新质生产力方向。

合理幅度和正当理由的减持

在牛市和周期顶部时，上市公司股价可能被高估。在这种情况下，公司股东的合理幅度和正当理由的减持行为，不仅可以获得较高的减持收益，而且可以在一定意义上稳定市场情绪，降低公司股价被过度"炒作"的风险，有利于公司股价回调到合理的价格区间。

此外，部分上市公司存在股权结构不合理的情况。根据交易所上市规则的相关规定，上市公司股本超过 4 亿元的社会公众股东持有的股份不得低于总股本的 10%，股本不超过 4 亿元的社会公众股东持有的股份不低于总股本的 25%。社会公众股东的判断标准不属于以下两种情况：持有上市公司 10% 以上股份的股东及其一致行动人；上市公司董监高及其关联人。当一个上市公司社会公众股东持股比例过低可能导致公司股票的流动性降低，降低股票买卖交易的活跃度，出现股价大幅波动的情况。同时容易导致公司不符合股权分布条件、危及上市公司地位的意外情况发生。例如，曾经有上市公司的社会公众股东持股比例正好是 25%，一位监事在二级市场上购买股票导致社会公众股东持股比例低于 25%，触发退市风险。因此，对于此类公司，大股东在公司股价高于内在价值时适当减持部分股票，除了可以自身获利，对上市公司也有一定积极意义。

股份减持的方式一般包括二级市场直接减持、大宗交易和协议转让。前两者作为直接在二级市场减持的方式，需要尤其慎重，股东必须严格遵守自 2024 年 5 月起实施的《上市公司股东减持股份管理暂行办法》的相关规定。这个规定被业界称为"史上最严减持新规"，除沿袭既往对股东减持比例、减持时间、减持的信息披露做出要求外，还对大股东减持施加了诸多限制，例如明确在股价破发、破净、分红不达标等情况下，控股股东和实际控制人不得通过集中竞价或大宗交易方式进行减持；同时，若公司或股东正被证监会立案调查或司法机关侦查，也不得进行减持。

使用可交债、询价、配售等创新手段减持

可交换公司债券（简称 EB 或可交债）是指持有上市公司股份的股东发行的，在一定期限内依据约定的条件，可以交换成该股东所持有上市公司股份的公司债券。

可交债可以实现多种功能，其中最常见的功能之一便是减持功能。相对于直接在二级市场通过竞价和大宗交易出售，上市公司股东通过发行可交债来实现减持的目的，具备多重优势，具体详见"第二章　第七节　股东的融资工具：可交换公司债券"小节。

当上市公司股价过高时，大股东可以通过发行可交债，提前锁定减持价格，帮助大股东进行合理的股份减持操作。

上市公司股东可以通过发行可交债减持股票，同时与参与上市公司定向增发增持股票等其他资本运作工具相结合，进行"逆周期"管理，实现低买高卖股票的套利和价值发现功能。

如果发行人持股比例较高，即便发行时不以减持为目的，但如果股价大幅上涨，也可以对被换股持乐见其成的态度，这也是一种常见的逆周期操作的市值管理方法。

除了可交债，上市公司大股东还可以在合理、合规的前提下使用询价减持、配售减持等创新手段来实现减持。相比直接在二级市场通过竞价和

大宗交易减持，这些方式均有利于减缓减持对二级市场的冲击，还能起到优化投资者结构等作用。

询价减持是指上市公司股东通过向特定对象或机构投资者询价的方式，确定减持价格和数量，从而实现股份减持的行为。配售减持是指上市公司股东按照一定的比例向现有股东或特定投资者配售股份，以实现减持的目的。上市公司股东通过询价转让、配售等方式减持股份的，应当遵守证券交易所关于减持方式、程序、价格、比例及后续转让事项的规定，而且不同证券交易所及不同板块的相关规则可能会有一些具体的差异和细化规定。

参 考 文 献

[1] 西格尔.股市长线法宝 [M].银行螺丝钉，译.北京：中信出版集团股份有限公司，2024.

[2] 坎宁安.23 位杰出企业领导者致投资者的信：关于资本配置的经验与教训 [M].彭相珍，译.北京：中国青年出版社，2022.

[3] 桑代克.商界局外人：巴菲特尤为看重的八项企业家特质 [M].许佳，译.北京：北京联合出版公司，2016.

[4] 韦伯，等.兼并和收购综合指南：如何管理并购各阶段的关键成功要素 [M].李运玮，周京京，译.北京：中国金融出版社，2015.

[5] 芒格.芒格之道：查理·芒格股东会讲话（1987-2022）[M].北京：中信出版集团股份有限公司，2023.

[6] 多尔西.巴菲特的护城河 [M].刘寓龙，译.北京：中国经济出版社，2019.

[7] 达莫达兰.估值：难点、解决方案及相关案例 [M].刘寓龙，译.北京：机械工业出版社，2019.

[8] 仲继平.董事会与公司治理：演进与案例 [M].4 版.北京：企业管理出版社，2025.

[9] 魏斌.价值之道：公司价值管理的最佳实践 [M].北京：中信出版集团股份有限公司，2018.

[10] 施光耀，刘国芳.市值管理论 [M].北京：北京大学出版社，2008.

[11] 毛勇春 . 市值管理新论：从定性到定量 [M]. 上海：同济大学出版社，
2015.

[12] 章诚爽，赵立新 . 成就千亿市值：市值管理与投关指南 [M]. 北京：
中国广播电视出版社，2021.

[13] 梁宇峰，吴慧敏 . 常识的力量 [M]. 北京：中信出版集团股份有限公
司，2021.

[14] 宋志平 . 经营 30 条 [M]. 北京：中信出版集团股份有限公司，2023.

[15] 饶钢，赵金星 . 故事的力量：商业沟通的核心法则 [M]. 北京：中国
友谊出版公司，2025.